法治中国丛书

司法透明的
理论与推进路径

王祎茗 田禾 著

中国社会科学出版社

图书在版编目（CIP）数据

司法透明的理论与推进路径／王祎茗，田禾著．—北京：中国社会科学出版社，2021.4
（法治中国丛书）
ISBN 978-7-5203-8258-8

Ⅰ.①司⋯　Ⅱ.①王⋯②田⋯　Ⅲ.①法院—司法制度—研究—中国　Ⅳ.①D926.2

中国版本图书馆 CIP 数据核字（2021）第 067989 号

出 版 人	赵剑英
策划编辑	李 沫
责任编辑	孙砚文
责任校对	师敏革
责任印制	王 超

出　　版	中国社会科学出版社
社　　址	北京鼓楼西大街甲 158 号
邮　　编	100720
网　　址	http://www.csspw.cn
发 行 部	010-84083685
门 市 部	010-84029450
经　　销	新华书店及其他书店

印　　刷	北京明恒达印务有限公司
装　　订	廊坊市广阳区广增装订厂
版　　次	2021 年 4 月第 1 版
印　　次	2021 年 4 月第 1 次印刷

开　　本	710×1000　1/16
印　　张	15
插　　页	2
字　　数	224 千字
定　　价	86.00 元

凡购买中国社会科学出版社图书，如有质量问题请与本社营销中心联系调换
电话：010-84083683
版权所有　侵权必究

序

以促进公开助法治　以阐释公开促法学

有公开透明，才有值得信任的公正，才有基于公正的信任。公开透明是法治的本质体现，是法治实践的基本要求。中国特色社会主义法治及其实践过程尤其力行公开透明，无论是在政府管理中，还是司法建设领域，都将公开作为满足公众需求、回应公众诉求的重要手段。公开透明的意义在于可以有效规范权力运行，促使权力运行更加规范高效；在于公众可以据此了解权力运行情况，提升对公权力机关的信赖程度，明确对自身地位、权益实现程度的预期；因而也在于可以构建最有效率的沟通机制，实现公权力机关与公众之间的良性有序互动。

近年来，中国社会科学院法学研究所法治国情调研室牵头组成的课题组一直在关注中国的法治透明度建设，不但积极参与相关立法工作，而且连续多年开展政府透明度、司法透明度、检务透明度等领域的法治国情调研和法治指数第三方评估，在实证研究的基础上客观揭示这些领域法治建设取得的成效、尚待完善的地方，并有针对性地提出了一系列建设性的促进法治公开透明的对策方案。本书就是上述科研实践的学术成果之一。

本书主要结合2019年和2020年两年的司法透明度评估数据，总结分析了当前人民法院司法公开工作的成效、还有待完善的地方。相对于每年通过《法治蓝皮书·中国法治发展报告》发布的"中国司法透明度指数报告"，这本书不但披露了更加详细的评估数据，也对数据进行了更加细致的分析，还对司法公开工作进行了深入的理论阐析，探讨了为什么要做好司法公开、当代中国为什么能做好司法公开、如何才能把司法公开做得更好等等诸多理论与实践问题。

发挥跨学科优势、探究历史与当下的内在关联，这可以说是本书的第一个特点。通读这本书，可以发现，其不仅是描述了当前司法公开的依据、状况，更是进一步分析了司法公开的思想渊源、制度渊源，尤其是梳理了历史上的司法公开究竟如何，包括回应了有关中国古代是否有司法公开规定和实践的质疑。学史明理，历史回顾让我们知晓，中国自古就有司法公开的实践，司法公开并不是西方的专利。当然，古代之司法公开与今天的司法公开有本质不同，发微中国古代司法公开事例也不是旨在拒斥他山之石，而是探索中华司法文化中公开的因子，以期古为今用，使其在中国特色社会主义法治体系中发扬光大。因而本书体系化地揭示了社会主义中国当前的司法公开同古代司法公开、西方国家司法公开的根本差异是什么，这是本书对司法公开的论述中很有价值的一部分。

创新研究方法、实现理论与实践的有机结合，这是本书的第二个特点。没有来自实践的理论探讨是容易流于苍白的，没有理论沉淀和支持的实践则可能流于浅薄而难以持续。中国社会科学院法学研究所一直强调在法学研究中加强理论联系实际，这也是法学研究所田禾研究员带领的研究团队持之以恒地坚持和追求的科研作风。本书所采取的研究方法就是依靠一套基于法治建设和司法公开理论而研发的、完整且体系化的评估指标体系，对样本法院开展司法公开的情况进行客观的观察，用各类客观数据及其对应关系，直观反映司法公开的实态与成效。这是一种科学方法的应用创新，有别于传统上的历史分析、文献分析、问卷调查等方法。这种方法的应用者得以站在司法公开乃至法治发展需求者（即广大的人民群众）的视角，通过角色代入式的实际体验来调查司法公开等的运行情况，这是对实证研究方法的拓展，是一种新型的"田野调查"。本书正是在这样的科学方法的辅助下，把司法公开的各种理论应用于对司法公开实际运行情况的观察，是在观察司法公开运行情况的同时检验和发展司法公开及法治建设的各项理论。

序：以促进公开助法治　以阐释公开促法学

本书的第三个特点是注重制度设计与制度运行效果的有机结合。制度设计得好不好、是否符合实际、是否能够解决实际问题，这需要实践的反复检验。因此，对法治状况的评估首先要关注制度的实际运行情况，本书恰恰是在对司法公开这一法治发展中的重要制度的运行情况进行亲历性的"在场观察"。在场观察的结果具有实态性而非拟态性，不仅发现了司法公开的亮点和成效，更关键的在于找到制度还有运行滞碍之处，甚至进一步发现一些制度设计本身存在的龃龉之处。全面地总结问题，而不只是锦上添花地赞扬亮点；系统地分析原因，而不是简单地罗列各种现象；建设性地提出完善建议，而不是驻足于披露问题。这是本书的特点，更是本书作者及其所在科研团队学术追求的重点。

细读这本书，不仅可以透过一组组数据了解中国司法公开的现状，可以通过各主要方面的分析发现司法公开乃至司法制度进一步完善的路径，更可以通过司法公开这个领域来思考法学研究的方法改进与学术创新。希望可以有更多类似的科研成果，在务实与创新中助力推进依法治国、协力推动法学研究。

是为序。

2021 年 4 月于北京

目　录

第一章　从神秘走向公开的司法 ……………………………（1）
　一　中国古代的司法公开 ……………………………………（1）
　二　古代西方的司法公开 ……………………………………（5）
　三　殊途同归：古代司法公开围绕确立司法权威展开的
　　　价值选择与实践 ……………………………………………（8）
　四　近现代语境下的司法公开 ………………………………（9）

第二章　当代中国司法公开制度的发展历程 ………………（14）
　一　以人民为中心的司法公开优良传统 ……………………（14）
　二　中华人民共和国成立后的司法公开制度沿革 …………（15）
　三　法院信息化建设与司法公开新发展 ……………………（34）

第三章　司法透明的基础理论 ………………………………（36）
　一　司法透明与司法公开 ……………………………………（36）
　二　司法透明的现实意义 ……………………………………（37）
　三　在争议之声中坚定前行的司法公开 ……………………（41）

第四章　司法透明的研究方法 …………………………… (47)

第五章　中国司法透明的总体情况 ………………………… (57)
  一　司法公开整体稳步推进 ………………………………… (88)
  二　司法公开仍存不少短板 ………………………………… (94)

第六章　各领域司法透明度现状 …………………………… (108)
  一　人员信息公开 …………………………………………… (108)
  二　名册信息 ………………………………………………… (127)
  三　法官任职回避信息 ……………………………………… (133)
  四　建议提案办理结果 ……………………………………… (134)
  五　诉讼指南 ………………………………………………… (135)
  六　裁判文书公开 …………………………………………… (150)
  七　执行信息公开 …………………………………………… (212)
  八　司法改革信息公开 ……………………………………… (213)
  九　司法数据公开 …………………………………………… (215)
  十　公开平台建设 …………………………………………… (219)

第七章　推动司法更加透明 ………………………………… (223)
  一　司法公开存在问题的原因分析 ………………………… (223)
  二　司法公开的完善路径 …………………………………… (226)

参考文献 ……………………………………………………… (230)

后　记 ………………………………………………………… (232)

第一章

从神秘走向公开的司法

中国当代语境下的司法公开包括了立案公开、庭审公开、执行公开、听证公开、文书公开和审务公开六方面内容,但是从历史渊源上看,司法公开在中外法制史上的早期渊源以审判公开为主要内容。现有研究成果认为"审判公开"是资产阶级反封建斗争的成果,"审判公开"成为基本诉讼原则也源自近代西方。这一结论显然存在因对中国司法史缺乏深远了解而导致的偏颇,作为司法公开的历史渊源,审判公开在中外法制史上有着时空互不干扰却异曲同工的发展脉络。

一 中国古代的司法公开

(一)成文法运动与法律公开

破除法律神秘主义的行动在中国法制史早期就已经展开。"刑不可知,则威不可测"的帝王统治权术早在春秋时期就已经被一场轰轰烈烈的成文法运动席卷为落后的观念。事件的起因是旧奴隶主贵族对法律和司法的垄断限制了新兴地主阶级的发展,从根本上说公布成文法同样表明法律是政治工具的属性,但对于法制发展而言确实开辟了以成文、公开的法律去维持社会秩序的新纪元。

法律神秘主义是法律萌芽状态时的必然价值取向。《尚书大传》记载:"夏刑三千条。"① 然而三千条夏刑的具体内容却无人知晓。因为"先王议事以制,不为刑辟,惧民之有争心也。……"②"临事制刑,不豫设法也。"③ 在法律出现之初,人们对法律的理解尚模糊,无法与其他社会规范进行区分,甚至对这一统治工具应该如何应用也处于懵懂状态,遑论对其适用的范围进行必要的限制。早期法律的不确定性和神秘性,可以使其在统治阶级需要的任何时候发挥作用。但是,被统治阶级却深受法律的不确定之害,任何举动皆可能遭受刑罚处罚的恐惧感危及每个人,当新兴阶级谋求地位变革触及旧贵族的政治经济利益之时,排除这种不确定的法律可能对自己造成的人身威胁自然成为当务之急。因此,各诸侯国纷纷开始公布本国成文法。公元前536年,郑国子产"铸刑书",公元前513年,晋国"铸刑鼎"。在成文法运动中反对之声不绝于耳。"民知有辟,则不忌于上,并有争心,以征于书,而徼幸以成之,弗可为矣。"④ 孔子则从礼教根本对晋国"铸刑鼎"之举进行了抨击:"晋其亡乎!失其度矣。夫晋国将守唐叔之所受法度以经纬其民,卿大夫以序守之。民是以能尊其贵,贵是以能守其业。贵贱不愆,所谓度也。文公是以作执秩之官,为被庐之法,以为盟主。今弃是度也,而为刑鼎。民在鼎矣,何以尊贵?贵何业之守?贵贱无序,何以为国?且夫宣子之刑,夷之搜也,晋国之乱制也,若之何以为法?"⑤ 尽管这种类似"国将不国"的反对意见非常汹涌,却无法阻挡成文法运动成为大势所趋,这是阶级斗争的必然,同时也是法律作为一种客观事物发展的必然,毕竟"临事制刑"的做法不符合法律大规模应用后的效率原则,而成文法一经公布,民智已启,再回到神秘莫测、恣意司法的状态已绝无可能。但是,法律归根到底是阶级统治的工具,在剥削阶

---

① 伏胜撰,郑玄注,陈寿祺辑校:《尚书大传》卷二(丛书集成初编本),商务印书馆1937年版,第109页。
② 《左传·昭公六年》。
③ (清)王引之撰:《中国经学史基本丛书·第6册·经义述闻·下》,朱维铮主编,上海书店出版社2012年版,第18页。
④ 《左传·昭公六年》。
⑤ 《左传·昭公六年》。

级存在的时代，新的统治阶级基于自身利益对法律资源的控制仍会走向垄断的旧途，法律神秘主义的阴云也会周而复始地笼罩在法律发展的进程之中。

（二）中国古代的审判公开

成文法的公布标志着法律以一种成熟的形态示人，是"法律"这一概念划清与其他规范的牵连而自成体系的开端，更为严格意义上的"司法"概念的形成也应根源于此。因此，虽然在成文法出现之前已经有事实上的司法活动，但同"法律"概念趋于独特的发展历程一样，司"法"而非司"兵"或司"礼"、司"刑"的专门概念的逻辑起点也应该在成文法公布之后。法律公开是成文法出现后的事情，但中国历史上的审判公开却一直存在，即使是在"议事以制"而"不以法"的早期形态之下，司法过程也在不同程度上具有公开性。

中国公开审判的传统可以追溯至上古传说之中。在先民认识能力尚未发达之时，神明裁判盛行，而为神明裁判之正当性予以背书的往往是一定程度上的公众参与，用以彰显为公众认可所加持的蒙昧理性。传说中国最早的司法官以獬豸断疑案："獬豸者，一角之羊也，性知有罪。皋陶治狱，其罪疑者，令羊触之，有罪则触，无罪则不触。"[①] 其中有司法官和当事人双方在场，而"两造"到场也是与法和司法相伴而生的诉讼传统。《尚书·吕刑》云："两造俱备，师听五辞。五辞简孚，正于五刑。"

中国古代诉讼活动中的会审和集议制度也代表了一定程度上的审判公开。《周礼·秋官·小司寇》中记载："以三刺断庶民狱讼之中，一曰讯群臣，二曰讯群吏，三曰讯万民。"公开审判的范围随审判程序的发展而逐步扩大。"三刺之法"成为后世会审、集议制度的渊源。"三司推事""三司会审""九卿圆审""热审""秋审""朝审"等会审方式都体现了某种程度上和范围内的审判公开。

[①]（东汉）王充：《论衡·是应》。

中国古代公开审判的传统不仅记载于史料，从留存至今的许多遗迹中均可以看出端倪。设立于衙门之外的"鸣冤鼓"①标志着从百姓告状时起官府便将案件公之于众。各地遗存的古代衙门印证了"衙门八字开"的俗语，多个机构集于衙门之中"八"字排开，取八方开门之义便于百姓办事进言。从衙门建筑的形制来看，多平坦、朴素、开阔，示人以平易观感，高墙重阁的深宅大院并不见于古代官衙的样貌之中。衙门公堂多外悬"亲民堂"匾额，公堂之上多树立"海水朝日"图，以显示公开、公正，安抚民心。公审大堂处理大多数案件，升堂前须击鼓，鼓声传播数里之外，"所谓击鼓升堂，就是为了告诉民众，官府将要'公开'审理案件"②，在大堂升堂问案之时"当地百姓被允许作为观众在堂下观审"③。民间记载中，多有百姓围观案件审理，对司法官和当事人言辞予以品头论足，甚至旁听者突然参与案件审理的事例。衙门中的二堂不对百姓开放，是官员私下处理案件的场所，但理论上在二堂处理案件为特殊情况，数量并不多。以上是从衙门客观遗迹和史料记述中所见的中国古代衙门设立的初衷和公开审判为常态的一种古人希望达到的理想状态，表现出的是对想象中和谐官民关系的追求。实际上的古代司法又是另外一回事，到明清时期由于司法腐败现象日益深重，转向秘密恣意的司法故态复萌，民间又有了"衙门八字开，有理无钱莫进来"的讽刺戏谑之词。

（三）审判公开的异化与延续：公审、文书公开和执行公开

公审，顾名思义也是公开审判的意思，但实际上"公审"二字所表达的意思却超出了公开审判的字面含义，而转向"示众型执法"的概念。《水浒传》中有这样一段文字："大牢里取出王婆，当厅听命。

---

① 西晋设于京师朝堂之外的"登闻鼓"为百姓"告御状"所用，后地方衙门外也设立类似打鼓为百姓在"放告日"告状时所用。

② 徐忠明：《包公故事：一个考察中国法律文化的视角》，中国政法大学出版社2002年版，第429页。

③ 瞿同祖：《清代地方政府》，范忠信、晏锋译，法律出版社2003年版，第193页。

第一章 从神秘走向公开的司法

读了朝廷明降,写了犯由牌,画了伏状,便把这婆子推上木驴,四道长钉,三条绑索,东平府尹判了一个剐字,拥出长街。两声破鼓响,一棒碎锣鸣,犯由前引,混棍后催,两把尖刀举,一朵纸花摇,带去东平府市心里,吃了一剐。"文中"当厅听命"即有公开宣判之义,而"拥了出去"的一个"拥"字所指自然不只是衙役带犯人上街,年老女犯何须用"拥",而是围观群众跟着衙役将犯人"拥"上街头。随后的"游街"和"带去东平府市心里,吃了一剐"的过程则展示了中国古代公开行刑的方面。"凡王之同族有罪,不即市"[①] 的礼制要求从反面证明了对普通人行刑多是公开的。鲁迅先生的小说《药》中众人围观刽子手行刑的场面也印证了这种公开执行死刑的方式一直延续到近代。除了死刑之外,还有很多种刑罚是公开执行的,如"枷号""墨""刺配"等耻辱性刑罚也有公开执行的含义。

《周礼·秋官·小司寇》所载小司寇之职:"以五刑听万民之狱讼,附于刑,用情讯之;至于旬乃弊之,读书则用法。""读书"就是当众宣判的意思。此外,张榜公布是中国古代一直流传下来的官方信息公开的方式,发挥着官民沟通的渠道作用,司法文书也通过张榜的方式进行公开。张榜公开的形式有"榜示""门示"之分,涵盖了诉讼活动的各个阶段产生的司法文书,分别具备立案宣告、搜集展示证据、涉诉财产信息公示、提高审判效率、公开判决、宣传教化等功能。[②] 司法文书公开的过程中同样有司法官渎职钻空子的实际做法,但这同样是和秘密审判一样的非规范性做法。

二 古代西方的司法公开

古希腊、古罗马的审判因其公众参与性强而具有较强的公开性,可以说因为公众参与审判过程,所以天然具有公开性。

[①] 《周礼·秋官·小司寇》。
[②] 参见朱文慧《榜示·读示·门示——〈名公书判清明集〉所见宋代司法中的信息公开》,载《浙江学刊》2015 年第 5 期。

古希腊的法律制度缺乏直接记录的一手资料，只能零散地见于古希腊思想家、政治家的著述中。"对古希腊政治制度进行考察后，亚里士多德试图提出他理想的政治制度。他认为，在一个政治社会里，应该存在三个机能：议事、行政和审判。他眼中的审判机关，不是我们现在所谓的独立审判机关，而是由公民大会所组成的公审机关。"① 由于古希腊实行奴隶制民主，许多重要案件都要经过公民大会的决定，即使是一般案件的审判组织也由多人组成且人员不固定，通过投票的方式判断是否有罪以彰显民主性。传说审判苏格拉底的陪审团由501人组成。"在古希腊，审判机关和刑罚机关是分离的。米利都人希朴达摩记载了审判的方式——审判员们在表决的时候向陶罐中投卵石，根据卵石的数量来决定被告完全有罪或者完全免罪。"②

在重大案件裁决时的特殊司法程序中，公众参与性和公开性表现得更为突出，如雅典城邦的"贝壳放逐法"。"贝壳放逐法"也作陶片放逐法，约制定于公元前500年，第一次实行于公元前487年，一般认为此法为雅典改革家克里斯提尼所制定。该法规定，每年春季由五百人会议召开一次非常民众大会，征询有无危害民主政体的人和事，是否需要执行放逐法，然后由非常民众大会进行口头表决。如果肯定有破坏民主法制的人，则正式举行民众大会。大会对违反民主法制的人进行投票表决，由投票人将被控告人的名字写在贝壳上。如果所投票数达到法定的6000票，则将该人放逐，限期离开雅典，但不没收财产。放逐期为10年，被逐人可于期满后回国，恢复一切公民权。这项法律的目的在于防止出现篡夺政权的僭主政治，对维护雅典奴隶主民主政治曾起过很大作用。③

相比之下，关于古罗马的法制情况的史料记载更加丰富。《十二铜表法》是古代罗马最早的成文法典，是古罗马乃至整个欧洲的"成文

---

① 徐爱国：《西方刑法思想史》，中国民主法制出版社2016年版，第19页。
② 徐爱国：《西方刑法思想史》，中国民主法制出版社2016年版，第19页。
③ 陆昕、徐世虹主编：《中外法律文化大典　中外法律比较编年》，中国政法大学出版社1994年版，第39页。

第一章 从神秘走向公开的司法

法运动"的肇始。而且,古罗马拥有古希腊不曾拥有的庞大的法学家集团,这使得古罗马法制发展的各个层面都有明确的理论支持,也使得古罗马法律成为欧洲法律的历史渊源。在审判公开方面:"在司法上,西塞罗主张审判公开原则和罪刑相适应原则。西塞罗主张,司法审判活动由司法执政官主持,但要受元老院和平民大会监督。普通民事案件可由司法官受理,重大案件如处死罗马公民或剥夺公民权等要由平民大会决定。审判是公开的,'不允许有权势的人们过分地随心所欲,也不给人民提供伪饰的可能。当诚实的人们无法知道谁持什么看法时,票板可以掩盖心怀叵测的投票。'"[①] 卢梭在《社会契约论》中也印证了平民参与审判的史实:"在所有这些弊端四溢的情况下,广大的人民还是从来没有停止过参与政治活动,借助于那些古老的规制,他们完成了诸如行政官的选举、法律的通过、案件的审判以及一切公私事务的处理等事项,一件也没有耽搁,而且几乎就像小小的元老院所做的事情那样轻松自如。"[②]

"在罗马晚期的司法审判中专制主义逐步加强,秘密审判程序普遍盛行于司法实践。"[③] 到了欧洲中世纪,审判分为宗教和世俗两个领域,二者都采用秘密审判的方式。天主教会设立"异端裁判所"迫害与教会思想不一致的人,鼓励告密且为告密者保密,审判过程秘密进行且刑讯逼供。异端裁判所的秘密司法行为不仅仅是教会权力过大和专横的表现,更制造了恐怖与威吓的精神压迫。世俗的领主审判也从罗马晚期的专制集权开始日益走向秘密和独断。欧洲中世纪的秘密审判不仅不对公众公开,甚至对当事人来说也难以亲身参与审判过程,更别提为自己辩护了,书面审判的做法由此大行其道。

[①] 刘砺:《法律职业共同体视角下的中西法律文化要览》,四川大学出版社2018年版,第28、29页。
[②] [法]卢梭:《社会契约论》,施新州编译,北京出版社2012年版,第162页。
[③] 韩德培总主编:《人权的理论与实践》,武汉大学出版社1995年版,第785页。

三 殊途同归：古代司法公开围绕确立
司法权威展开的价值选择与实践

大航海时代来临之前的世界司法制度史上各自自发产生了从司法神秘到司法公开的萌芽，这种历史上称为普遍与必然的"巧合"才是司法公开历史渊源的价值所在。其实不论中西方，司法公开的萌芽皆根源于对司法活动正当性的证明和确立司法权威的需要。

从中国早期法制指导思想的演变可以清楚地看到统治者不断地为其统治手段"正名"的过程。西周建立之后，依然沿用了商代"天命"概念，"天休于宁王，兴我小邦周，宁王惟卜用，克绥受兹命"[①]。但在天命观主导之下又有变换，周人为取代商人而得的政权正名："天命靡常"[②]"皇天无亲，惟德是辅"[③]。其提出"德"的概念，不仅突破了一成不变的天命观，论证了政权转移的正当性，而且论证了礼和法这种统治手段的正当性，正所谓"以德配天，明德慎罚"[④]。这种意识形态上援用"天命"，实际上"礼刑合治"的统治方式，已经比商代"天讨""天罚"的神权法思想确定性增强了很多，最起码有了"德"这一根据较为容易辨别的判断标准，同时对"礼"和"刑"之间的关系也有较为明确的划分，即"礼之所去，刑之所取，失礼则入刑，相为表里"[⑤]。这种指导思想无疑比假托天命任意用刑的单纯神权法思想更能树立法律和司法活动的权威。

如"三刺"之法的公审或是审判公开初始做法的目的也无外乎通过一定范围内公众的信服证明司法活动的正当性，并通过个案扩展树立法在一般公众之中的权威。战国时期，法律公开、审判公开的思想发展

[①] 《尚书·大诰》。
[②] 《诗经·大雅·文王》。
[③] 《左传·僖公五年》。
[④] 《尚书·康诰》。
[⑤] 《后汉书·陈宠传》。

第一章 从神秘走向公开的司法

更进一步。孟子曾有司法活动"兼听则明"的论述:"左右皆曰可杀,勿听;国人皆曰可杀,然后察之;见可杀焉,然后杀之。"① 法家思想对于后世法律、司法公开的影响深远,韩非子定义法为"法者,编著之图籍,设之于官府,而布之于百姓也"②。商鞅"城门立木"的故事也是通过公开来体现树立法令的权威。

通观中西方法律从神秘的神权法发展到法律司法公开的过程,经历极为相似,都在不断地通过扩大公开的范围来树立法律和司法的权威。

四 近现代语境下的司法公开

司法的秘密和腐化是旧的政治体制垂死挣扎的手段,也是饮鸩止渴加速其走向消亡的选择,同样对于新兴阶级而言,反对秘密司法是他们革命正当性的最佳证明,可抓住这个契机争取最广泛的共识给予旧制度致命一击。封建贵族从奴隶主贵族手中夺取司法权之时以公开作为最有力的武器,但当他们也成为统治者之后,司法权又走向了垄断与秘密,历史重演;资产阶级登上历史舞台同样提出了司法公开的政治诉求,这同样是历史轮回中的"旧酒"装在了启蒙思想的"新瓶"之中。在资产阶级反封建的斗争中,要求法律、司法公开被"旧事重提",欧洲的启蒙思想家们发展出了以公开为基本特征的近现代法理。

洛克认为:"无论国家采取什么形式,统治者应该以正式公布的和被接受的法律,而不是以临时的命令和未定的决议来进行统治。因为,如果以公众的集体力量给予一个人或少数人,并迫使人们服从这些人根据心血来潮或直到那时还无人知晓的、毫无拘束的意志而发布的苛刻和放肆的命令,而同时又没有可以作为他们行动的准绳和根据的任何规定,那么人类就处在比自然状态还要坏得多的状况中。"③ 贝卡里亚在1764年出版的著作《论犯罪与刑罚》一书中指出:"审判应当公开,犯

---

① 《孟子·梁惠王下》。
② 《韩非子·难三》。
③ [英]洛克:《政府论》(下篇),瞿菊农、叶启芳译,商务印书馆2017年版,第87页。

罪的证据应当公开,以便使或许是社会唯一制约手段的舆论能够约束权力和欲望。"① 这些论断为近代意义上的司法公开奠定了理论基础。黑格尔阐述了法律公开后司法也应公开的理由:"法律应予公布是属于主观意识的权利(第215节),同样,法律在特殊事件中的实现,即外部手续的历程以及法律理由等也应有可能使人获悉,因为这种历程是自在地在历史上普遍有效的,又因为个别事件就其特殊内容来说诚然只涉及当事人的利益,但其普遍内容即其中的法和它的裁判是与一切人有利害关系的。这就是审判公开的原则。"② 资产阶级革命胜利后的西方国家相继规定了审判公开制度。世界上最早规定"审判公开原则"的是1791年《美国宪法修正案》,即《权利法案》。《权利法案》第六条规定:"在一切刑事诉讼中,被告人享受下列之权利,发生罪案之州或区域的公正陪审团予以迅速的公开的审判。该区域应当以法律先确定之。"③ 从而以宪法的形式将其确定为近代诉讼法律制度的基本原则之一。

西方近代审判公开原则与制度的确立,与资产阶级民主、人权思想的兴起密不可分。法治理论发展到近现代,法律作为社会治理规则的正当性已无须反复证明,民主政治体制的逐步确立让形式上经由多数人通过的法律的公信力和权威性在通常情况下不必经受质疑,关注的重点由此转向法律适用的正当性,继而对司法公开提出更高要求。贝卡里亚在《论犯罪与刑罚》中指出:"在刚刚摆脱野蛮状态的国家里,刑罚给予那些僵硬心灵的印象应该比较强烈和易感。但是,随着人的心灵在社会状态中柔化和感觉能力的增长,如果想保持客观与感受之间的稳定关系,就应该降低刑罚的强度。"④ 近代法学理论中关于司法过程同时应该具备实体正义和程序正义双重性质的描述也为我们留下了至今仍在反

---

① [意]贝卡里亚:《论犯罪与刑罚》,黄风译,中国大百科全书出版社1993年版,第2页。
② [德]黑格尔:《法哲学原理》,范扬、张企泰译,商务印书馆2017年版,第264页。
③ 谢材、方晓编:《外国政府机构设置和职能》,中国经济出版社1986年版,第187页。
④ [意]贝卡里亚:《论犯罪与刑罚》,黄风译,中国大百科全书出版社1993年版,第44页。

第一章　从神秘走向公开的司法

复被引用的法律格言："正义不仅要实现，而且要以人们看得见的方式实现。"1948年12月10日通过的《世界人权宣言》第10条规定："人人于其权利与义务受判定时及被刑事控告时，有权享受独立无私法庭之绝对平等不偏且公开之听审。"从而公开审判被发展为明确的程序性人权。1966年的《公民权利和政治权利国际公约》也有类似的规定。

中国近代公开审判制度背后指导思想的转变是西学东渐的结果，但作为历史事实的公开审判实践确是毫无疑问的本土化的传统，只不过在封建社会晚期，专制走向极端在司法方面表现为司法腐败、秘密和恣意，然而这并不能否定中国古代公开审判延续数千年的早期经验和事实。

清末修订法律大臣沈家本指出，审判公开为"宪政国之第一要件"，"公开法庭，许无关系之人傍听，具瞻所在，直道自彰，并可杜吏员营私玩法诸弊"。[①] 由其主导制定的《大清刑事、民事诉讼法草案》第十三条规定："凡开堂审讯应准案外之人观审，不准秘密举行，但有关风化及有特例者不在此限。"[②] 在1907年颁布并实施的《大清各级审判厅试办章程》规定："凡诉讼案件，经检察官或豫审官，送由本厅长官分配后，审判官得公判之。""审判官于公判时，发现附带犯罪不须豫审者，得并公判之。"[③]《法院编制法》第55条规定："诉讼之辩论及判断之宣告，均公开法庭行之。"[④] 第58条规定："公开法庭有应行停止公开者，应将其决议及理由宣示，然后使公众退庭，至宣告判断时，仍应公开。"[⑤] 这些吸收西方立法经验的规定难以挽救腐朽的清政府，西学东渐的关于司法公开的理论和制度发挥作用的时间节点在中华民国成立之后。

《中华民国临时约法》第五十条规定："第五十条法院之审判须公

[①] 李贵连：《沈家本传》，北京大学出版社2000年版，第290页。
[②] 《大清法规大全·法律部》第4册，考正出版社1972年版，第1911页。
[③] 怀效锋主编：《清末法制变革史料》（上卷），中国政法大学出版社2010年版，第459页。
[④] 《大清法规大全·法律部》第4册，考正出版社1972年版，第1824、1825页。
[⑤] 《大清法规大全·法律部》第4册，考正出版社1972年版，第1824、1825页。

开之。但有认为妨害安宁秩序者,得秘密之。"①《临时约法》以宪法的形式确定了近代意义上的审判公开原则。此后的中华民国政权不稳定,出现了数部宪法和宪法性文件,对审判公开原则的规定有倒退有坚持,司法实践中也呈现保守和反复的状态。

民国时期的司法公报成为司法公开的重要途径,拓宽了司法公开的范围。"司法公报是民国时期官方出版的一种司法类期刊。"②"司法公报自民国元年十月创刊伊始直到民国三十七年三月停刊,历经三十多年,共计出版一千多册,记录了民国时期的各种立法、司法状况,……司法公报之创刊者秉承'文字者,精神之所寄,考其文字,即可验其精神。且精神之有不能喻诸远者,惟文字可到达之;精神之有不能传诸久者,惟文字可弥永之'的精神,以'公布司法过去之事实,藉促司法前途之进行'为宗旨,始创公报。"③司法公报所记载的内容十分丰富,"据第一期司法公报刊登之《司法公报简章》第三条,《司法公报》内容包括以下九类:1. 图画;2. 命令;3. 法规;4. 公牍;5. 判词;6 报告;7. 译件;8. 选论;9. 杂录。"④此后司法公报的体例不断变化,逐渐派生出了与司法关系不大的内容,与司法有关的内容则趋向丰富。除了国家层面的司法公报外,各省也出版自己的司法公报,各地还会有一些类似的刊物发挥着司法公开的作用,如广东省独创的《司法日刊》等。

此外,民国时期建立的中国近代律师制度也对司法公开有积极的影响。"民国律师立法对近代法治却具有一定的意义,其中以促进司法公开为主。……民国律师立法初衷只是为迎合西方的律师辩护制,学习西

---

① 赖骏楠著:《宪制道路与中国命运:中国近代宪法文献选编(1840—1949)》(上),中央编译出版社2017年版,第359页。
② 赵晓耕:《中华民国时期〈司法公报〉述略》,载《山西大学学报》(哲学社会科学版)2012年第5期。
③ 赵晓耕:《中华民国时期〈司法公报〉述略》,载《山西大学学报》(哲学社会科学版)2012年第5期。
④ 赵晓耕:《中华民国时期〈司法公报〉述略》,载《山西大学学报》(哲学社会科学版)2012年第5期。

第一章 从神秘走向公开的司法

方的所谓西方民主，但却打破了中国数千年封闭的法律传统，其让'讼师'不三不四的地位得以被立法保护。律师通过参与诉讼，对法官的不正当审判行为可以及时予以纠正，维护当事人的正当权益，提高法官的审判效率；律师作为当事人和法官的中间桥梁，能够促使当事人之间、当事人和法官之间达成共识。"[1]

民国时期的司法公开制度随着国民党"一党专制"政权走向穷途末路而再次出现了历史的倒退。《临时约法》中对"妨害安宁秩序者"施行秘密审判的规定本就充满了保守色彩，在南京国民政府时期，对"妨害公共秩序"的政治犯罪进行秘密审判，成为国民党镇压共产党人的工具。《特种刑事法庭审判条例》和《反革命案件陪审暂行办法》也有类似的规定。《法院组织法释义》道出了个中缘由："政治犯之辩论，最易耸人听闻，且使旁听之人皆生破坏之欲，故此不可公开也。"[2] 国民党欲借秘密审判限制共产主义思想的传播，维护其岌岌可危的政权，其虚弱程度可见一斑，而以秘密审判为代表的司法黑暗激起了更多反抗，加速了其灭亡。司法公开与司法秘密的历史轮回在近代中国再次上演。

---

[1] 陈华丽：《民国律师立法及其对司法公开的促进》，载《社会纵横》2016年第11期。
[2] 郑保华释义：《法院组织法释义》，上海法学编译社1937年版，249页。

第二章

当代中国司法公开制度的发展历程

一 以人民为中心的司法公开优良传统

中国共产党成立之初就肩负起实现人民解放的历史使命，在长期的斗争中，"一切为了群众，一切依靠群众，从群众中来、到群众中去"的群众路线成为中国共产党领导人民不断夺取胜利的制胜法宝。"全心全意为人民服务"是党的根本宗旨，也是党一切行动的出发点和落脚点。党领导人民建立起的政权实行"人民民主专政"的根本制度，本质上有别于资产阶级的民主，是真正的民主，因此，只有中国共产党领导下的司法公开工作可以跳出从秘密到公开又重新退化到秘密的"历史周期律"。

民主革命时期中国共产党建立的根据地革命政权就开始坚持以人民为中心的司法公开的原则和实践。《中华苏维埃共和国裁判部暂行组织及裁判条例》第 16 条规定："审判必须公开，倘有秘密关系时，可用秘密审判的方式，但宣布判决时仍应公开进行。"[1]《陕甘宁边区高等法院对各县司法工作的指示》《裁判部暂行组织及裁判条例》《太岳区暂行司法制度》《晋察冀边区陪审制暂行办法》等文件均规定了审判公开的原则。

---

[1] 信春鹰主编，中国社会科学院法学研究所法律辞典编委会编：《法律辞典》，法律出版社 2003 年版，第 452 页。

二 中华人民共和国成立后的司法公开制度沿革

(一) 中华人民共和国成立后从"人民司法"到"司法为民"的理念

毛泽东同志指出:"我们是人民民主专政,各级政府都要加上'人民'二字,各级政权机关都要加上'人民'二字,如法院叫人民法院……"[①]人民司法理念的形成与董必武同志的法治思想密不可分。1950年7月26日,董必武同志在第一届全国司法会议上提出:"一切为人民服务,这是一个真理,我们应该坚持,司法工作也是为人民服务。"[②] 1950年8月12日董必武在对参加全国司法会议的党员干部的讲话中首次提出了"人民司法"的概念,指出:"人民司法基本观点之一是群众观点,与群众联系,为人民服务,保障社会秩序,维护人民的正当权益。"[③] 1954年董必武同志在中央政法干部学校所作的报告中指出:"人民司法工作者必须站稳人民的立场,全心全意地来运用人民司法这个武器。……如果不站稳人民的立场而站到了另外的立场上去,那就要犯严重的错误,所以,运用这个武器必须全心全意地站在人民的立场上。"[④] 此后,董必武同志又多次在多个场合提到人民司法的理念,使之深入司法队伍中,并落实到司法工作中。人民法院代表人民行使权力,也应接受人民监督。中华人民共和国成立后于1950年颁布的《人民法庭组织通则》第五条规定:"人民法庭开庭审判时,允许旁听。在审判时,旁听的人经允许可以发言。"1951年颁布的《中华人民共和国人民法院暂行组织条例》第八条规定:"人民法院审判案件,除依法不公开者外,均应公开进行。"直至1954年《宪法》第七十六条规定:

[①] 全国人大常委会办公厅、中共中央文献研究室编:《人民代表大会制度重要文献选编1》,中国民主法制出版社2015年版,第5页。
[②] 《董必武法学文集》编辑组编:《董必武法学文集》,法律出版社2001年版,第43页。
[③] 《董必武法学文集》编辑组编:《董必武法学文集》,法律出版社2001年版,第45页。
[④] 《董必武法学文集》编辑组编:《董必武法学文集》,法律出版社2001年版,第154页。

"人民法院审理案件，除法律规定的特别情况外，一律公开进行。被告人有权获得辩护。"至此，我国根本大法的形式规定了这一司法原则。此后颁布的《中华人民共和国法院组织法》《中华人民共和国刑事诉讼法》《中华人民共和国民事诉讼法》《中华人民共和国行政诉讼法》均明确规定了审判公开原则。上述法律建立了新中国审判制度的基本架构，并为司法公开工作的持续发展奠定了基础。

新时期中国的各项事业蓬勃发展，法治建设不断开拓新境界，司法工作理念实现了"人民司法"到"司法为民"的升华。作为司法为民最主要的便民手段之一的司法公开也步入了新的历史阶段。

党的执政理念的向前发展从根本上为新时期司法公开工作指明了方向。党的十八大报告明确提出："坚持用制度管权管事管人，保障人民知情权、参与权、表达权、监督权，是权力正确运行的重要保证。""要健全基层党组织领导的充满活力的基层群众自治机制，以扩大有序参与、推进信息公开、加强议事协商、强化权力监督为重点，拓宽范围和途径，丰富内容和形式，保障人民享有更多更切实的民主权利。""推进权力运行公开化、规范化，完善党务公开、政务公开、司法公开和各领域办事公开制度，健全质询、问责、经济责任审计、引咎辞职、罢免等制度，加强党内监督、民主监督、法律监督、舆论监督，让人民监督权力，让权力在阳光下运行。"

党的十八届四中全会通过的《中共中央关于全面推进依法治国若干重大问题的决定》提出，要"保障人民群众参与司法""必须完善司法管理体制和司法权力运行机制，规范司法行为，加强对司法活动的监督，努力让人民群众在每一个司法案件中感受到公平正义"。"坚持人民司法为人民，依靠人民推进公正司法，通过公正司法维护人民权益"，要"构建开放、动态、透明、便民的阳光司法机制，推进审判公开、检务公开、警务公开、狱务公开，依法及时公开执法司法依据、程序、流程、结果和生效法律文书，杜绝暗箱操作。加强法律文书释法说理，建立生效法律文书统一上网和公开查询制度"。

2017年党的十九大报告指出："要加强对权力运行的制约和监督，

让人民监督权力,让权力在阳光下运行,把权力关进制度的笼子。"

司法公开也是司法改革的重要组成部分,司法改革对通过司法公开促进司法公正提出了明确而具体的要求。

新中国的国体与政体决定了司法权不可能再由少数人垄断,新时期的司法公开置于规范用权的语境之下,其主要功能转化为规范权力运行,预防腐败,落实司法为民要求。

(二) 习近平总书记对加强司法公开的重要论述

习近平总书记也多次强调司法要以人民为中心,要让权力在阳光下运行。2013年2月23日,习近平总书记在主持中共中央政治局第四次集体学习时要求:"加大司法公开力度,回应人民群众对司法公正公开的关注和期待。"[①]

2014年1月7日,习近平总书记在中央政法工作会议上强调:"阳光是最好的防腐剂。权力运行不见阳光,或有选择地见阳光,公信力就无法树立。执法司法越公开,就越有权威和公信力。涉及老百姓利益的案件,有多少需要保密的?除法律规定的情形外,一般都要公开。""要坚持以公开促公正、以透明保廉洁,增强主动公开、主动接受监督的意识,让暗箱操作没有空间,让司法腐败无法藏身。"[②]

2014年9月21日,习近平总书记在庆祝中国人民政治协商会议成立65周年的大会上指出:"要推进权力运行公开化、规范化,完善党务公开、政务公开、司法公开和各领域办事公开制度,让人民监督权力,让权力在阳光下运行。"[③]

习近平总书记在党的十八届四中全会第二次全体会议上指出:"要

---

① 《习近平在中共中央政治局第四次集体学习时强调:依法治国依法执政依法行政共同推进法治国家法治政府法治社会一体建设》,《人民日报》2013年3月25日第1版。
② 《习近平在中央政法工作会议上强调:坚持严格执法公正司法深化改革、促进社会公平正义保障人民安居乐业》,《人民日报》2014年1月9日第1版。
③ 《习近平在庆祝中国人民政治协商会议成立65周年大会上发表重要讲话强调:推进人民政协理论创新制度创新工作创新 推进社会主义协商民主广泛多层制度化发展》,《人民日报》2014年9月22日第1版。

坚持以公开促公正、树公信，构建开放、动态、透明、便民的阳光司法机制，杜绝暗箱操作，坚决遏制司法腐败"。①

2015年3月24日习近平总书记在主持中共中央政治局第二十一次集体学习时强调："法官、检察官要有审案判案的权力，也要加强对他们的监督制约，把对司法权的法律监督、社会监督、舆论监督等落实到位，保证法官、检察官做到'以至公无私之心，行正大光明之事'，把司法权关进制度的笼子，让公平正义的阳光照进人民心田，让老百姓看到实实在在的改革成效。"②

最高人民法院和最高人民检察院贯彻落实党的方针和习近平法治思想，坚持司法活动"以公开为原则，以不公开为例外"，逐步将司法公开的要求融入司法活动的各个环节。

习近平总书记对司法公开的重要论述为新时期司法公开工作奠定了理论基础，特别是将"公开"发展为"透明"的理念，让这一理论基础更加符合新时期的历史条件，从而指导司法公开工作向司法透明迈进。

（三）中国司法公开制度建设

中国的司法公开有宪法法律的依据，党中央的重视和推动也起到了举足轻重的作用。同时，最高人民法院在按照中央部署推进司法改革进程中，一直重视司法公开工作。尤其是，近年来不断推出关于司法公开的各类文件规定，司法公开制度建设呈现体系化的特点，除了专门规定司法公开的文件外，自2013年以来，在其他司法文件、司法解释中，司法公开的作用越来越重要，日益被作为规范审判执行权力，保障当事人诉权和公众知情权、回应社会关切，普法及提升公众法治意识，维护司法公正，提升司法公信力的重要手段。

1. 宪法法律规定

现行《宪法》第一百三十条沿用了1954年《宪法》关于审判公开

---

① 《习近平谈治国理政》（第二卷），外文出版社2017年版，第121页。
② 《习近平在中共中央政治局第二十一次集体学习时强调：以提高司法公信力为根本尺度 坚定不移深化司法体制改革》，《人民日报》2015年3月26日第1版。

的规定:"人民法院审理案件,除法律规定的特别情况外,一律公开进行。被告人有权获得辩护。"

三大诉讼法除了重述了《宪法》规定并进行落实外,还对审判流程公开等内容作了不同程度的规定。如1979年《刑事诉讼法》就规定,开庭前要向相关刑事案件被告人送达起诉书副本并告知其享有委托辩护人等权利。2018年修订的现行《刑事诉讼法》结合多年刑事司法实践,规定人民法院审判第一审案件应当公开进行,因涉及国家秘密等是由不公开审理的案件,应当当庭宣布不公开审理的理由。而且,人民法院决定开庭审判后,应当确定合议庭的组成人员,将人民检察院的起诉书副本至迟在开庭十日以前送达被告人及其辩护人;公开审判的案件,还应当在开庭三日以前先期公布案由、被告人姓名、开庭时间和地点。

民事诉讼制度关系到平等主体的纠纷解决,对公开的要求更加明显。1982年《民事诉讼法》规定人民法院审理民事案件,除涉及国家秘密、个人隐私及法律另有规定的外,一律公开进行;还规定向当事人和公众公开审判流程信息的内容,如立案后向被告送达起诉书副本,开庭三日前通知案件当事人和其他诉讼参与人,公开审理的还要公告当事人姓名、案由和开庭时间、地点。随着法治发展,进一步保护民事诉讼案件当事人的权利成为民事诉讼制度完善进程中的重要方面,关于审判流程公开的规定也越来越细化。1991年《民事诉讼法》规定,财产保全冻结当事人财产后,人民法院应当通知被冻结财产的人;人民法院对决定受理的案件,应当在受理案件通知书和应诉通知书中向当事人告知有关的诉讼权利义务,或者口头告知;合议庭组成人员确定后,应当在三日内告知当事人;一审案件宣告判决时,必须告知当事人上诉权利、上诉期限和上诉的法院。2012年修订的《民事诉讼法》还进一步规定了公众查阅生效裁判文书的内容,即除了涉及国家秘密、商业秘密和个人隐私的内容外,公众可以查阅发生法律效力的判决书、裁定书。这也成为当前通过互联网公开裁判文书的直接法律依据。而行政诉讼案件审理过程中基本适用了和民事诉讼一样的公开要求。

2. 最高人民法院的规定

（1）在司法改革进程中的司法公开要求

近年来，最高人民法院为了落实中央要求和法律规定，回应公众对于司法公开日益高涨的需求，将司法公开作为推进法院司法改革的重要抓手。最高人民法院1999年10月20日印发的《人民法院五年改革纲要》（法发〔1999〕28号）提出，各级人民法院全面落实公开审判制度，进行审判方式改革；进一步完善独立、公正、公开、高效、廉洁，运行良好的审判工作机制。在裁判文书公开方面，该《纲要》提出，加快裁判文书的改革步伐，提高裁判文书的质量，其改革的重点是加强对质证中有争议证据的分析、认证，增强判决的说理性；通过裁判文书，不仅记录裁判过程，而且公开裁判理由，使裁判文书成为向社会公众展示司法公正形象的载体，以及进行法制教育的生动教材。此外，《纲要》要求，第二审案件除依法可以不开庭审理的以外，均应当做到开庭审理，公开宣判。

最高人民法院2005年印发的《人民法院第二个五年改革纲要（2004—2008）》（法发〔2005〕18号）提出，进一步落实依法公开审判原则，采取司法公开的新措施，确定案件运转过程中相关环节的公开范围和方式，为社会全面了解法院的职能、活动提供各种渠道，提高人民法院审判工作、执行工作和其他工作的透明度。同时，针对执行工作的问题，提出通过公开执行信息，加强对执行工作的管理与监督，确保执行公正。此外，纲要还提出司法数据公开的要求，即扩大公开数据的范围，加强统计信息的分析和利用。

最高人民法院2009年印发的《人民法院第三个五年改革纲要（2009—2013）》（法发〔2009〕14号）强调健全司法为民工作机制，提出加强和完善审判与执行公开制度，具体包括继续推进审判和执行公开制度改革，增强裁判文书的说理性，提高司法的透明度，大力推动司法民主化进程。完善庭审旁听制度，规范庭审直播和转播；完善公开听证制度；研究建立裁判文书网上发布制度和执行案件信息的网上查询制度。纲要还针对人民法院干部人事管理，提出建立健全人民法院科学的选拔任用机制和有效的干部监督管理机制，增强人事管理的透明度和公开性。

最高人民法院2014年印发的《人民法院第四个五年改革纲要(2014—2018)》（法发〔2015〕3号）对深化司法公开工作提出了更高的要求，具体包括以下四个方面。第一，完善庭审公开制度，要求建立庭审公告和旁听席位信息的公示与预约制度，推进庭审全程同步录音录像，规范以图文、视频等方式直播庭审的范围和程序。第二，完善审判信息数据库，方便当事人自案件受理之日起，在线获取立案信息和审判流程节点信息。第三，继续加强中国裁判文书网网站建设，严格按照"以公开为原则，不公开为例外"的要求，实现四级人民法院依法应当公开的生效裁判文书统一在中国裁判文书网公布。第四，整合各类执行信息，方便当事人在线了解执行工作进展，实现执行信息公开平台与各类征信平台的有效对接。

2019年，最高人民法院印发《最高人民法院关于深化人民法院司法体制综合配套改革的意见——人民法院第五个五年改革纲要(2019—2023)》（法发〔2019〕8号）（即"五五"改革纲要），提出进一步深化司法公开，不断完善审判流程公开、庭审活动公开、裁判文书公开、执行信息公开四大平台，全面拓展司法公开的广度和深度，健全司法公开形式，畅通当事人和律师获取司法信息渠道，构建更加开放、动态、透明、便民的阳光司法制度体系。尤其值得一提的是，"五五"改革纲要专门在"健全开放、动态、透明、便民的阳光司法制度体系"部分中用较大篇幅对推进司法公开做了要求。《"五五"改革纲要》提出，要求健全完善司法公开工作机制，贯彻主动、依法、全面、及时、实质公开原则，坚持"以公开为原则，以不公开为例外"，不断拓宽司法公开范围、健全公开形式、畅通公开渠道、加强平台建设、强化技术支撑；要深入推进裁判文书、庭审活动、审判流程、执行工作、诉讼服务、司法改革、司法行政事务等方面信息公开的规范化、标准化、信息化建设；并健全完善司法公开制度体系，准确划分向当事人公开和向社会公众公开的标准，研究出台相关业务指引、技术标准和操作规程，明确司法公开责任主体；加大司法公开"四大平台"建设整合力度，优化平台功能，更加突出移动互联网时代新特点，促进平台从单向披露转为多向互动，让诉讼活动更加透明、诉讼结果更可预期。此外，"五五"改革纲要还针对审批流程信息公开、裁判文书公开、庭审公开和执行信息公开做了进一步规定。其核心内容包括，细化公开标准，完善公开制度，加强信息化保障，推进集中统一平台公开等。

除上述改革纲要外，最高人民法院还多次印发落实司法责任制改革的意见，对司法公开做出规定。2015年发布的《最高人民法院关于完善人民法院司法责任制的若干意见》要求，各级人民法院应当依托信息技术，构建开放动态透明便民的阳光司法机制，建立健全审判流程公开、裁判文书公开和执行信息公开三大平台，广泛接受社会监督。

2018年最高人民法院发布《关于进一步全面落实司法责任制的实施意见》规定，除法律规定不应当公开的情形外，审判委员会讨论案件的决定及其理由应当在裁判文书中公开；依托信息化平台对已上网裁判文书、庭审公开情况进行质量评查，质量评查范围应当覆盖所有法官，全面提升法官责任意识。同时，该实施意见还专门提出进一步深化司法公开。具体包括：严格执行《最高人民法院关于人民法院在互联网公布裁判文书的规定》（修订），不断提升裁判文书公开的信息化、常态化水平，确保应当公开的裁判文书全面、及时、准确公开；积极推广使用裁判文书自动纠错及技术处理软件，着力杜绝各类低级错误和质量瑕疵，切实减轻裁判文书公开工作量，不断提升裁判文书公开水平；各级人民法院应当抓好《最高人民法院关于人民法院通过互联网公开审判流程信息的规定》的贯彻实施，及时升级完善相关信息化平台，主动对接全国审判流程信息公开统一平台，切实将审判流程信息公开各项要求落到实处；主动适应互联网时代庭审公开新要求，切实发挥中国庭审公开网统一平台优势，将人民法院庭审公开工作不断推向深入。

最高人民法院2020年印发的《关于深化司法责任制综合配套改革的实施意见》提出，各级人民法院应当积极运用司法公开四大平台，积极构建开放、动态、透明、便民的阳光司法机制，拓展司法公开的广

第二章 当代中国司法公开制度的发展历程

度和深度,以自觉接受监督。

(2)关于推进司法公开的主要制度设计

①一般性规定。

对于司法公开,最高人民法院也陆续专门出台了多个司法文件。1999年的《最高人民法院关于严格执行公开审判制度的若干规定》进一步明确了公开审判的要求。2006年出台的《最高人民法院关于人民法院执行公开的若干规定》专门对执行案件办理过程中的公开问题做了规定。2007年出台的《最高人民法院关于加强人民法院审判公开工作的若干意见》(以下简称《若干意见》)规定了各级人民法院应当建立和公布案件办理情况查询机制,以方便当事人及其委托代理人及时了解与当事人诉讼权利、义务相关的审判和执行信息。《若干意见》规定,依法公开审理的案件,我国公民可以持有效证件旁听,人民法院应当妥善安排好旁听工作。这意味着持有效证件旁听公开审理的案件成为一般原则,发放旁听证限制旁听人数则成为例外。同时,《若干意见》规定各高级人民法院应当根据本辖区内的情况制定通过出版物、局域网、互联网等方式公布生效裁判文书的具体办法,逐步加大生效裁判文书公开的力度。2009年12月,最高人民法院出台了《关于司法公开的六项规定》,要求各级人民法院在审判工作中落实立案公开、庭审公开、执行公开、听证公开、文书公开、审务公开,较为系统地对司法公开工作做了规定。

为了落实司法改革对推进司法公开的要求,适应信息化发展的新形势,2013年11月28日,最高人民法院发布《关于推进司法公开三大平台建设的若干意见》,要求推进审判流程、裁判文书、执行信息三方面的公开。该意见提出,建设司法公开三大平台,是人民法院适应信息化时代新要求,满足人民群众对司法公开新期待的重要战略举措。人民法院应当通过建设与公众相互沟通、彼此互动的信息化平台,全面实现审判流程、裁判文书、执行信息的公开透明,使司法公开三大平台成为展示现代法治文明的重要窗口、保障当事人诉讼权利的重要手段、履行人民法院社会责任的重要途径,并通过全面推进司法公开三大平台建设，切实让人民群众在每一个司法案件中都感受到公平正义。

2014年印发的《最高人民法院关于进一步做好司法便民利民工作的意见》从司法为民角度，规定了各级法院为人民群众提供更高质量司法服务的各项措施，其中大量内容涉及司法公开。如强化审判流程公开平台建设，整合各类审判流程信息，为当事人提供全面、全程、及时的审判流程公开服务；完善案件庭审旁听制度，人民法院对于公开审理的案件，应当依法公告案件名称、开庭时间、法庭编号、旁听席位等开庭信息，方便人民群众旁听案件庭审；加强裁判文书释法说理，裁判文书要认真对待、全面回应当事人提出的主张和意见，具体说明法院采纳或者不采纳的理由和法律依据，做到认定事实清楚、适用法律正确；以"天平工程"建设为载体，加快审判流程公开、裁判文书公开、执行信息公开三大平台建设，充分发挥现代科技信息手段在司法便民利民方面的作用。

为了进一步系统推进司法公开，2018年，印发《最高人民法院关于进一步深化司法公开的意见》（以下简称《意见》），对进一步深化司法公开工作，推动开放、动态、透明、便民的阳光司法机制更加成熟定型，提出了多条具体举措。《意见》提出司法公开要坚持主动公开、依法公开、及时公开、全面公开、实质公开五项原则，并从进一步深化司法公开的内容和范围、完善和规范司法公开程序、加强司法公开平台载体建设管理、强化组织保障四个方面提出具体要求。关于司法公开的内容，《意见》提出要进一步深化人民法院基本情况、审判执行、诉讼服务、司法改革、司法行政事务、国际司法交流合作、队伍建设等方面信息公开，建立完善司法公开内容动态调整制度，推进司法公开规范化标准化建设，全方位拓展司法公开范围。公开形式方面，《意见》提出健全司法公开形式，畅通当事人和律师获取司法信息渠道，明确司法公开责任主体，完善司法公开流程管理机制，确保司法公开规范有序推进。在加强公开平台建设方面，《意见》提出加强人民法院白皮书工作，加强人民法院政务网站建设管理，深化司法公开四大平台建设，发挥现代信息技术作用，增强司法公开平台服务群众和对外宣传功能，加强与新闻媒体良性互动,加强法院自有媒体建设和新闻宣传工作,巩固拓展司法公开平台载体,促进规范管理与功能优化。《意见》还提出,落实司法公开工作责任制,完善评估督导和示范引领机制,加强业务培训和调查研究,健全监督体系,加强法治宣传教育,以有力组织保障提升司法公开效果。

②裁判文书公开的规定

在裁判文书公开方面,2013年发布的《最高人民法院关于人民法院在互联网公布裁判文书的规定》(法释〔2013〕26号)针对各地法院通过互联网公布裁判文书缺乏统一平台、缺少明确统一的标准造成的裁判文书公开不全面、不及时、不准确、不便查询等问题,决定开设统一的中国裁判文书网,集中公开全国法院作出的生效裁判文书。最高人民法院于2016年对2013年《规定》进行了修订,新发布的《最高人民法院关于人民法院在互联网公布裁判文书的规定》(法释〔2016〕19号)细化了公开范围,明确了不公开的裁判文书类别,并强调借助信息化手段辅助做好文书公开工作。2018年印发的《最高人民法院关于加强和规范裁判文书释法说理的指导意见》(法发〔2018〕10号)对于如何在裁判文书中加强释法说理做了明确要求,实际上也是通过裁判文书这一载体向案件当事人和社会公众公开法院审理案件过程中认定案件事实、适用法律法规的有关情况。

③审判流程信息公开的规定

在审判流程信息公开方面,在2013年三大平台公开的基础上,2018年发布的《最高人民法院关于人民法院通过互联网公开审判流程信息的规定》(法释〔2018〕7号)专门就审判流程信息公开的内容、方式等做了规定。该规定强调,中国审判流程信息公开网是人民法院公开审判流程信息的统一平台,各级人民法院在本院门户网站以及司法公开平台设置中国审判流程信息公开网的链接,并明确了应当向案件当事人公开审判流程信息的具体要求。在推进过程中,2019年印发的《最高人民法院关于建设一站式多元解纷机制一站式诉讼服务中心的意见》要求,加强诉讼服务规范化、标准化建设,以"一次办好"为目标,全面梳理服务项目清单，逐项制定标准化工作规程和一次性办理服务指南，并向社会公开，规范服务流程，提升服务质量，明确权责关系，以标准化促进诉讼服务普惠化、便捷化，推动实现同一诉讼服务事项的无差别受理、同标准办理。

④庭审信息公开的规定

在庭审录播直播方面，2010年发布的《最高人民法院关于人民法院直播录播庭审活动的规定》提出，人民法院可以选择公众关注度较高、社会影响较大、具有法制宣传教育意义的公开审理的案件进行庭审直播、录播。为体现司法体制改革的最新成果，回应人民群众的新要求、新期待，保障诉讼参与人的诉讼权利，规范庭审活动、深化司法公开，提高庭审效率、促进司法公正，最高人民法院2017年修订印发《最高人民法院关于庭审活动录音录像的若干规定》。修订后注重适应互联网时代对司法公开的多元化需求，要求庭审活动全程同步录音录像，建设透明法庭，并借助诉讼服务平台为依法查阅庭审录音录像提供便利。

⑤执行信息公开的规定

在执行信息公开方面，2006年发布的《最高人民法院关于人民法院执行公开的若干规定》提出，除涉及国家秘密、商业秘密等法律禁止公开的信息外，人民法院应当通过通知、公告或者法院网络、新闻媒体等方式，依法公开案件执行各个环节和有关信息。其中，对社会公开的包括：执行案件的立案标准和启动程序，执行费用的收费标准和根据以及执行费减、缓、免交的基本条件和程序，执行过程中形成的各种不涉密的法律文书和相关材料。对于当事人及有关诉讼参与人则应当及时告知立案的有关情况，当事人在执行程序中的权利和义务以及可能存在的执行风险，案件承办人或合议庭成员及联系方式，法院调查的被执行人财产状况和被执行人申报的财产状况，法院采取的查封、扣押、冻结、划拨等执行措施，法院采取拘留、罚款、拘传等强制措施等。此外，终结执行应当制作裁定书并送达双方当事人，且裁定书应当充分说明终结执行的理由，并明确援引相应的法律依据。

第二章 当代中国司法公开制度的发展历程

2014年,《最高人民法院印发〈关于人民法院执行流程公开的若干意见〉》提出,人民法院执行流程信息以公开为原则、不公开为例外。对依法应当公开、可以公开的执行流程及其相关信息,一律予以公开,实现执行案件办理过程全公开、节点全告知、程序全对接、文书全上网,为当事人和社会公众提供全方位、多元化、实时性的执行公开服务,全面推进阳光执行。

为了推动解决执行难,2016年最高人民法院提出要用两到三年"基本解决执行难",并印发了《关于落实"用两到三年时间基本解决执行难问题"的工作纲要》。《纲要》为进一步规范执行行为、提升执行工作公信力,提出全力打造中国执行信息公开网,将执行案件流程信息、失信被执行人名单信息、执行裁判文书等及时向社会公开,保障当事人和社会公众对执行案件及执行工作的知情权、监督权,让执行权在阳光下运行。针对终结本次执行程序案件存在办案不规范、群众反映强烈的问题,2016年印发的《最高人民法院关于严格规范终结本次执行程序的规定(试行)》要求,终结本次执行程序前,人民法院应当将案件执行情况、采取的财产调查措施、被执行人的财产情况、终结本次执行程序的依据及法律后果等信息告知申请执行人,并听取其对终结本次执行程序的意见;终结本次执行程序裁定书应当依法在互联网上公开。

2019年,中央全面依法治国委员会印发的《关于加强综合治理从源头切实解决执行难问题的意见》再次重申"加大执行公开力度,全面推进阳光执行"。

面向切实解决执行难,2019年印发的《最高人民法院关于深化执行改革健全解决执行难长效机制的意见——人民法院执行工作纲要(2019—2023)》尤其强调执行信息公开,提出要健全开放、动态、透明、便民的阳光执行制度体系。首先,纲要提出,要健全完善执行公开工作机制。即贯彻主动、依法、全面、及时、实质公开原则,坚持"以公开为原则,以不公开为例外",不断拓展执行公开范围、健全公开形式、畅通公开渠道、加强平台建设、强化技术支撑,深入推进执行公开的规范化、标准化、信息化建设,准确划分向当事人公开和向社会公众公开的标准，明确执行公开的责任主体。其次，拓展执行公开的广度和深度推动实现执行案件流程信息、被执行人信息、失信被执行人名单信息、网络司法拍卖信息、强制措施、财产调查处置措施等在同一平台集中统一公开。再次，打造集约化执行公开平台。即将执行信息公开网建设成集约化的执行公开平台，继续做好平台与法院专网内的执行案件管理系统、失信惩戒系统、限制消费系统、询价评估系统、网拍平台、终本系统的对接，向当事人和社会提供更优质的"一站式"执行信息公开服务。同时，增强执行公开网的交流互动性，为当事人提供更加便捷的联系法官的渠道，完善执行线索提供和悬赏公告功能，调动社会各界参与执行、支持执行、监督执行的积极性。最后，创新执行信息公开手段，提出2019年底前有条件的法院要利用手机短信、微信、诉讼服务热线、手机App等，把执行流程关键节点告知当事人，满足社会公众多渠道了解人民法院执行工作的需求。而且，要加快与相关部门建立快速查询信息共享机制，向当事人手机推送案件节点等执行信息。

2013年发布的《最高人民法院关于公布失信被执行人名单信息的若干规定》对公布失信被执行人名单信息做了规定，要求各级人民法院将失信被执行人名单信息录入最高人民法院失信被执行人名单库，并通过该名单库统一向社会公布。而且，各级人民法院可以根据各地实际情况，将失信被执行人名单通过报纸、广播、电视、网络、法院公告栏等其他方式予以公布，并可以采取新闻发布会或者其他方式对本院及辖区法院实施失信被执行人名单制度的情况定期向社会公布。2016年中共中央办公厅、国务院办公厅印发的《关于加快推进失信被执行人信用监督、警示和惩戒机制建设的意见》进一步要求，人民法院要及时准确更新失信被执行人名单信息，并通过全国法院失信被执行人名单信息公布与查询平台、有关网站、移动客户端、户外媒体等多种形式向社会公开，供公众免费查询；根据联合惩戒工作需要，人民法院可以向有关单位推送名单信息，供其结合自身工作依法使用名单信息。对依法不宜公开失信信息的被执行人，人民法院要通报其所在单位，由其所在单位依纪依法处理。

⑥其他领域的公开规定

在落实司法责任制改革方面，为落实中央政法委印发的《司法机关内部人员过问案件的记录和责任追究规定》，最高人民法院2015年印发《人民法院落实〈司法机关内部人员过问案件的记录和责任追究规定〉的实施办法》规定，人民法院监察部门在报经本院主要领导批准后，可以将本院和辖区人民法院查处人民法院工作人员违反规定过问案件行为的情况在人民法院内部进行通报，必要时也可以向社会公开。《关于人民法院推行立案登记制改革的意见》规定，人民法院应当公开立案程序，规范立案行为，加强对立案流程的监督。为贯彻落实中央关于深化司法体制综合配套改革的总体部署，健全完善人民法院审判委员会工作机制，2019年印发的《关于健全完善人民法院审判委员会工作机制的意见》提出，审判委员会讨论案件的决定及其理由应当在裁判文书中公开，法律规定不公开的除外。

为了提升司法解释制定的科学性，2020年发布的《最高人民法院关于完善统一法律适用标准工作机制的意见》提出，涉及人民群众切身利益或重大疑难问题的司法解释，应当向社会公开征求意见。

在加强人民调解组织管理方面，2016年出台的《最高人民法院关于人民法院特邀调解的规定》提出，人民法院开展特邀调解工作应当建立特邀调解组织和特邀调解员名册，并在诉讼服务中心等场所提供特邀调解组织和特邀调解员名册，并在法院公示栏、官方网站等平台公开名册信息，方便当事人查询。

在加强诉讼服务方面，《最高人民法院关于全面推进人民法院诉讼服务中心建设的指导意见》提出，建立诉讼服务网，完善法院公开信息、案件流程信息、诉讼电子档案等数据库，作为诉讼服务网的支撑；实现诉讼服务网与审判流程公开平台、裁判文书公开平台、执行信息公开平台（司法公开三大平台）的相互链接、资源共享；通过通信服务系统，以短信、微信、微博、移动通信应用客户端等方式主动向当事人、代理人、辩护人推送案件主要流程节点信息，或根据查询申请推送相关案件信息，以及主动向社会公众推送公开信息。

就加强人民法庭工作，2015年发布的《最高人民法院关于进一步加强新形势下人民法庭工作的若干意见》提出：全面公开法庭人员信息、管理制度、行为规范、诉讼指南，依法及时公开案件信息、司法依据、诉讼流程、裁判结果，满足当事人知情权，杜绝暗箱操作；在推进"三个平台"建设过程中，注重考虑人民法庭工作特点；积极发挥人民法庭根植基层的特殊优势，在保障司法安全前提下，简化旁听手续，满足人民群众旁听需求；开展司法公开主题活动，主动邀请和组织社会各界代表旁听庭审、参观法庭工作；进一步发挥巡回审判在司法公开、法治宣传方面的独特作用，增强社会对法庭工作的认同。

在司法鉴定方面，早在2020年，最高人民法院就发布了《关于人民法院对外委托司法鉴定管理规定》，其中规定，人民法院司法鉴定机构建立社会鉴定机构和鉴定人名册，根据鉴定对象对专业技术的要求，随机选择和委托鉴定人进行司法鉴定，并规定经批准列入人民法院司法鉴定人名册的鉴定人，在《人民法院报》予以公告。

在支持和保障深圳建设中国特色社会主义先行示范区方面，《最高人民法院关于支持和保障深圳建设中国特色社会主义先行示范区的意见》提出，加快网上司法公开平台建设，构建更加开放、动态、透明、便民的阳光司法制度体系，建立破产信息登记与公开制度。

为了加强企业破产案件审理，最高人民法院2016年印发的《最高人民法院关于企业破产案件信息公开的规定（试行）》专门针对企业破产案件中人民法院、破产管理人等应当公开的信息做了规定，其中，人民法院应当公开的破产案件的信息包括：审判流程节点信息，破产程序中人民法院发布的各类公告，人民法院制作的破产程序法律文书，以及人民法院认为应当公开的其他信息。同时，最高人民法院专门开通了"全国企业破产重整案件信息公开网"，集中公开破产案件信息。

针对过去一段时间减刑、假释案件办理不规范、社会关注度较高的问题，最高人民法院2012年发布的《关于办理减刑、假释案件具体应用法律若干问题的规定》要求，人民法院审理减刑、假释案件，应当一律予以公示，公示地点为罪犯服刑场所的公共区域，有条件的地方，应面向社会公示，接受社会监督。公示应当包括的内容有：罪犯的姓名，原判认定的罪名和刑期，罪犯历次减刑情况，执行机关的减刑、假释建议和依据，公示期限，意见反馈方式等。2014年发布的最高人民法院《关于减刑、假释案件审理程序的规定》进一步规定，人民法院审理减刑、假释案件，应当在立案后五日内将执行机关报请减刑、假释的建议书等材料依法向社会公示，公示内容应当包括罪犯的个人情况、原判认定的罪名和刑期、罪犯历次减刑情况、执行机关的建议及依据。公示应当写明公示期限和提出意见的方式，公示期限为五日。同时，该规定还要求，减刑、假释裁定书应当通过互联网依法向社会公布。最高人民法院还专门开通了"全国法院减刑、假释、暂予监外执行信息网"，集中发布全国法院审理的上述案件信息。

为了规范行政诉讼案件中被告行政机关负责人出庭应诉，2020年最高人民法院发布的《关于行政机关负责人出庭应诉若干问题的规定》提出，人民法院可以通过适当形式将行政机关负责人出庭应诉情况向社会公开。

在知识产权司法保护方面，2020年印发的《最高人民法院关于全面加强知识产权司法保护的意见》提出，依托四大平台落实审判公开，充分利用审判流程公开、庭审活动公开、裁判文书公开、执行信息公开四大平台，最大限度地保障当事人和社会公众的知情权、参与权和监督权。

在司法救助方面，2019年印发的《人民法院国家司法救助案件办理程序规定（试行）》要求，人民法院通过立案窗口（诉讼服务中心）和网络等渠道公开提供国家司法救助申请须知、申请登记表等文书样式。

在公益诉讼案件审理方面，2016年印发的《人民法院审理人民检察院提起公益诉讼案件试点工作实施办法》要求，人民法院审理人民检察院提起的公益诉讼案件，应当依法公开进行；人民法院可以邀请人大代表、政协委员等旁听庭审,并可以通过庭审直播录播等方式满足公众和媒体了解庭审实况的需要;裁判文书应当按照有关规定在互联网上公开发布。

在加强产权保护方面,2016年印发的《最高人民法院关于充分发挥审判职能作用切实加强产权司法保护的意见》提出,强化法治宣传,推动形成保护产权的良好社会氛围,利用裁判文书上网、庭审直播等司法公开平台,结合案件审判,大力宣传党和国家平等保护各种所有制经济产权的方针政策和法律法规,使平等保护、全面保护、依法保护观念深入人心,营造公平、公正、透明、稳定的法治环境。

在对非公经济等平等保护方面,2015年印发的《最高人民法院关于依法平等保护非公有制经济促进非公有制经济健康发展的意见》强调要加大司法公开力度,不断提升信息化服务水平。具体包括:要加快推进人民法院信息化建设,全面提升司法公开水平。要充分发挥"中国审判流程信息公开网"等载体作用,向包括非公有制经济主体在内的社会公众依法全面公开审判执行活动;借助失信被执行人数据库平台,会同有关部门和社会组织共同开展诚信建设;大力推进裁判文书上网,加强裁判文书对案件事实认定和法律适用理由的论证,增强各类所有制主体对其经营行为及其法律后果的可预测性;要通过公开审判、以案说法、发布重要新闻和典型案例等形式,宣传涉及非公有制经济的法律法规,提高非公有制企业的法律意识。

为了打击虚假诉讼,2016年印发的《最高人民法院关于防范和制裁虚假诉讼的指导意见》要求,加大公开审判力度,增加案件审理的透明度,对与案件处理结果可能存在法律上利害关系的,可适当依职权通知其参加诉讼,避免其民事权益受到损害,防范虚假诉讼行为。同时,要通过向社会公开发布虚假诉讼典型案例等多种形式,震慑虚假诉讼违法行为。

在参与实施乡村振兴战略方面,2018年发布的《最高人民法院关于为实施乡村振兴战略提供司法服务和保障的意见》将司法公开作为普法宣传和保障涉农案件当事人合法权益的重要手段之一,如意见规定，坚持庭审直播和裁判文书上网制度，方便农村群众观看庭审、查阅文书，实现看得见的公正司法。

在加强生态文明建设和绿色发展的司法保障方面，2014年印发的《最高人民法院关于全面加强环境资源审判工作为推进生态文明建设提供有力司法保障的意见》提出，大环境资源审判公众参与和司法公开力度，积极回应人民群众参与环境资源保护意愿，在环境资源审判领域全面推行人民陪审员参与案件审理；自觉接受社会公众监督，推动建立中国环境资源裁判文书网，及时上网公开生效裁判文书；对于重大影响的案件，邀请人大代表、政协委员、社会公众等旁听庭审，增强环境资源审判的公开性和公信力；充分运用传统媒体和微信、微博、新闻客户端等新媒体，通过公开审判、以案说法、发布环境资源司法重要新闻和典型案例等形式，宣传环境资源保护法律法规，提高公众环境资源保护意识。2016年印发的《关于充分发挥审判职能作用为推进生态文明建设与绿色发展提供司法服务和保障的意见》提出，加大司法公开和宣传力度，引导公众有序参与环境治理；通过审理信息公开相关行政案件，保障人民群众的知情权和监督权，提高人民群众参与环境保护的积极性，使公众参与原则落到实处；邀请人大代表、政协委员、社会公众、新闻媒体旁听重大案件庭审，加大裁判文书上网公开力度；充分运用新媒体、自媒体及时发布重大司法信息，定期发布环境资源审判白皮书。

在保障对外开放方面，2015年印发的《最高人民法院关于人民法院为"一带一路"建设提供司法服务和保障的若干意见》提出，深化改革、强化公开，不断提升涉外案件的国际影响力和公信力；要强化司法公开，充分发挥涉外司法的国际窗口作用，不断满足中外当事人的知情权。《最高人民法院关于人民法院为"一带一路"建设提供司法服务和保障的若干意见》还提出，要围绕公开、透明、便捷、高效、共享、互通的原则，加强"一带一路"建设司法保障信息化建设的顶层设计，坚持创新驱动，推进信息技术与审判业务深度融合，信息技术与司法公开深度融合，信息技术与司法便民深度融合，构建符合信息时代特征的网络法院、阳光法院和智慧法院。

刑事冤假错案国家赔偿工作方面，2015年印发的《最高人民法院关于进一步加强刑事冤错案件国家赔偿工作的意见》提出，人民法院要坚持公开公正原则，严格依法办案，规范工作流程，加强司法公开，自觉接受监督；针对国家赔偿案件的特点，创新司法公开的形式，拓展司法公开的广度和深度，自觉接受人大、政协、检察机关和社会各界的监督。

在保障律师权益方面，最高人民法院2015年印发的《关于依法切实保障律师诉讼权利的规定》要求，人民法院要不断完善审判流程公开、裁判文书公开、执行信息公开"三大平台"建设，方便律师及时获取诉讼信息，而且，对诉讼程序、诉权保障、调解和解、裁判文书等重要事项及相关进展情况，应当依法及时告知律师。

2015年印发的《最高人民法院关于充分发挥审判职能作用切实维护公共安全的若干意见》针对涉众型案件引发社会关注的问题，提出要强化司法公开力度，及时披露有关信息，回应社会关切。此外，《最高人民法院关于充分发挥审判职能作用切实维护公共安全的若干意见》还提出，充分运用传统媒体和微信、微博、新闻客户端等新媒体，通过公开审判、以案说法、发布典型案例等形式，强化法制宣传，震慑违法犯罪。

三　法院信息化建设与司法公开新发展

进入21世纪以来，信息技术飞速发展，信息化席卷全球。改革开放以来，中国的信息化建设历经摸索、融合、创新的艰辛历程，已取得举世瞩目的成就。党的十八大将"信息化"列为中国特色新型"四化"道路之一，并将"到2020年信息化水平大幅提升"作为全面建成小康社会的重要标志。在党和政府的大政方针指引下，中国法院信息化建设获得长足发展，"十三五"期间人民法院信息化建设成就斐然，建设水平处于世界前列，给予人民司法事业发展强有力的科技支撑。

第二章 当代中国司法公开制度的发展历程

司法公开和信息化建设在人民法院近年来的发展历程中相伴而生、相互促进，法院信息化建设拓展了司法公开的广度与深度，人民群众对司法公开不断提出新的要求也促进法院信息化建设走向更高水平。

中国法院的四大公开平台是全球司法系统中最闪亮的创新。随着司法体制改革的不断深化、信息化建设水平的深入推进，系列化网上司法公开平台相继上线运行，司法公开取得了巨大进展，司法公开平台大数据分析和可视化展示的能力都不断升级完善。2020年，最高人民法院信息中心依托司法公开大数据可视化信息技术，解决了中国裁判文书网索引数据量较大导致检索速度缓慢的问题，增强了对并发用户访问的支撑能力；健全了中国裁判文书网防爬虫机制，提升了公众查询浏览裁判文书的响应速度；优化了中国庭审公开网音视频直播录播智能云平台，确保音视频在线流畅展示；探索建立了基于语音识别算法模型实现庭审视频当事人隐私屏蔽功能，充分保障庭审现场当事人及相关人员的隐私权。

截至2020年年底，中国审判流程信息公开网统一对外公开3889万余件案件，用户访问量已逾4.07亿余次。中国庭审公开网已经累计开展全国法院庭审直播1104.94万余次，网站累计访问量突破319.04亿余次，成为全世界最大的政务视频直播网站。中国裁判文书网累计公开文书1亿多篇，访问量突破541亿人次，用户覆盖210多个国家和地区，成为全球最大且最受瞩目的裁判文书公开资源库。中国执行信息公开网累计访问超过3.3亿人次。

推动企业破产信息公开。最高人民法院上线运行了全国企业破产重整案件信息网，在四大公开平台之外，专门推动企业破产信息公开。截至2020年年底，网站涉及管理人机构8246家，管理人员3.69万余人；已发布投资人招募公告2478篇，累计召开1207场网络债权人会议，成为人民法院服务供给侧结构性改革的重要举措。

第三章

司法透明的基础理论

一 司法透明与司法公开

司法透明是指，除涉及国家秘密、有关当事人商业秘密或者个人隐私以及可能影响法院正常审判秩序的事项外，法院的各项审判活动以及与审判活动有关的各类相关信息，均应及时、全面、准确、有效地向案件当事人和社会公众公开。司法透明不仅意味着对案件当事人和其他诉讼参与人公开审判活动及相关的信息，还包括对社会公开上述信息。习近平总书记将公开理念创造性地发展为透明的理念，对司法公开工作具有重要指导意义。司法透明是司法公开的结果，而且，司法透明的范围比司法公开更宽泛。首先，司法透明强调司法活动全过程的公开，既强调司法过程的公开，也重视司法结果的公开。即是说，不仅司法审理的过程要对当事人和公众公开，司法过程的结果，包括司法文书也都应向当事人和公众公开。其次，司法透明不仅要求公开司法审判活动本身，还要公开与司法活动相关的各类信息。按照现代法治原则，审判公开是司法活动的基本要求，即除了涉及国家秘密、商业秘密、个人隐私外，案件审理活动及审理结果（即判决）均应当向社会公开，接受社会监督。然而，所谓的司法公开或者审判公开所要涉及的司法活动是有限的，除了审判活动外，司法机关还应该公开与之相关的各类信息。推动司法透明的目的就是以司法机关各类活动信息，包括审判活动的信息的可获取性为目标，强调司法机关应当最大限度地向社会公开其活动情况，不仅公开司法过程、司法结果，还要公开与司法活动有关的各类信息，以实现司法活动最大限度的透明、可视，杜绝司法"暗箱""黑箱"。最后，司法透明不仅强调案件当事人可以获知司法机关与案件审理有关的各类信息，还注重社会公众对司法机关其他各类公务活动的获知程度，例如，法院的统计数据、法院的"三公"消费。在司法透明的条件下，司法活动以及其所实现的正义不仅是实在的、及时的，还应该是可以看得见、感受得到的。

二　司法透明的现实意义

推进司法透明对于深化司法体制改革、落实全面依法治国要求有着重要的现实意义。

（一）有助于切实落实司法为民的方针

司法透明度对于落实司法为民方针，主要体现为可以方便公众利用司法资源、化解社会纠纷，系统宣传法律制度和司法制度，增强公众的法律意识。司法机关准确、全面、及时、有效地公开司法信息，特别是关于司法机关工作信息、诉讼指南、审判信息、执行信息等内容，有助于公众及时、全面了解司法活动的各种要求，明确自身参与诉讼的权利和面临的风险，有助于方便公众参与诉讼活动，保护自身权利。法院应保证公民找得到法院，打得通电话，读得懂文书，了解如何利用司法程序维护自身的合法权益。试想，如果公众查找不到法院地址、联系电话，如何能够有效行使诉权？法院连基本的诉讼常识都不告知公众，公众如何能够善用诉讼呢？这些是司法为民的基本要求，也是司法透明的作用所在。同时，提高司法透明度，还有利于进行法制宣传教育，增强社会公众的法律意识。通过提升司法透明度，可以使广大人民群众受到生动形象的法制宣传教育，了解自己的权利和义务，增强法律意识，提高其遵守法律和维护法制的自觉性。

(二) 有助于保障公众知情权和当事人合法权益

知情权（right to know）是指寻求、接受和传递信息的自由，是从官方或非官方获知有关情况的权利。知情权是公民的一项基本人权。首先在宪法中明确规定这一权利的是 1949 年实施的《联邦德国基本法》。该法第 5 条规定，人人享有以语言、文字和图画自由发表、传播其言论并无阻碍地依通常途径了解信息的权利。北欧诸国的宪法也规定了知情权的保障。比如，瑞典在构成其宪法一部分的《关于出版自由的法律》第二章"政府文件的公共性质（公开制）"中就详细地规定了公民获取政府文件的权利。

世界上虽然有很多国家没有在宪法中明确写明这一权利，但人们一般认为从宪法的有关规定中完全可以找到知情权存在的根据。从公民主权的角度讲，一国的公民当然应当享有知情权，或者说知情权保障是公民主权的题中之义。现代国家均承认主权在民的观念，并设计各种制度保障公民有效地参与民主决策的过程。公民作为主权者通过自己选出的代表管理国家，有权充分获知与国家管理有关的各种情况，否则，公民便无法监督国家机关及其公务人员的管理活动，无法对国家事务发表意见进而对其施加影响，公民主权的原则也就无异于空中楼阁。公民享有知情权是公民主权原则的当然前提，只有公民充分地获取有关的信息，才能有效地参与民主政治。

长期以来，人们对知情权的关注往往集中于对政府信息的获取和传播，进而专注于推动政府信息公开制度的确立与实施。政府信息公开制度是实现和保障知情权的重要制度，但是，该制度一般只限于对政府机关，即行政机关所掌握的信息如何公开进行规范。但实际上，知情权的对象不限于此，还包括诸如立法机关、司法机关在内的国家机关。司法透明抑或司法公开无疑是保障公民对司法机关活动知情权的非常重要机制，其不仅事关公民的知情权，保障公民的司法信息知情权的目的在于监督司法公正以及维系社会公正，其可以说具有非常重要的意义。

具体而言，推动司法透明，保障公众对司法活动相关信息的知情权,有助于当事人维护自己的合法权益和提升其对诉讼结果的接受程度。司法透明,包括要公开司法机关的工作信息、诉讼指南、审判信息、执行信息等,这可以使当事人充分了解自己的诉权、应如何行使诉权、行使诉权过程中面临的法律风险,并可以帮助其了解司法活动的内容和进程,进而正确及时地行使自己的权利,采取合法手段维护自己的合法权益。而且,推动司法透明,有助于满足其他社会公众对司法活动信息的需求,便于其参与司法活动,监督司法活动。而且,实行司法公开,充分保障当事人及社会公众的知情权,将案情及审判过程公之于众,有利于保障人民法院独立行使审判权。

可以说,随着经济和社会的快速发展和人民群众民主法治意识的不断提升,人们对于司法活动的要求和期待也不断提升。不仅要求司法结果公正,还期待司法过程公开透明以及对司法活动的参与权和监督权。

(三)有助于防止司法腐败,实现司法正义

正义不仅要实现,而且要以人们看得见的方式实现。司法机关是维护社会正义的最后一道防线,能否维持司法公正,能否革除司法腐败,关系到能否维系社会稳定和谐以及公权力的公信力。治理司法腐败最重要的路径之一就是推动司法透明,将司法程序、司法氛围展示给当事人乃至社会公众;通过提升司法过程和结果的透明度,将法官行使自由裁量权的情况及其考量的各种因素公之于众,接受社会的监督,并督促法官慎重从事。司法透明将大大提高司法腐败的成本和被发现的风险,同时也会令司法机关和司法人员慎言谨行,确保每一个活动都在法律的框架内和符合法定的程序职能,不得越雷池半步。任何一项司法活动都必须严格依法而行、依事实而动,任何人情案、关系案、金钱案等司法腐败现象的蛛丝马迹都可能因为司法透明而被公众发现,使滥用司法权者无所遁形。

(四)有助于提高司法公信力,维护司法权威

司法公信力是指法官在长期的司法活动中,通过严格的法律程序,正确适用法律，面向公众树立的诚信公正的影响力，是公众对法院审判活动的信任和期盼，维持公信力和权威乃是法院司法活动的出发点和落脚点。司法公信力是法院的生命所在，没有司法公信力，法院就失去了存在的合法性，也直接损害了国家的公信力与权威。提升司法公信力的唯一途径是实现司法公正，因为，只有确保司法公正才能让当事人乃至社会公众相信司法机关是通过可以信赖的正当程序依法办案的。只有公众认可的公正才算公正，也才具有公信力和权威性。公众认可的公正必须是公众可以看到和感受到的。司法透明则可以用人们看得见的方式实现司法正义，让公众尽可能详细地了解司法的过程和司法的结果，消除了公众对司法机关的猜疑，提高司法公信力，维护司法权威。

（五）有助于提升司法人员能力，提高司法水平

司法能力与司法水平的高低是衡量司法机关办案能力和实现司法公正能力的基本指标。司法水平高则司法机关才能够准确地认定事实、正确地适用法律，也才有可能就案件争议得出符合法律规定和客观事实的正确结论。多年以来，中国司法机关一直面临司法水平不高的质疑，《最高人民法院关于增强司法能力提高司法水平的若干意见》（法发〔2005〕4号）曾明确指出了司法水平不高的集中表现：正确适用法律的水平还不够高，解决矛盾的本领还不够大，公正裁判的能力还不够强，司法作风还不够过硬，人民群众反映强烈的一些案件裁判不公、效率不高等问题还没有彻底解决，少数法官办"关系案""人情案""金钱案"的现象屡禁不止。除此之外，司法水平不高的其他表现还有，如判决文书形同八股文，不说理甚至说理流于形式，案件没有认定和法律适用的推理过程，法官照抄原被告的意见、照搬法律法条；有的判决文书充斥错字病句，逻辑混乱。司法透明则有助于提升法官的司法水平。以审判信息公开为例，如果要求法院将案件的开庭日程、庭审的过程以及裁判文书等内容向全体公众公开，法院就会更加注重庭审程序的合法性、案件证据的充分性以及裁判文书写作的规范性。司法透明将法官的行为置于公众的监督之下，有助于法官更加审慎对待司法参与人的

意见，认定事实和适用法律会更加慎重，并且能够有效地促进法官就案件争议得出符合法律规定和客观事实的正确结论，推动司法公正。

总之，司法透明意味着法院的任何一项司法活动都将被置于广大人民群众以及当事人和其他诉讼参与人的全时空监督之下，司法机关及其司法人员的任何行为及其结果都将接受公众的评论与判断，任何有悖常理的事实认定、法律适用都可能遭受到公众最严厉、最直接的质疑。因此，司法机关及其司法人员必须提高自己的工作责任心，提高办案水平和办案质量，最大限度地确保任何一项司法活动都是按照法定程序，并依据案件事实、法律规定作出的，确保任何结论都能经得起公众的推敲。实现了这一点，司法公正的问题也就迎刃而解了。

三 在争议之声中坚定前行的司法公开

对于司法是否应当公开几乎是一个不需要讨论的问题，司法公开的正当性已经在它自身发展的历史进程中被反复证明，并且为各国各地区的基础性法律文件所确认。现实中围绕司法公开所产生的争议集中在司法公开的程度和司法公开与其他司法价值追求之间所产生的竞争与摩擦。

（一）司法公开的限度

作为司法公开的先导的审判公开在古代和近代意义上仅指刑事案件的审判公开，在国际人权公约中规定的案件一般也局限在刑事案件中，其中缘由也很容易理解，即刑事审判会对财产权、自由权、政治权利乃至生命权等基本人权进行处置，因此必须公开以接受公众监督。具体到国内法和司法实践上，两大法系国家均把公开审判原则扩展至民事诉讼范围[①]，随着行政诉讼的出现，审判公开原则也自然扩

---

① 参见毕玉谦等著《民事诉讼架构下的司法公开》，中国政法大学出版社2020年版，第7—8页。

展至行政诉讼。在司法权透明理念指导下的中国的司法公开则更加全面、彻底。

正是因为司法公开范围的不断扩大让这一原则总是需要对其程度甚至边界进行说理。司法公开按照对象可以分为对当事人的公开和对不特定的社会公众的公开两个方面，其中对当事人公开的正当性毋庸置疑，因而审判流程信息公开的举措也获得了较为统一的肯定性评价，质疑多集中在对公众公开的各项举措之上。回顾当代司法公开的价值追求和理论基础可以发现，司法面向公众公开遭遇到的种种问题也是无关"是非"的。黑格尔认为"民对于法的信任应属于法的一部，正是这一方面才要求审判必须公开。公开的权利的根据在于，首先，法院的目的是法，作为一种普遍性，它就应当让普遍的人闻悉其事；其次，通过审判公开，公民才能信服法院的判决确实表达了法"①。从权力透明的角度来看，司法活动不存在隐秘于人民主权之下的"见不得光"的角落，至于法官心证、隐私权等运行中的具体问题则可以通过转换手段与方式的方法解决，无关司法应当公开的理论根基。

（二）庭审直播、法官心证与裁判的形成

黑格尔提到法官反对司法公开的理由："根据正直的常识可以看出，审判公开是正当的、正确的。反对这一点的重大理由无非在于，法官大人们的身份是高贵的；他们不愿意公开露面，并把自身看做法的宝藏，非局外人所得问津。"② 庭审公开是与审判公开最为接近的概念，而审判公开是有着历史传统作为支持的，现今关于庭审公开的争议之所以重新回到公众视野与庭审直播的出现有着密切关系。

充分借助信息化技术手段的庭审直播平台，使庭审公开由以往的数量有限的公众亲自到法庭旁听的"剧场化"公开，转变为面向数以亿

---

① ［德］黑格尔著：《法哲学原理》，范扬、张企泰译，商务印书馆2017年版，第264—265页。
② ［德］黑格尔著：《法哲学原理》，范扬、张企泰译，商务印书馆2017年版，第264—265页。

计的网民的远程公开。这种网络公开方式带来的好处有很多，比如让法官的行为更加规范，当事人和其他诉讼参与人更加谨言慎行，司法的普及法律功能得以成倍加强，等等。但同时，这样一种全新的公开方式给法官心理也造成了巨大的影响。

在"聚光灯"下工作的不适感必将持续一段时间，与旧的工作模式告别也确实需要一定的过程，但不至于对法官心证的形成产生实质性的影响。庭审直播并未束缚法官表达其业已形成心证的行动，亦没有限制当事人行使诉讼防御权和抗辩权。如果法官和当事人对此怀有戒心，那么其很大可能单纯来自"不适感"，而不能归咎于庭审直播对诉讼活动提出的规范化的高标准要求。任何庭审公开手段都不足以对保护当事人免遭"突袭性裁判"、充分表达其意见的权利构成冲突，而司法公开的原则恰恰与保护当事人的上述权利相一致："法院不应秘密适用法律，而应公开说明其观点。如果现在是以另外一种与当事人所持的观点不同的法律观点来考虑诉讼，那么，还应给予当事人比往常更多的机会来阐明自己的观点。"[1]

更何况庭审直播并未超出审理和宣判的范围，法官的合议仍是不公开进行的，对参与合议的法官充分表达特殊意见、进行讨论的过程进行了应有的保护，因此庭审公开对于判决结果的形成也不构成影响。至于裁判决策过程和少数意见公开的问题，虽然在司法责任制改革的背景下显得尤为值得讨论，但限定在司法公开的框架内通过加强裁判文书说理的措施完全可以将裁判决策过程和少数意见以恰当的方式展现出来。2018 年 6 月 1 日，最高人民法院印发《关于加强和规范裁判文书释法说理的指导意见》实际上起到了推动裁判决策过程公开的作用。

（三）裁判文书公开与可能的负面影响

对于裁判文书公开等，迄今仍然存在一些观点认为，裁判文书公开

---

[1] ［德］米夏埃尔·施蒂尔纳编：《德国民事诉讼法学文萃》，赵秀举译，中国政法大学出版社 2005 年版，第 376 页。

太多有很大的风险和负面影响。如有的裁判文书公开后会引发舆情；有的裁判文书公开后会因为舆情而影响二审、再审；大量的裁判文书公开到中国裁判文书网上后，会被淹没在亿万文书之中，并不会引发关注进而发挥应有的监督法院、倒逼法院的作用；海量的裁判文书公开后会因为大数据分析而可能被分析出经济社会发展的很多敏感信息。但事实上，上述观点都是似是而非的。迄今为止，因为裁判文书公开所引发舆情的并不是因为公开了裁判文书，而是因为裁判文书存在文字错误等文书制作上的问题或者有关案件审判在认定事实、适用法律上存在一定的有待阐明的问题甚至由此引发了社会高度的关注。至于裁判文书可能被淹没在海量文书中难以发挥作用的提法，则是杞人忧天了，法院要做的是把应公开的公开出来，至于是否有公众关注，则是另外层面的问题，且事实证明，海量文书并不会将那些可能引发关注的案件的裁判文书淹没掉。至于可能因为数据分析而泄露敏感信息的问题，则总体上来说是不存在的，因为经济社会发展过程中的矛盾纠纷并不会全部进入诉讼程序，进入诉讼程序的案件并非都会以判决形式结案，即便以判决形式结案，也不会全部公开到裁判文书网上，因此，虽然是已经破亿的裁判文书海量数据库，也称得上个是巨大的司法数据库，但距离可以分析经济社会发展核心问题的全数据库还有一定差距。

（四）司法公开与个人信息、隐私保护

知情权与隐私权的博弈在司法公开领域表现得尤为突出。虽然不同位阶的法律都有公开的例外规定，但这些规定似乎已不能满足公民随法治意识提升而对个人信息、个人隐私的关注和重视。

现有司法公开的例外规定笼统模糊，难以协调各方权利达到平衡状态。一方面，关于"个人隐私""商业秘密"等术语的内涵与外延难以精准确定，导致保护力度不够；另一方面，"人民法院认为不宜在互联网公布的其他情形"诸如此类的模糊规定又给法院不依法依规进行公开制造了"兜底条款"，让司法公开的力度大打折扣。再有就是对因公开侵犯个人信息和隐私的救济渠道不明。解决之道除了继续精确法律用

语、增加救济条款之外，还可以在实践中采取除去部分个人信息等可供选择的方案。

除了上述可供选择的现实解决方案之外，观念上对诉讼的认识因素的适时转变也有助于为司法公开的发展破除障碍。对于民事诉讼的当事人而言，法院诉讼只不过是解决纠纷的正规渠道之一，参与诉讼活动行为本身不应带有任何道德色彩，社会也不应就此给予当事人负面评价。由此观之，法律普及和公民法治精神的养成还有可以更进一步的空间。

而另一方面，除了明确涉及国家秘密、个人隐私和商业秘密的案件外，其他进入诉讼的案件都应当公开开庭审理，允许旁听，按照现有的规则，还应当允许开展庭审直播和录播。既然庭审过程都可以公之于众，那么，对于该案件而言还有什么不能公开的呢？特别是，其裁判文书中的内容相比于庭审过程，信息量要少之又少了。以个人隐私等理由不公开完全是站不住脚的。尤其是要注意的是，即便不公开开庭审理的案件，裁判文书做出后，都需要公开宣判，这样一来，其裁判文书又怎么不可以公开呢？

（五）由法院信息化引发的对司法公开的争议

有观点认为司法信息科技的应用可能导致所谓司法"过度曝光"，这其实是搞错了对象。司法公开的广度与深度是由司法本身的理论基础决定的，信息科技只为其提供了由理想转化为现实的手段，却从未染指其边界的确定，司法公开的限度问题置于透明语境之下已经有了明确的答案。中国法院信息化建设处于世界领先地位，带动中国司法公开的广度与深度也超越了许多国家，面对"国外没公开中国为何要公开"之类的质疑，中国的司法公开工作完全可以像中国法院信息化一样给出自信的回应，即中国的司法公开水平同样处于世界领先地位，为其他国家的司法公开提供了中国方案。

在信息化建设过程种需要结合司法公开工作予以解决的"真问题"是信息安全问题。大数据的发展运用让碎片化的信息瞬间重组，小到个人隐私大到经济社会发展形势和党政决策依据数据都有可能通过司法公开的信息被不当利用。如何保护信息安全，确保司法信息不被不当使用，抢占先机有效利用司法大数据服务国家治理，是摆在智慧法院建设者面前的重要课题。

纵观历史发展脉络，司法公开始终是与传统司法习惯和思维定式相悖，又一以贯之地坚决维护司法公正，具有"改革精神"内核的原则，它势必不断地经受质疑，又能够在争议声中坚定前行。

第四章

司法透明的研究方法

中国社会科学院法学研究所自 2011 年开始，对全国法院司法公开工作开展了持续的跟踪评估和研究，这是其法治指数研究项目的重要组成部分。早在 2009 年，中国社会科学院法学研究所法治国情调研组就启动了对政府透明度，即政府信息公开制度实施情况的评估，研发了政府透明度指数评估指标体系，并形成了一套评估的原则和方法。其核心要义是依法设定评估指标、坚持客观评价。[①] 自 2011 年开始，法治指数评估扩展至法院司法公开领域，并长期以最高人民法院、31 家高级人民法院、49 家较大的市[②]的中级人民法院为评估对象，逐年进行司法透明度指数评估。[③] 对司法透明度的评估主要围绕法院审判执行的核心工作进行，即主要对审务信息公开、立案庭审公开、裁判文书公开、执行信息公开进行评估。

2013 年至 2015 年，中国社会科学院法学研究所课题组受浙江省高级人民法院委托，连续三年对全省三级法院开展"阳光司法指数评估"。这项评估是对原有司法透明度指数评估的延续和发展。相对于司法透明度指数评估主要依靠法院门户网站从外部观察有关法院的司法公

---

① 对评估原则与方法的具体阐释，可参见吕艳滨、田禾《中国政府透明度（2009—2016）》，社会科学文献出版社 2017 年版，第 14—15 页。
② 即《立法法》修订前所规定的拥有地方立法权的 49 家城市。
③ 历年的评估报告刊载于次年由社会科学文献出版社出版的《法治蓝皮书·中国法治发展报告》中。

开工作，浙江法院阳光司法指数评估则是一次内外结合的评估，是学术机构首次深入法院内部近距离观察法院工作。此次评估涉及的内容仍然是立案庭审公开、裁判文书公开、执行信息公开等法院的核心业务，但评估方式除了通过观察被评估法院的门户网站公开有关信息的情况外，还进入浙江法院的办案系统，调取了大量的案卷、庭审录像，回溯在案件办理过程中向当事人和社会公开有关信息的情况。这在中国司法制度史上是具有里程碑性质的，而且，评估活动不仅涉及法院司法公开，更涉及办案规范化等问题。① 之后，课题组还受委托在北京市三级法院、广西壮族自治区三级法院以及重庆市渝北区人民法院开展了同样的评估活动。

此外，2017—2018年，受最高人民法院委托，中国社会科学院法学研究所课题组对全国31个省（自治区、直辖市）以及新疆生产建设兵团的部分人民法院开展了司法公开第三方评估，具体包括审判流程信息公开、裁判文书公开。对审判流程信息公开的评估，主要包括对公众公开诉讼指南等信息的情况以及对案件当事人公开审判流程信息的情况，共抽取了全国31个省（自治区、直辖市）以及新疆生产建设兵团的128家法院；裁判文书公开的评估，主要评估一定时期内的裁判文书上网率、上网公布及时性、不上网裁判文书信息项的公开情况、裁判文书不上网审批的规范化情况等，在全国31个省（自治区、直辖市）以及新疆生产建设兵团选取了160家法院。

2019年以来，司法透明度指数评估基本延续之前的评估内容，并根据最新的司法解释等对评估指标进行了完善优化，评估指标涉及审务信息公开、审判信息公开、执行信息公开、司法数据公开和司法改革信息公开5项一级指标，涵盖32项二级指标。审务信息公开评估了人员信息、名册信息、任职回避、法院文件公开、代表建议/委员提案办理结果的公开情况以及公开平台建设情况，审判信息公开涉及诉讼指南、

---

① 参见田禾、吕艳滨《司法公开：由朦胧到透明的中国法院——浙江法院阳光司法公开第三方评估》，中国社会科学出版社2017年版。

审判流程信息公开、庭审公开、裁判文书公开、重大案件信息公开、减刑假释案件信息公开、破产案件信息公开与司法建议公开。执行信息公开包括案件查询、执行惩戒信息公开、执行曝光、终本案件信息公开、司法拍卖、执行举报信息公开。司法数据公开涉及财务数据、工作报告、司法业务数据和司法实证分析报告信息公开。司法改革信息公开涉及专门栏目、司法改革方案、重大改革任务进展、员额制改革、立案登记、新型审判监督机制改革、律师权益保障、案外人干预记录的信息公开。2020年评估对高级与中级法院、基层法院与专门性法院做了适当典分（见表4-1）。其中，诉讼指南、旁听、减刑假释案件信息公开、破产案件信息公开、执行惩戒信息公开等不适用于最高人民法院，因此，后文统计2019年各类信息的公开程度时，以不含最高人民法院的93家法院为基准进行分析。此外，表4-1中部分指标权重为0，过去两年的评估中仅作考察。

评估对象也有所调整。2019年共抽取了全国94家法院作为评估对象，具体包括：①最高人民法院；②各省、自治区、直辖市高级人民法院以及新疆维吾尔自治区高级人民法院生产建设兵团分院（共32家法院）；③较大的市的中级人民法院（共49家法院）；④北京、上海、广州3家知识产权法院；⑤北京、杭州、广州3家互联网法院；⑥广东自由贸易试验区南沙片区人民法院、深圳前海合作区人民法院、珠海横琴新区人民法院、四川自由贸易试验区人民法院、重庆自由贸易试验区人民法院（共5家法院）；⑦上海金融法院。2019年评估首次加入了新疆维吾尔自治区高级人民法院生产建设兵团分院以及12家专门性法院。

为了加大对基层法院司法公开的推动力度，自2020年起将部分基层法院纳入评估对象范围。项目组在最高人民法院审判管理办公室协助下，调取了31个省（自治区、直辖市）下辖基层法院2019年收案量，并在每个省（自治区、直辖市）范围内选取受案量较多的4家法院，并确保4家法院中必须至少各有一家县、市、区人民法院入选。2020年度最终评估的基层法院中有25家为百强县、百强区所在地的法院。实际评估过程中，上海市绝大多数基层法院网站关闭，无法找到静安区

表 4－1　　2020 年司法透明度指数评估指标体系

一级指标	二级指标（高、中级法院）	三级指标（高、中级法院）	二级指标（专门性法院与基层法院）	三级指标（专门性法院与基层法院）
审务信息公开（20%）	人员信息（40%）	领导信息（40%）	人员信息（45%）	领导信息（40%）
		审判人员信息（35%）		审判人员信息（35%）
		执行人员信息（15%）		执行人员信息（15%）
		司法辅助人员信息（10%）		司法辅助人员信息（10%）
	名册信息（20%）	调解名册（50%）	名册信息（15%）	调解名册（50%）
		机构名册（50%）		机构名册（50%）
	任职回避（10%）	任职回避名册（100%）	任职回避（0）	任职回避名册
	法院文件公开（10%）		法院文件公开（10%）	
	代表建议、委员提案办理结果（0）	专门栏目设置	代表建议、委员提案办理结果（0）	专门栏目设置
		代表建议、委员提案办理结果（简版、全文）		代表建议、委员提案办理结果（简版、全文）
	公开平台建设（20%）	门户网站（70%）	公开平台建设（30%）	门户网站（70%）
		微平台（30%）		微平台（30%）

第四章 司法透明的研究方法

续表

一级指标	二级指标（高、中级法院）	三级指标（高、中级法院）	二级指标（专门性法院与基层法院）	三级指标（专门性法院与基层法院）
审判信息公开（30%）	诉讼指南（20%）	便利度（10%）	诉讼指南（30%）	便利度（10%）
		完整性（70%）		完整性（70%）
		通俗性（20%）		通俗性（20%）
	审判流程信息公开（15%）	中国审判流程信息公开网链接配置（50%）	审判流程信息公开（20%）	中国审判流程信息公开网链接配置（50%）
		本地法院流程查询平台入口（50%）		本地法院流程查询平台入口（50%）
	庭审公开（20%）	旁听（60%）	庭审公开（20%）	旁听（0）
		庭审公开（40%）		庭审公开（100%）
	裁判文书公开（20%）	中国裁判文书网链接（40%）	裁判文书公开（20%）	中国裁判文书网链接（100%）
		本院裁判文书网公开信息（0）		本院裁判文书网公开信息（0）
		不上网裁判文书信息项（60%）		不上网裁判文书信息项（0）
	重大案件信息公开（10%）	本院审理的重大案件信息（100%）	重大案件信息公开（10%）	本院审理的重大案件信息（100%）
	减刑假释案件信息公开（15%）	立案公示（25%）	减刑假释案件信息公开（0）	立案公示
		开庭公告（25%）		开庭公告
		文书公开（25%）		文书公开
		结果公开（25%）		结果公开
	破产案件信息公开（0）	破产公告	破产案件信息公开（0）	破产公告
		破产案件统计		破产案件统计
	司法建议公开（0）	专门栏目设置	司法建议公开（0）	专目栏目设置
		司法建议信息		司法建议信息
		司法建议内容		司法建议内容

· 51 ·

续表

一级指标	二级指标（高、中级法院）	三级指标（高、中级法院）	二级指标（专门性法院与基层法院）	三级指标（专门性法院与基层法院）
执行信息公开（20%）	案件查询（10%）	执行案件查询平台链接（100%）	案件查询（20%）	执行案件查询平台链接（100%）
	执行惩戒信息公开（25%）	罚款（35%）	执行惩戒信息公开（0）	罚款
		拘留（35%）		拘留
		限制出境（30%）		限制出境
		打击拒执罪（0）		打击拒执罪
	执行曝光（25%）	失信被执行人（100%）	执行曝光（80%）	失信被执行人（100%）
		特殊主体失信信息（0）		特殊主体失信信息（0）
	终本案件信息公开（25%）	终本案件清单（40%）	终本案件（0）	终本案件清单
		终本裁定书（60%）		终本裁定书
	司法拍卖（0）	拍卖公告	司法拍卖（0）	拍卖公告
		拍卖网站链接		拍卖网站链接
	执行举报（15%）	举报渠道（40%）	执行举报（0）	举报渠道
		悬赏公告（60%）		悬赏公告

第四章 司法透明的研究方法

续表

一级指标	二级指标（高、中级法院）	三级指标（高、中级法院）	二级指标（专门性法院与基层法院）	三级指标（专门性法院与基层法院）
司法数据公开（15%）	财务数据（30%）	本院预决算（60%）	财务数据（50%）	本院预决算（60%）
		"三公"经费（40%）		"三公"经费（40%）
		涉案款物数据（0）		涉案款物数据（0）
		诉讼费收退费（0）		诉讼费收退费（0）
	工作报告（30%）	工作报告（60%）	工作报告（50%）	工作报告（100%）
		司法白皮书（40%）		司法白皮书（0）
	司法业务数据（20%）	司法统计数据（60%）	司法业务数据（0）	司法统计数据
		收结案动态数据（40%）		收结案动态数据
	司法实证分析报告（20%）	司法大数据分析报告（50%）	司法实证分析报告（0）	司法大数据分析报告
		司法调研分析报告（50%）		司法调研分析报告

· 53 ·

续表

一级指标	二级指标（高、中级法院）	三级指标（高、中级法院）	二级指标（专门性法院与基层法院）	三级指标（专门性法院与基层法院）
司法改革信息公开（15%）	专门栏目（10%）		专门栏目（40%）	
	司法改革方案（30%）	司法改革总体方案（100%）	司法改革方案（0）	司法改革总体方案
		入额遴选方案（0）		入额遴选方案
		员额退出方案（0）		员额退出方案
		职业保障方案（0）		职业保障方案
	重大改革任务进展（30%）	改革任务进展动态（100%）	重大改革任务进展（50%）	改革任务进展动态（100%）
	员额制改革（0）	员额法官办理数量	员额制改革（0）	员额法官办理数量
		院庭长办案数据		院庭长办案数据
	立案登记（30%）	立案登记配套制度（50%）	立案登记（10%）	立案登记配套制度（50%）
		立案登记动态数据（50%）		立案登记动态数据（50%）
	新型审判监督机制改革（0）	权责清单	新型审判监督机制改革（0）	权责清单
		审判管理监督权力配套规定		审判管理监督权力配套规定
	律师权益保障（0）	实施机制	律师权益保障（0）	实施机制
		反馈渠道		反馈渠道
	案外人干预记录（0）		案外人干预记录（0）	

人民法院、闵行区人民法院、虹口区人民法院,新疆维吾尔自治区乌鲁木齐市新市区人民法院、沙依巴克区人民法院无法查找到门户网站,因此上述法院未参加最终的指数排名,但仍作为裁判文书公开等指标的调研对象。考虑到最高人民法院主要是指导下级法院做好司法公开工作,其本身虽然开辟了四大公开平台,自身也公开不少信息,但许多业务并不具体开展,因此,自2020年起不再将其与下级法院一起排名,仅作为裁判文书公开等个别指标的调研对象。

按照该标准,2020年的评估对象包括:①各省、自治区、直辖市高级人民法院以及新疆维吾尔自治区高级人民法院生产建设兵团分院(共32家法院);②较大的市的中级人民法院(共49家法院);③北京、上海、广州3家知识产权法院;④北京、杭州、广州3家互联网法院;⑤广东自由贸易试验区南沙片区人民法院、深圳前海合作区人民法院、珠海横琴新区人民法院、四川自由贸易试验区人民法院、重庆自由贸易试验区人民法院(共5家法院);⑥上海金融法院;⑦124家基层法院(实际参与指数排名的为119家法院)。

评估方法方面,项目组主要通过各评估对象司法公开平台采集司法公开信息。数据采集的平台涉及各评估对象门户网站、司法公开网站、诉讼服务网、中国审判流程信息公开网以及各评估对象的微博微信等微平台。2019年评估时,数据采集时间为2019年10月8日至2019年12月31日。即便在移动互联时代,门户网站仍然是司法公开的第一平台,因此,评估涉及的各类信息优先通过各评估对象门户网站、司法公开平台、诉讼服务网等查询,并首次比对了上述平台与中国审判流程信息公开网公开信息的一致性。考虑到微博微信等微平台作用日益重要,2020年首次对其设置情况进行了评估。

2020年评估时,数据采集时间为2020年7月22日至2020年12月31日。同时,与之前评估不同的是,在评估裁判文书公开情况时,项目组还通过最高人民法院审判管理办公室调取了全部218家法院的裁判文书数据,包括评估对象2020年1月1日至2020年9月30日之间上网的裁判文书列表[(含案件号、案件类型、文书编号、文书类型等),

上述裁判文书中不上网文书信息项的信息（含）案件号、案件类型、文书编号、文书类型、不上网理由]，上述裁判文书对应的制作时间、上网时间。根据提取的裁判文书数据，项目组对评估对象裁判文书上网率、不上网文书规范管理情况、文书上网时间等进行了数据分析。

由于 2019 年、2020 年两年司法透明度指数评估指标维持不变，评估对象仅有 2020 年增加了基层法院减少了最高人民法院，因此，本书重点围绕这两年的评估结果，并就部分司法公开工作对比之前的评估数据，对当前司法公开的成效与问题进行分析。

第五章

中国司法透明的总体情况

2019年司法透明度评估中，排名居前的法院有：广州中院、南京中院、吉林中院、吉林高院、长春中院、海口中院、宁波中院、成都中院、山东高院、浙江高院。在高级法院中排名居前的有：吉林高院、山东高院、浙江高院、北京高院、广东高院、广西高院、江苏高院、四川高院、上海高院、海南高院（见表5-1）。中级法院中排名靠前的有：广州中院、南京中院、吉林中院、长春中院、海口中院、宁波中院、成都中院、徐州中院、深圳中院、珠海中院（见表5-2）。在专门性法院中排名靠前的有：广东自由贸易试验区南沙片区人民法院、广州互联网法院、深圳前海合作区人民法院、珠海横琴新区人民法院、上海金融法院（见表5-3）。

2020年司法透明度评估中，排名居前的高级法院有：吉林高院、四川高院、广东高院、北京高院、浙江高院、山东高院、上海高院、江苏高院、广西高院、海南高院（见表5-4）。排名靠前的中级法院有：广州中院、深圳中院、吉林中院、南京中院、宁波中院、海口中院、成都中院、长春中院、汕头中院、青岛中院（见表5-5）。专门性法院中排名前五的分别为：广东自由贸易试验区南沙片区人民法院、广州互联网法院、深圳前海合作区人民法院、北京互联网法院、珠海横琴新区人民法院（见表5-6）。排名靠前的基层法院有：广东省深圳市福田区人民法院、吉林省延吉市人民法院、广东省广州市越秀区人民法院、吉林省前郭尔罗斯蒙古族自治县人民法院、江苏省苏州市吴江区人民法院、海南省澄迈县人民法院、江苏省沭阳县人民法院、浙江省杭州市余杭区人民法院、安徽省巢湖市人民法院、云南省宣威市人民法院（见表5-7）。

表5-1　2019年司法透明度指数评估结果（高级法院）

排名	法院	总分	2018年GDP排名	2018年GDP（亿元）①	GDP排名与司法透明度指数排名比较②	审务信息公开（分）	审判信息公开（分）	执行信息公开（分）	司法数据公开（分）	司法改革信息公开（分）
1	吉林高院	80.9	24	15074.62	23	73.24	82	77	90	85
2	山东高院	72.16	3	76469.67	1	88.4	70	36.5	89.5	85
3	浙江高院	70.73	4	56197.15	1	70.94	71.5	63.5	84.25	65
4	北京高院	67.66	12	30319.98	8	68.92	63.5	69.5	74.5	65
5	广东高院	66.89	1	97277.77	-4	79.94	65.75	68.5	81.5	35
6	广西高院	63.69	18	20352.51	12	66.66	73.1	55.5	80.5	35
7	江苏高院	60.37	2	92595.4	-5	54.8	62.6	65	72.5	45
8	四川高院	60.29	6	40678.13	-2	73.6	52.1	35.5	57.25	95
9	上海高院	59.88	11	32679.87	2	75.24	54.7	52.5	69.5	50
10	海南高院	59.69	29	4832.05	19	47.52	49.7	45.5	79.5	95
11	河北高院	58.51	9	36010.27	-2	62.34	72.4	65	50.5	25
12	辽宁高院	54.79	14	25315.35	2	55.94	56.5	77	50	25
13	新疆高院	50.26	26	12199.08	13	43.4	47.8	47.5	53.25	65
14	天津高院	50.25	19	18809.64	5	57.8	61.8	44.5	40	35

① 所有高级、中级、基层法院评估对象的GDP数据均为2018年的最新数据，来源于各法院所在地区政府网站的国民经济和社会发展统计公报。
② "GDP排名与司法透明度指数排名比较"为评估对象GDP排名与其司法透明度指数排名的差，以下同。

续表

排名	法院	总分	2018年GDP排名	2018年GDP（亿元）	GDP排名与司法透明度指数排名比较	审务信息公开（分）	审判信息公开（分）	执行信息公开（分）	司法数据公开（分）	司法改革信息公开（分）
15	江西高院	50.08	16	21984.78	1	66.46	63.3	26	59	25
16	福建高院	48.87	10	35804.04	-6	52.04	51.9	16	76.25	55
17	黑龙江高院	46.86	23	16361.62	6	50.96	38.4	77	40	25
18	安徽高院	46.79	13	30006.82	-5	71.66	48.2	52.5	40	10
19	云南高院	46.64	20	17881.12	1	56.44	64.75	24.5	38.5	35
20	内蒙古高院	46.02	21	17289.22	1	53.46	46.6	58	40	25
21	河南高院	46.02	5	48055.86	-16	45.4	54.8	24.5	69	35
22	湖北高院	45.79	7	39366.55	-15	49.74	53.65	54.5	34	25
23	湖南高院	44.94	8	36425.78	-15	69.96	49.7	20	55.25	25
24	重庆高院	44.27	17	20363.19	-7	69.16	54.3	37	20	25
25	贵州高院	43.45	25	14806.45	0	45.44	53.8	57	20.5	25
26	青海高院	41	31	2865.23	5	37.4	42.1	49.5	53.25	20
27	宁夏高院	40.11	30	3705.18	3	36.4	63.6	20	40	25
28	西藏高院	40.08	32	1477.63	4	54.9	49	57	10	10
29	陕西高院	39.85	15	24438.32	-14	38.4	49.65	26	60.5	20
30	甘肃高院	32.61	28	4832.05	-2	56	27.2	10	40	35
31	山西高院	29.78	22	16818.11	-9	28.2	37.3	16	40	25
32	新疆生产建设兵团人民法院	22.43	27	12199.08	-5	21.2	34.3	24.5	10	10

表 5-2　　2019 年司法透明度指数评估结果（中级法院）

排名	法院	总分	2018年GDP排名	2018年GDP（亿元）①	GDP排名与司法透明度指数排名比较	审务信息公开（分）	审判信息公开（分）	执行信息公开（分）	司法数据公开（分）	司法改革信息公开（分）
1	广东省广州市中院	92.23	2	21002.44	1	100	94.6	80.5	100	85
2	江苏省南京市中院	85.11	7	13009.17	5	86.5	79.6	85	79.5	100
3	吉林省吉林市中院	81.63	39	2210.24	36	86.04	77.15	75.5	89.5	85
4	吉林省长春市中院	76.02	22	5635.1	18	83.5	64.45	73	84.25	85
5	海南省海口市中院	75.61	42	1535.55	37	59.7	79.4	63.5	81	100
6	浙江省宁波市中院	74.99	9	11193.14	3	87.6	77.15	85	60.5	55
7	四川省成都市中院	72.85	4	15698.94	-3	82.4	69.6	64	66.25	85
8	江苏省徐州市中院	69.72	18	6755.23	10	75.4	72.35	64	69.25	65
9	广东省深圳市中院	68.51	1	25266.08	-8	76.84	72.55	26	79.5	95
10	广东省珠海市中院	62.33	33	3216.78	23	57.96	59.7	68.5	62.5	65
11	山东省淄博市中院	57.43	31	3573	20	80.6	56.6	20	70.5	65

① 所有高级、中级、基层法院评估对象的 GDP 数据均为 2018 年的最新数据，来源于各法院所在地区政府网站的国民经济和社会发展统计公报。

第五章 中国司法透明的总体情况

续表

排名	法院	总分	2018年GDP排名	2018年GDP（亿元）	GDP排名与司法透明度指数排名比较	审务信息公开（分）	审判信息公开（分）	执行信息公开（分）	司法数据公开（分）	司法改革信息公开（分）
12	广东省汕头市中院	56.74	38	2503.08	26	83.06	61	45	50.5	35
13	山西省太原市中院	55.92	29	3884.48	16	60.16	61.8	55.5	40	55
14	浙江省杭州市中院	55.22	6	14306.72	−8	78.36	41.9	58	82.5	20
15	福建省厦门市中院	54.25	23	5468.61	8	70.36	74.5	32.5	50.5	25
16	贵州省贵阳市中院	52.7	30	3724.97	14	64.7	48.9	60	67.25	20
17	山东省济南市中院	52.33	16	7745.8	−1	69.4	67.4	34.5	50.5	25
18	辽宁省沈阳市中院	48.91	20	6101.92	2	57.04	52.25	45	60.5	25
19	河北省唐山市中院	48.68	17	6955	−2	62.3	49.9	57.5	40	25
20	安徽省淮南市中院	48.44	45	1197.1	25	60.7	55.5	49.5	40	25
21	新疆维吾尔自治区乌鲁木齐市中院	48.18	34	3099.77	13	57.7	45.5	22.5	58.25	65
22	甘肃省兰州市中院	47.43	36	2660.19	14	66.76	51.6	55.5	40	10
23	黑龙江省齐齐哈尔市中院	46.66	46	1052.2	23	51.2	53.9	45	40	35

续表

排名	法院	总分	2018年GDP排名	2018年GDP（亿元）	GDP排名与司法透明度指数排名比较	审务信息公开（分）	审判信息公开（分）	执行信息公开（分）	司法数据公开（分）	司法改革信息公开（分）
24	青海省西宁市中院	44.54	43	1286.41	19	46.4	42.9	58.5	46.25	25
25	山东省青岛市中院	44.29	11	10949.38	-14	37.7	37.2	61	54.25	35
26	河北省邯郸市中院	43.94	32	3259.2	6	39.14	61.4	35	46.25	25
27	河北省石家庄市中院	43.59	24	5375.1	-3	44.26	45.3	57	40	25
28	安徽省合肥市中院	43.01	13	8605.1	-15	64	51.75	24.5	55.25	10
29	山西省大同市中院	42.97	44	1231.2	15	62.4	33.8	30.5	40	55
30	辽宁省大连市中院	42.89	19	6500.9	-11	28.76	34.3	63	40	55
31	内蒙古自治区包头市中院	41.92	35	2951.8	4	55.26	43.05	41	40	25
32	江苏省苏州市中院	41.79	3	18263.48	-29	40.2	50	45	40	25
33	江西省南昌市中院	41.12	25	5274.67	-8	37	58.1	10	55.25	40
34	内蒙古自治区呼和浩特市中院	39.78	37	2601.4	3	40	63.1	20	49	10
35	辽宁省鞍山市中院	36.92	41	1623.9	6	48.54	53.4	14.5	45.25	10

续表

排名	法院	总分	2018年GDP排名	2018年GDP（亿元）	GDP排名与司法透明度指数排名比较	审务信息公开（分）	审判信息公开（分）	执行信息公开（分）	司法数据公开（分）	司法改革信息公开（分）
36	福建省福州市中院	36.88	14	8516.09	-22	25.1	54.7	28.5	40	25
37	湖南省长沙市中院	36.44	10	11003.41	-27	43	48.8	51	10	10
38	辽宁省本溪市中院	36.05	48	823.1	10	51.8	34.3	39.5	40	10
39	河南省洛阳市中院	35.88	27	4613.5	-12	41.84	41.4	10	77.25	10
40	广西壮族自治区南宁市中院	35.74	28	4026.91	-12	34.2	39	35	58	10
41	河南省郑州市中院	35.39	12	10670.1	-29	44.6	41.55	10	40	40
42	辽宁省抚顺市中院	34.49	47	1048.8	5	38.2	25.5	58.5	40	10
43	宁夏回族自治区银川市中院	33.52	40	1901.48	-3	15.8	53.7	22.5	40	25
44	西藏自治区拉萨市中院	33.07	49	540.78	5	45.24	32.9	14.5	50	25
45	江苏省无锡市中院	31.59	8	11438.62	-37	41.2	22	35	40	25
46	陕西省西安市中院	31.34	15	8499.41	-31	28.8	36.8	20	45.25	25

续表

排名	法院	总分	2018年GDP排名	2018年GDP（亿元）	GDP排名与司法透明度指数排名比较	审务信息公开（分）	审判信息公开（分）	执行信息公开（分）	司法数据公开（分）	司法改革信息公开（分）
47	湖北省武汉市中院	31.18	5	14928.72	-42	50	24.75	42.5	10	25
48	云南省昆明市中院	30.54	21	6021	-27	54.26	32.3	35	10	10
49	黑龙江省哈尔滨市中院	26.25	26	5010.1	-23	20.9	33.9	14.5	40	20

表5-3　2019年司法透明度指数评估结果（专门性法院）

排名	法院	总分	审务信息公开（分）	审判信息公开（分）	执行信息公开（分）	司法数据公开（分）	司法改革信息公开（分）
1	广东自由贸易试验区南沙片区人民法院	69.47	83.4	70	68	86.25	35
2	广州互联网法院	67.5	87.6	40.8	74.5	67.25	85
3	深圳前海合作区人民法院	54.43	43.26	58.1	51	71	50
4	珠海横琴新区人民法院	47.57	62	51.9	35	59	25
5	上海金融法院	41.58	59.2	56.8	41	20	10
6	北京互联网法院	37.79	33	55.3	10	49	35
7	广州知识产权法院	36.66	50.02	38.7	10	52	35
8	上海知识产权法院	36.05	45.66	41.9	20	59	10

第五章　中国司法透明的总体情况

续表

排名	法院	总分	审务信息公开（分）	审判信息公开（分）	执行信息公开（分）	司法数据公开（分）	司法改革信息公开（分）
9	重庆自由贸易试验区人民法院	34.07	38.5	40.4	45	10	25
10	杭州互联网法院	30.69	50.44	38	16	20	20
11	四川自由贸易试验区人民法院	27.15	58.4	34.9	10	10	10
12	北京知识产权法院	26.36	53.56	20	10	41	10

表5-4　　2020年司法透明度指数评估结果（高级法院）

排名	法院	GDP排名	2019年GDP（亿元）[①]	GDP排名与司法透明度排名比较[②]	总分	审务信息公开（分）	审判信息公开（分）	执行信息公开（分）	司法数据公开（分）	司法改革信息公开（分）
1	吉林高院	27	11726.8	26	71.53	77.44	71.8	70.5	51	85
2	四川高院	6	46615.82	4	65.06	90	74.6	23.5	78.2	55
3	广东高院	1	107671.07	-2	64.86	73.44	54.75	60	90	55
4	北京高院	12	35371.3	8	61.81	67.52	55.85	65.5	68	55
5	浙江高院	4	62352	-1	61.46	60.32	71.5	70	68	25
6	山东高院	3	71067.5	-3	61.19	88.4	59.6	34.4	70	55
7	上海高院	10	38155.32	3	56.12	70.06	56.7	55	54	40
8	江苏高院	2	99631.52	-6	55.64	48.24	56.8	66	60	45
9	广西高院	19	21237.14	10	52.10	53.86	67.1	25	68	40

· 65 ·

续表

排名	法院	GDP排名	2019年GDP（亿元）	GDP排名与司法透明度排名比较	总分	审务信息公开（分）	审判信息公开（分）	执行信息公开（分）	司法数据公开（分）	司法改革信息公开（分）
10	海南高院	29	5308.94	19	50.18	50.72	47.3	14.5	68	85
11	河北高院	13	35104.5	2	50.04	56.5	53.3	57.5	60	15
12	江西高院	16	24757.5	4	49.61	44.4	64.2	20.5	40.8	75
13	湖南高院	9	39752.12	-4	47.60	59.96	45.55	5	54.6	85
14	内蒙古高院	20	17212.5	6	44.24	54.92	73.35	0	30	45
15	福建高院	8	42395	-7	44.15	44.44	56.6	5	70.2	45
16	甘肃高院	28	8718.3	12	43.81	55.46	57.55	0	48	55
17	贵州高院	22	16769.34	5	43.54	43.44	52	25	80	15
18	云南高院	18	23223.75	0	43.33	51.22	69.45	5	60	15
19	安徽高院	11	37114	-8	40.14	51	52.5	30	54.6	0
20	河南高院	5	54259.2	-15	40.11	35.4	45.8	30	33.6	55
21	天津高院	23	14104.28	2	39.07	45.6	49.75	31	33.8	25
22	重庆高院	17	23605.77	-5	37.62	52.96	64.25	5	30	15
23	辽宁高院	15	24909.5	-8	35.06	48.04	51.2	5	45.6	15
24	西藏高院	32	1697.82	8	34.19	58.3	56.75	9.5	24	0
25	湖北高院	7	45828.31	-18	34.15	45	49.9	5	46.2	15
26	黑龙江高院	24	13612.7	-2	33.37	53.36	34.15	28.5	30	15
27	新疆高院	25	13597.11	-2	32.73	31.3	52.9	5	9	55
28	宁夏高院	30	3748.48	2	32.38	34.8	52.85	10	35.4	15
29	陕西高院	14	25793.17	-15	31.84	40	39.85	6	46.2	25

续表

排名	法院	GDP排名	2019年GDP（亿元）	GDP排名与司法透明度排名比较	总分	审务信息公开（分）	审判信息公开（分）	执行信息公开（分）	司法数据公开（分）	司法改革信息公开（分）
30	山西高院	21	17026.68	-9	29.03	28.2	41.6	10	44.4	15
31	青海高院	31	2965.95	0	22.70	51.2	28.3	5	19.8	0
32	新疆生产建设兵团法院	26	13597.11	-6	15.18	27.6	18.4	0	27.6	0

注：① 所有高级、中级、基层法院评估对象的 GDP 数据均为 2019 年的最新数据，来源于各法院所在地区政府网站的国民经济和社会发展统计公报。

② 计算公式为：GDP 排名 - 司法透明度指数排名。

表 5-5　2020 年司法透明度指数评估结果（中级法院）

排名	法院	GDP排名	GDP（亿元）	GDP排名与司法透明度排名比较	总分	审务信息公开（分）	审判信息公开（分）	执行信息公开（分）	司法数据公开（分）	司法改革信息公开（分）
1	广东省广州市中院	2	23628.60	1	91.53	100.00	95.60	71.75	90.00	100.00
2	广东省深圳市中院	1	26297.09	-1	80.81	97.84	84.65	40.50	100.00	85.00
3	吉林省吉林市中院	44	1316.60	41	80.51	89.04	80.35	54.25	100.00	85.00
4	江苏省南京市中院	7	14030.15	3	79.87	98.00	81.90	60.00	88.00	70.00
5	浙江省宁波市中院	8	11985.12	3	74.49	88.80	76.60	72.75	88.00	40.00
6	海南省海口市中院	41	1671.93	35	74.01	89.70	70.40	60.00	68.00	85.00

司法透明的理论与推进路径

续表

排名	法院	GDP排名	GDP（亿元）	GDP排名与司法透明度排名比较	总分	审务信息公开（分）	审判信息公开（分）	执行信息公开（分）	司法数据公开（分）	司法改革信息公开（分）
7	四川省成都市中院	4	17012.65	-3	71.55	90.00	74.80	51.00	54.40	85.00
8	吉林省长春市中院	23	5904.10	15	67.36	95.00	74.30	21.00	60.80	85.00
9	广东省汕头市中院	38	2694.08	29	65.69	70.86	51.90	63.50	100.00	55.00
10	山东省青岛市中院	10	11741.31	0	61.91	66.20	62.40	59.75	80.00	40.00
11	山东省淄博市中院	31	3642.40	20	61.17	73.80	57.85	30.50	68.00	85.00
12	江苏省徐州市中院	17	7151.40	5	58.97	64.80	66.20	53.50	78.00	25.00
13	浙江省杭州市中院	6	15373.05	-7	55.88	75.90	56.00	23.50	88.00	40.00
14	山东省济南市中院	13	9443.40	-1	53.70	78.66	55.45	29.40	48.00	55.00
15	福建省厦门市中院	22	5995.04	7	49.16	67.56	74.00	5.00	68.00	15.00
16	山西省大同市中院	43	1318.84	27	48.14	63.30	55.75	37.50	30.00	45.00
17	广东省珠海市中院	34	3435.89	17	48.12	73.06	37.10	36.00	46.20	55.00
18	山西省太原市中院	30	4028.51	12	46.61	59.16	56.75	32.50	30.00	45.00

第五章 中国司法透明的总体情况

续表

排名	法院	GDP排名	GDP（亿元）	GDP排名与司法透明度排名比较	总分	审务信息公开（分）	审判信息公开（分）	执行信息公开（分）	司法数据公开（分）	司法改革信息公开（分）
19	江西省南昌市中院	25	5596.18	6	41.40	50.64	53.10	11.00	42.60	45.00
20	辽宁省沈阳市中院	21	6470.30	1	40.91	49.44	60.25	10.00	58.00	15.00
21	甘肃省兰州市中院	35	2837.36	14	38.28	52.72	65.00	16.00	33.60	0.00
22	贵州省贵阳市中院	29	4039.60	7	38.21	51.70	30.40	44.40	40.80	25.00
23	安徽省合肥市中院	14	9409.40	-9	38.06	45.06	40.65	29.50	48.00	25.00
24	安徽省淮南市中院	45	1296.20	21	38.00	60.56	42.50	22.50	42.60	15.00
25	黑龙江省齐齐哈尔市中院	46	1128.90	21	37.85	49.20	48.60	20.50	37.20	25.00
26	河北省唐山市中院	19	6890.00	-7	37.19	31.70	50.20	27.50	53.60	15.00
27	河南省洛阳市中院	27	5034.90	0	36.83	24.80	45.80	11.00	46.20	60.00
28	内蒙古自治区呼和浩特市中院	36	2791.46	8	36.35	39.44	65.60	16.00	37.20	0.00
29	江苏省无锡市中院	9	11852.32	-20	35.19	30.00	43.85	35.00	45.20	15.00

续表

排名	法院	GDP排名	GDP（亿元）	GDP排名与司法透明度排名比较	总分	审务信息公开（分）	审判信息公开（分）	执行信息公开（分）	司法数据公开（分）	司法改革信息公开（分）
30	青海省西宁市中院	42	1382.89	12	34.77	36.40	43.80	5.00	59.00	30.00
31	内蒙古自治区包头市中院	37	2714.47	6	33.52	57.36	51.00	0.00	30.00	15.00
32	宁夏回族自治区银川市中院	39	2021.27	7	32.91	7.00	52.25	45.40	30.00	15.00
33	江苏省苏州市中院	3	19235.80	-30	32.90	25.30	40.00	36.00	42.60	15.00
34	广西壮族自治区南宁市中院	28	4506.56	-6	32.88	45.12	35.60	5.00	66.20	15.00
35	辽宁省鞍山市中院	40	1745.30	5	32.00	42.44	47.15	5.00	40.80	15.00
36	黑龙江省哈尔滨市中院	26	5249.40	-10	30.09	24.10	48.60	12.50	54.60	0.00
37	云南省昆明市中院	20	6475.88	-17	29.83	51.96	40.30	30.00	9.00	0.00
38	河南省郑州市中院	11	11589.70	-27	29.46	39.00	25.75	5.00	56.20	30.00
39	河北省邯郸市中院	32	3486.00	-7	29.39	35.02	46.35	10.00	28.20	15.00

第五章 中国司法透明的总体情况

续表

排名	法院	GDP排名	GDP（亿元）	GDP排名与司法透明度排名比较	总分	审务信息公开（分）	审判信息公开（分）	执行信息公开（分）	司法数据公开（分）	司法改革信息公开（分）
40	西藏自治区拉萨市中院	49	617.88	9	29.23	33.00	21.90	27.50	55.40	15.00
41	河北省石家庄市中院	24	5809.90	-17	27.95	44.86	31.10	14.50	30.00	15.00
42	湖南省长沙市中院	12	11574.22	-30	27.08	40.00	42.10	6.00	20.00	15.00
43	湖北省武汉市中院	5	16223.21	-38	27.04	40.00	26.95	30.00	18.00	15.00
44	福建省福州市中院	15	9392.30	-29	26.73	27.20	48.45	0.00	30.00	15.00
45	辽宁省抚顺市中院	47	847.10	2	25.23	35.20	36.00	5.00	42.60	0.00
46	陕西省西安市中院	16	9321.19	-30	24.39	18.80	44.70	10.00	19.80	15.00
47	新疆维吾尔自治区乌鲁木齐市中院	33	3450.10	-14	24.11	38.46	36.75	17.50	12.60	0.00
48	辽宁省大连市中院	18	7001.70	-30	22.29	30.92	34.70	6.00	30.00	0.00
49	辽宁省本溪市中院	48	781.10	-1	22.05	41.80	22.30	5.00	40.00	0.00

表 5-6　2020 年司法透明度指数评估结果（专门性法院）

排名	法院	总分	审务信息公开（分）	审判信息公开（分）	执行信息公开（分）	司法数据公开（分）	司法改革信息公开（分）
1	广东自由贸易试验区南沙片区人民法院	89.41	90.05	85.50	90.00	90.00	95.00
2	广州互联网法院	66.81	97.50	50.20	90.00	50.00	45.00
3	深圳前海合作区人民法院	64.26	56.80	87.00	74.00	35.00	45.00
4	北京互联网法院	53.15	45.77	56.50	64.00	50.00	45.00
5	珠海横琴新区人民法院	51.72	83.16	82.80	10.00	50.00	5.00
6	广州知识产权法院	45.16	68.91	57.10	0.00	50.00	45.00
7	杭州互联网法院	39.41	55.05	68.00	10.00	0.00	40.00
8	上海金融法院	38.26	80.06	50.00	10.00	35.00	0.00
9	上海知识产权法院	38.17	56.67	47.80	10.00	15.00	55.00
10	重庆自由贸易试验区人民法院	36.25	51.25	55.00	10.00	50.00	0.00
11	北京知识产权法院	35.47	54.86	45.00	10.00	60.00	0.00
12	四川自由贸易试验区人民法院	31.09	59.03	50.10	10.00	15.00	0.00

第五章 中国司法透明的总体情况

表5-7 2020年司法透明度指数评估结果(基层法院)

排名	所在省份	法院	GDP排名	GDP(亿元)	GDP排名与司法透明度排名比较	总分(分)	审务信息公开(分)	审判信息公开(分)	执行信息公开(分)	司法数据公开(分)	司法改革信息公开(分)	是否属于百强县市区①	百强名次(区和市县分别排名百强)
1	广东	深圳市福田区人民法院	6	4546.50	5	85.73	76.02	80.10	90.00	100.00	90.00	否	
2	吉林	延吉市人民法院	89	319.95	87	79.94	96.25	72.30	90.00	95.00	45.00	是	68
3	广东	广州市越秀区人民法院	10	3135.47	7	78.37	65.77	66.40	84.00	95.00	95.00	否	
4	吉林	前郭尔罗斯蒙古族自治县人民法院	107	141.67	103	69.40	96.25	78.00	10.00	70.00	95.00	否	
5	江苏	苏州市吴江区人民法院	17	1958.16	12	68.28	64.56	87.90	100.00	55.00	5.00	是	8
6	海南	澄迈县人民法院	87	330.18	81	68.23	61.48	75.60	80.00	70.00	45.00	否	
7	江苏	沭阳县人民法院	49	950.17	42	67.57	56.21	78.60	100.00	85.00	0.00	是	61

续表

排名	所在省份	法院	GDP排名	GDP（亿元）	GDP排名与司法透明度排名比较	总分（分）	审务信息公开（分）	审判信息公开（分）	执行信息公开（分）	司法数据公开（分）	司法改革信息公开（分）	是否属于百强县市区	百强名次（区和市县分别排名百强）
8	浙江	杭州市余杭区人民法院	11	2824.02	3	66.29	70.75	57.80	90.00	72.00	40.00	是	7
9	安徽	巢湖市人民法院	73	475.00	64	64.88	47.28	72.90	74.00	75.00	50.00	否	
10	云南	宣威市人民法院	84	360.22	74	63.55	76.46	78.70	82.00	55.00	0.00	否	
11	广西	宾阳县人民法院	95	271.96	84	62.65	92.30	70.80	72.00	57.00	0.00	否	
12	河南	郑州市金水区人民法院	21	1752.48	9	61.60	57.32	61.30	80.00	50.00	55.00	否	
13	浙江	义乌市人民法院	23	1421.14	10	61.02	69.00	64.90	90.00	25.00	40.00	是	13
14	吉林	长春市朝阳区人民法院	63	600.00	49	59.08	96.25	78.60	10.00	50.00	45.00	否	
15	河北	石家庄市长安区人民法院	64	598.90	49	58.58	74.42	46.50	100.00	15.00	50.00	否	
16	贵州	习水县人民法院	102	186.75	86	57.04	46.54	48.60	72.00	75.00	50.00	否	

第五章 中国司法透明的总体情况

续表

排名	所在省份	法院	GDP排名	GDP（亿元）	GDP排名与司法透明度排名比较	总分（分）	审务信息公开（分）	审判信息公开（分）	执行信息公开（分）	司法数据公开（分）	司法改革信息公开（分）	是否属于百强县市区	百强名次和市区县分别排名百强
17	广西	桂平市人民法院	86	342.90	69	56.81	69.87	66.30	72.00	57.00	0.00	否	
18	广西	南宁市西乡塘区人民法院	54	789.12	36	56.50	90.05	47.80	72.00	65.00	0.00	否	
19	安徽	合肥市瑶海区人民法院	47	956.60	28	56.11	68.53	67.00	74.00	0.00	50.00	是	90
20	宁夏	贺兰县人民法院	109	138.95	89	56.03	13.20	70.80	82.00	100.00	5.00	否	
21	四川	成都市青羊区人民法院	33	1283.94	12	55.61	51.25	53.70	90.00	25.00	50.00	否	
22	浙江	诸暨市人民法院	29	1312.36	7	55.56	71.05	44.50	80.00	40.00	40.00	是	14
23	福建	晋江市人民法院	12	2546.18	−11	53.47	78.60	30.00	80.00	85.00	0.00	是	8
24	湖南	长沙市岳麓区人民法院	32	1288.20	8	53.10	63.62	78.60	84.00	0.00	0.00	是	62
25	安徽	合肥市包河区人民法院	27	1333.46	2	52.91	59.23	80.20	10.00	50.00	50.00	是	41

· 75 ·

续表

排名	所在省份	法院	GDP排名	GDP（亿元）	GDP排名与司法透明度排名比较	总分（分）	审务信息公开（分）	审判信息公开（分）	执行信息公开（分）	司法数据公开（分）	司法改革信息公开（分）	是否属于百强县市区	百强名次（区和市县分别排名百强）
26	广西	南宁市青秀区人民法院	37	1158.98	11	52.81	68.34	57.80	64.00	60.00	0.00	是	74
27	宁夏	银川市兴庆区人民法院	67	531.58	40	52.58	37.93	70.80	10.00	90.00	55.00	否	
28	吉林	松原市宁江区人民法院	网站未公布具体数据	网站未公布具体数据	—	52.53	95.00	72.60	10.00	20.00	45.00	否	
29	天津	天津市南开区人民法院	66	544.22	37	52.50	69.04	72.30	10.00	100.00	0.00	否	
30	安徽	太和县人民法院	75	454.40	45	52.11	84.37	65.80	10.00	40.00	50.00	否	
31	四川	成都高新技术产业开发区人民法院	15	2285.56	−16	52.03	50.00	60.10	90.00	40.00	0.00	否	
32	江苏	昆山市人民法院	7	4045.06	−25	51.80	30.00	73.50	100.00	20.00	5.00	是	1
33	福建	惠安县人民法院	28	1318.11	−5	51.25	83.65	47.40	64.00	50.00	0.00	是	35

第五章 中国司法透明的总体情况

续表

排名	所在省份	法院	GDP排名	GDP（亿元）	GDP排名与司法透明度排名比较	总分（分）	审务信息公开（分）	审判信息公开（分）	执行信息公开（分）	司法数据公开（分）	司法改革信息公开（分）	是否属于百强县市区	百强名次（区和市县分别排名百强）
34	云南	昆明市西山区人民法院	50	859.05	16	50.24	42.28	77.10	82.00	15.00	0.00	否	
35	广东	惠东县人民法院	61	626.30	26	50.17	40.08	58.00	0.00	70.00	95.00	否	
36	北京	北京市西城区人民法院	5	5007.30	-31	49.84	65.64	65.70	10.00	50.00	50.00	否	
37	云南	昆明市五华区人民法院	36	1195.65	-1	49.76	30.00	78.70	82.00	20.00	5.00	否	
38	山东	青岛市黄岛区人民法院	9	3554.44	-29	49.41	52.50	42.20	90.00	55.00	0.00	否	
39	海南	海口市美兰区人民法院	78	426.80	39	49.39	10.50	44.30	80.00	80.00	40.00	否	
40	天津	天津市滨海新区人民法院	2	8760.15	-38	48.73	69.03	66.40	0.00	100.00	0.00	否	
41	江苏	江阴市人民法院	8	4001.12	-33	48.71	27.30	76.50	64.00	45.00	5.00	是	2

· 77 ·

续表

排名	所在省份	法院	GDP排名	GDP（亿元）	GDP排名与司法透明度排名比较	总分（分）	审务信息公开（分）	审判信息公开（分）	执行信息公开（分）	司法数据公开（分）	司法改革信息公开（分）	是否属于百强县市区	百强名次（区和市县分别排名百强）
42	江西	南昌市西湖区人民法院	62	614.56	20	48.51	42.42	66.60	74.00	30.00	5.00	否	
43	河北	三河市人民法院	70	504.80	27	48.47	63.75	61.40	10.00	12.00	90.00	否	
44	重庆	重庆市江北区人民法院	35	1240.07	−9	47.61	50.00	45.70	82.00	50.00	0.00	否	
45	海南	儋州市人民法院	85	357.64	40	47.60	30.50	30.00	80.00	70.00	40.00	否	
46	浙江	苍南县人民法院	59	659.74	13	47.47	52.33	20.00	80.00	60.00	40.00	否	
47	江西	南昌市东湖区人民法院	83	366.69	36	47.04	27.30	58.60	90.00	35.00	5.00	否	
48	青海	格尔木市人民法院	网站未公布具体数据	网站未公布具体数据	—	46.91	52.50	47.20	10.00	45.00	90.00	否	
49	甘肃	陇西县人民法院	112	72.09	63	46.73	24.72	47.80	72.00	87.00	0.00	否	

第五章 中国司法透明的总体情况

续表

排名	所在省份	法院	GDP排名	GDP（亿元）	GDP排名与司法透明度排名比较	总分（分）	审务信息公开（分）	审判信息公开（分）	执行信息公开（分）	司法数据公开（分）	司法改革信息公开（分）	是否属于百强市县区	百强名次（区和市县分别排名百强）
50	湖南	攸县人民法院	网站未公布具体数据	网站未公布具体数据	—	46.24	38.37	61.90	100.00	0.00	0.00	否	
51	山东	临沂市兰山区人民法院	39	1142.22	−12	46.00	83.80	50.80	10.00	80.00	0.00	是	39
52	北京	北京市丰台人民法院	20	1829.60	−32	44.62	65.64	48.30	10.00	50.00	50.00	否	
53	江西	高安市人民法院	76	448.78	23	44.34	47.30	28.60	64.00	85.00	5.00	否	
54	河北	秦皇岛市海港区人民法院	71	500.66	17	44.12	74.42	65.80	10.00	0.00	50.00	否	
55	山西	运城市盐湖区人民法院	94	289.70	39	43.90	66.81	29.30	0.00	95.00	50.00	否	
56	宁夏	银川市金凤区人民法院	93	290.38	37	43.88	13.20	70.80	10.00	65.00	55.00	否	

· 79 ·

续表

排名	所在省份	法院	GDP排名	GDP（亿元）	GDP排名与司法透明度排名比较	总分（分）	审务信息公开（分）	审判信息公开（分）	执行信息公开（分）	司法数据公开（分）	司法改革信息公开（分）	是否属于百强县市区	百强名次（区和市县分别排名百强）
57	宁夏	灵武市人民法院	69	517.38	12	43.88	13.20	60.80	10.00	85.00	55.00	是	83
58	甘肃	张掖市甘州区人民法院	101	193.95	43	43.34	64.75	42.30	72.00	22.00	0.00	否	
59	云南	镇雄县人民法院	100	200.99	41	43.29	37.72	64.50	82.00	0.00	0.00	否	
60	重庆	重庆市渝北区人民法院	19	1848.24	−41	43.25	13.20	55.70	82.00	50.00	0.00	否	
61	甘肃	兰州市城关区人民法院	42	1044.50	−19	42.61	24.27	45.70	64.00	75.00	0.00	否	
62	贵州	贵阳市南明区人民法院	52	820.59	−10	42.21	47.30	46.50	64.00	40.00	0.00	是	84
63	河南	滑县人民法院	82	372.60	19	41.88	57.32	51.40	0.00	50.00	50.00	否	
64	江西	南昌县人民法院	44	1027.80	−20	41.17	27.30	57.20	74.00	20.00	5.00	是	42
65	天津	天津市河西人民法院	58	702.82	−7	40.64	82.76	37.80	0.00	85.00	0.00	否	

第五章　中国司法透明的总体情况

续表

排名	所在省份	法院	GDP排名	GDP（亿元）	GDP排名与司法透明度排名比较	总分（分）	审务信息公开（分）	审判信息公开（分）	执行信息公开（分）	司法数据公开（分）	司法改革信息公开（分）	是否属于百强县市区	百强名次（区和市县分别排名百强）
66	贵州	贵阳市云岩区人民法院	53	809.03	-13	40.58	27.30	44.40	64.00	60.00	0.00	是	95
67	福建	厦门市湖里区人民法院	31	1297.29	-36	39.97	42.77	56.40	20.00	20.00	50.00	否	
68	广东	英德市人民法院	88	326.83	20	39.83	30.00	58.60	10.00	95.00	0.00	否	
69	内蒙古	呼和浩特市赛罕区人民法院	55	776.50	-14	39.01	58.55	53.50	0.00	75.00	0.00	是	58
70	福建	厦门市思明区人民法院	18	1896.46	-52	38.42	44.22	26.60	72.00	43.00	5.00	否	
71	河南	新郑市人民法院	57	720.32	-14	38.12	58.76	52.90	0.00	15.00	55.00	是	39
72.	黑龙江	哈尔滨市南岗区人民法院	41	1047.10	-31	37.87	47.15	59.80	0.00	20.00	50.00	是	55
73	海南	海口市龙华区人民法院	68	521.70	-5	37.10	30.50	0.00	80.00	60.00	40.00	否	

续表

排名	所在省份	法院	GDP排名	GDP(亿元)	GDP排名与司法透明度排名比较	总分(分)	审务信息公开(分)	审判信息公开(分)	执行信息公开(分)	司法数据公开(分)	司法改革信息公开(分)	是否属于百强县市区	百强名次(区和市县分别排名)
74	北京	北京市朝阳区人民法院	4	7108.00	-70	36.60	88.34	35.60	0.00	50.00	5.00	否	
75	内蒙古	阿鲁科尔沁旗人民法院	111	92.44	36	36.39	42.65	58.70	10.00	50.00	5.00	否	
76	河北	围场满族蒙古族自治县人民法院	网站未公布具体数据	网站未公布具体数据	—	36.31	65.81	70.50	10.00	0.00	0.00	否	
77	山西	临猗县人民法院	108	140.10	31	36.28	70.84	48.70	0.00	50.00	0.00	否	
78	山东	胶州市人民法院	38	1147.59	-40	36.27	20.43	35.10	82.00	35.00	0.00	否	
79	河南	郑州高新技术产业开发区人民法院	72	496.24	-7	36.25	72.93	47.20	0.00	0.00	50.00	否	
80	青海	西宁市城北区人民法院	网站未公布具体数据	网站未公布具体数据	—	35.50	86.16	25.90	0.00	70.00	0.00	否	

第五章 中国司法透明的总体情况

续表

排名	所在省份	法院	GDP排名	GDP（亿元）	GDP排名与司法透明度排名比较	总分（分）	审务信息公开（分）	审判信息公开（分）	执行信息公开（分）	司法数据公开（分）	司法改革信息公开（分）	是否属于百强县市区	百强名次（区和市县分别排名百强）
81	重庆	云阳县人民法院	77	431.25	-4	34.25	44.40	52.90	10.00	50.00	0.00	否	
82	北京	北京市海淀区人民法院	3	7926.00	-79	33.21	61.50	17.20	0.00	50.00	55.00	否	
83	陕西	西安市未央区人民法院	34	1255.07	-49	32.67	47.30	45.70	10.00	50.00	0.00	否	
84	辽宁	绥中县人民法院	104	176.20	20	31.37	26.85	50.00	10.00	60.00	0.00	否	
85	山东	费县人民法院	80	390.70	-5	31.28	48.75	35.10	10.00	60.00	0.00	否	
86	贵州	兴义市人民法院	74	465.38	-12	30.72	30.00	34.40	72.00	0.00	0.00	否	
87	湖北	阳新县人民法院	92	290.40	5	30.44	62.96	11.50	72.00	0.00	0.00	否	
88	四川	郫县人民法院	60	631.89	-28	30.26	30.00	54.20	10.00	40.00	0.00	否	
89	湖南	长沙市芙蓉区人民法院	40	1126.32	-49	30.05	21.00	77.00	10.00	0.00	5.00	否	
90	内蒙古	赤峰市松山区人民法院	96	270.50	6	29.96	27.30	40.00	10.00	70.00	0.00	否	

续表

排名	所在省份	法院	GDP排名	GDP（亿元）	GDP排名与司法透明度排名比较	总分（分）	审务信息公开（分）	审判信息公开（分）	执行信息公开（分）	司法数据公开（分）	司法改革信息公开（分）	是否属于百强县市区	百强名次（区和市县分别排名各百强）
91	辽宁	沈阳市和平区人民法院	51	850.00	-40	29.68	35.02	55.60	0.00	40.00	0.00	否	
92	上海	上海市浦东新区人民法院	1	12734.20	-91	28.73	46.30	64.90	0.00	0.00	0.00	否	
93	黑龙江	讷河市人民法院	110	116.63	17	28.66	46.85	26.80	0.00	75.00	0.00	否	
94	山西	河津市人民法院	99	250.60	5	28.23	26.85	38.70	0.00	75.00	0.00	否	
95	重庆	重庆市渝中区人民法院	30	1301.35	-65	26.76	58.82	25.00	0.00	50.00	0.00	否	
96	辽宁	沈阳市沈河区人民法院	46	965.50	-50	26.25	58.82	48.30	0.00	0.00	0.00	否	
97	甘肃	玉门市人民法院	106	172.49	9	25.65	10.50	46.00	0.00	65.00	0.00	否	
98	天津	天津市武清区人民法院	48	950.73	-50	25.51	46.85	21.30	0.00	65.00	0.00	否	
99	湖南	浏阳市人民法院	24	1408.85	-75	25.19	41.52	41.30	0.00	30.00	0.00	否	

第五章 中国司法透明的总体情况

续表

排名	所在省份	法院	GDP排名	GDP（亿元）	GDP排名与司法透明度排名比较	总分（分）	审务信息公开（分）	审判信息公开（分）	执行信息公开（分）	司法数据公开（分）	司法改革信息公开（分）	是否属于百强县市区	百强名次（区和市县分别排名百强）
100	山西	太原市小店区人民法院	45	1004.33	-55	24.95	48.57	50.80	0.00	0.00	0.00	否	
101	青海	西宁市城东区人民法院	网站未公布具体数据	网站未公布具体数据	—	24.77	51.85	23.00	0.00	50.00	0.00	否	
102	黑龙江	宾县人民法院	105	175.80	3	24.22	47.30	24.20	0.00	50.00	0.00	否	
103	新疆	昌吉市人民法院	79	402.04	-24	23.63	66.87	10.70	0.00	47.00	0.00	否	
104	西藏	拉萨市城关区人民法院	91	298.47	-13	23.18	24.15	33.00	10.00	43.00	0.00	否	
105	新疆	库车县人民法院	97	268.08	-8	22.44	77.70	23.00	0.00	0.00	0.00	否	
106	陕西	西安市雁塔区人民法院	16	2271.01	-90	21.76	47.30	33.50	0.00	15.00	0.00	否	
107	黑龙江	哈尔滨市道里人民法院	56	755.91	-51	21.25	33.20	48.70	10.00	0.00	0.00	否	
108	西藏	拉萨市堆龙德庆区人民法院	113	29.20	5	20.74	35.67	38.70	10.00	0.00	0.00	否	

· 85 ·

续表

排名	所在省份	法院	GDP排名	GDP（亿元）	GDP排名与司法透明度排名比较	总分（分）	审务信息公开（分）	审判信息公开（分）	执行信息公开（分）	司法数据公开（分）	司法改革信息公开（分）	是否属于百强县市区	百强名次（区和市县分别排名百强）
109	青海	湟中县人民法院	网站未公布具体数据	网站未公布具体数据	—	20.36	48.10	10.80	0.00	50.00	0.00	否	
110	陕西	神木市人民法院	25	1362.88	−85	20.12	62.96	25.10	0.00	0.00	0.00	是	54
111	内蒙古	乌兰浩特市人民法院	103	176.50	−8	19.63	44.15	6.00	0.00	60.00	0.00	否	
112	西藏	林周县人民法院	114	15.30	2	19.34	41.70	30.00	10.00	0.00	0.00	否	
113	四川	阆中市人民法院	98	254.01	−15	18.25	50.00	21.50	0.00	12.00	0.00	否	
114	陕西	定边县人民法院	90	317.62	−24	18.24	27.30	35.10	0.00	15.00	0.00	否	
115	西藏	噶尔县人民法院	网站未公布具体数据	网站未公布具体数据	—	18.08	24.15	30.00	10.00	15.00	0.00	否	
116	湖北	武汉市武昌区人民法院	22	1522.04	−94	16.48	44.15	23.00	0.00	0.00	5.00	否	
117	湖北	恩施市人民法院	81	379.52	−36	14.56	42.96	19.90	0.00	0.00	0.00	否	

第五章　中国司法透明的总体情况

续表

排名	所在省份	法院	GDP排名	GDP（亿元）	GDP排名与司法透明度排名比较	总分（分）	审务信息公开（分）	审判信息公开（分）	执行信息公开（分）	司法数据公开（分）	司法改革信息公开（分）	是否属于百强县市区	百强名次（区和市县分别排名百强）
118	辽宁	海城市人民法院	65	590.00	−53	14.04	27.30	3.60	0.00	50.00	0.00	是	10
119	湖北	武汉市江岸区人民法院	26	1335.90	−93	12.07	26.40	9.30	20.00	0.00	0.00	否	
无网站	上海	上海市虹口区人民法院	43	1033.00	—	无网站	无网站	无网站	无网站	无网站	无网站	否	
无网站	上海	上海市静安区人民法院	14	2298.70	—	无网站	无网站	无网站	无网站	无网站	无网站	否	
无网站	上海	上海市闵行区人民法院	13	2520.80	—	无网站	无网站	无网站	无网站	无网站	无网站	否	
无网站	新疆	乌鲁木齐市沙依巴克区人民法院	网站未公布具体数据	网站未公布具体数据	—	无网站	无网站	无网站	无网站	无网站	无网站	否	
无网站	新疆	乌鲁木齐市新市区人民法院	网站未公布具体数据	网站未公布具体数据	—	无网站	无网站	无网站	无网站	无网站	无网站	是	34

注：百强县、百强区数据来源于《2019年中国中小城市高质量发展指数研究成果发布》，《人民日报》2019年10月8日第八版。

一　司法公开整体稳步推进

从 2019 年、2020 年评估结果及相较于历年评估结果可以发现，各级法院司法公开工作整体上稳步推进，成效明显。

（一）公开是深化司法体制改革的重要抓手

近年来，最高人民法院继续将司法公开作为深化司法改革、推动法院工作的重要抓手，不仅在推进司法改革的综合性文件中，更是在很多专门领域的司法文件中，强调加强司法公开，以推进各级法院在相关领域的工作。如 2020 年《关于深化司法责任制综合配套改革的实施意见》提出，各级人民法院应当积极运用司法公开四大平台，构建开放动态透明便民的阳光司法机制，拓展司法公开的广度和深度，以自觉接受监督。《最高人民法院关于行政机关负责人出庭应诉若干问题的规定》提出，人民法院可以通过适当形式将行政机关负责人出庭应诉情况向社会公开。《最高人民法院关于全面加强知识产权司法保护的意见》提出，依托四大平台落实审判公开，充分利用审判流程公开、庭审活动公开、裁判文书公开、执行信息公开四大平台，最大限度地保障当事人和社会公众的知情权、参与权和监督权。这些都使司法公开在法院工作中的地位日益显得重要且不可或缺。

（二）司法公开所涉及的信息范围不断扩展

随着司法公开的深入推进，在最高人民法院各项文件要求下，各级法院司法公开的范围有了明显扩展。这主要表现为，相对于法院日常工作涉及的审务信息、审判执行信息，很多以前法院较少关注的信息逐步被纳入司法公开范围。如 2019 年的评估就显示，共有 40 家法院设置了司法改革的专门栏目，其中有 38 家法院是原有评估对象，18 家法院在网站提供了司法改革总体方案，均为原有评估对象，明显好于 2018 年评估结果。有 7 家法院已经开始公开 2019 年发出的司法建议。有 9 家法院公开了代表建议、委员提案办理结果的全文，4 家法院公开了代表建议、委员提案办理结果的摘要。这表明，在《最高人民法院关于进一步深化司法公开的意见》等文件推动下，公开范围涉及的信息有所扩展，这正是深化司法改革的需要，也是回应社会关切的必然。

（三）信息化建设拓展司法公开广度与深度

司法公开工作的飞速发展一直以来皆得益于人民法院信息化建设。借助信息化的支持，人民法院的各项工作达到了空前的阳光、透明，司法公开的范围不断拓展，法院工作以群众看得见的方式实现公平正义。同时，司法公开提高了公众对人民法院司法工作的参与程度，继而形成有效的社会监督机制，对于群众的合理关切进行了及时的回应。信息技术支持下的司法公开工作让司法腐败难以藏身，极大地提升了司法公信力，有效维护了人民法院的权威。2020 年，最高人民法院依托司法公开大数据可视化信息技术，解决了中国裁判文书网索引数据量较大导致检索速度缓慢的问题，增强对并发用户访问的支撑能力。中国庭审公开网的建成和投入使用，标志着审判流程、庭审活动、裁判文书、执行信息这四大公开平台共同构筑起司法公开工作的坚实基础。截至 2020 年 12 月底，中国庭审公开网累计开展庭审直播 1104.94 万次，全国各网站累计访问量突破 319.04 亿次。2020 年，最高人民法院优化了中国庭审公开网音视频直播录播智能云平台，确保音视频在线流畅展示；探索建立了基于语音识别算法模型实现庭审视频当事人隐私屏蔽功能，充分保障庭审现场当事人及相关人员的隐私。

（四）裁判文书公开成为司法公开最大亮点

据最高人民法院统计，截至 2020 年 8 月 30 日 18 时，中国裁判文书网文书总量突破 1 亿篇，访问总量近 480 亿次，裁判文书公开在倒逼司法权力规范运行、推进普法宣传、依托司法大数据服务经济社会发展等方面的作用日益彰显。

（五）不少地区法院司法公开整体稳步推进

从2020年几类法院的司法透明度指数排名情况看，49家中级法院前15名主要集中于广东、吉林、江苏、浙江、山东；基层法院前20名主要集中于吉林、广西、广东、江苏、浙江、安徽。而上述地区的高级法院排名基本都在前列。广州中院不但自身排名稳定，且下辖的基层法院、专门性法院的排名也均较好。这说明不少法院整体推进司法公开成效较明显。

（六）全国法院司法公开整体波动情况不大

对比2019年和2020年评估中81家中、高级人民法院的指数排名可以发现，有8家法院两年的排名未发生变化，分别是上海高院、广州中院、吉林中院、海口中院、厦门中院、包头中院、西安中院、新疆生产建设兵团法院。除后两家法院一直排名靠后、在司法公开方面完全没有改进外，其余法院司法公开均相对稳定。

名次波动在正负5名之间的有36家法院，占比44.44%，名次波动在正负10名之间的有55家法院，占比67.90%。有36家法院2020年的排名相对2019年有提升，其中，有22家法院的排名上升了10名以内（含10名），有14家法院的排名上升了10名以上（不含10名）。这表明除了部分法院司法公开较为稳定外，有不少法院一年中司法公开工作有一定或者较大的进步（见表5-8）。

表5-8　　2019年与2020年司法透明度指数排名波动情况

法院名称	2020年排名	2019年排名	排名变化[①]
新疆维吾尔自治区乌鲁木齐市中院	77	37	-40
新疆高院	61	30	-31
辽宁高院	52	26	-26
辽宁省大连市中院	79	55	-24

第五章　中国司法透明的总体情况

续表

法院名称	2020年排名	2019年排名	排名变化
河北省石家庄市中院	71	51	-20
青海高院	78	59	-19
黑龙江高院	57	39	-18
河北省邯郸市中院	68	50	-18
贵州省贵阳市中院	43	28	-15
广东省珠海市中院	29	16	-13
河北省唐山市中院	48	35	-13
辽宁省本溪市中院	80	67	-13
天津高院	41	31	-10
湖北高院	55	45	-10
安徽省淮南市中院	45	36	-9
福建省福州市中院	74	65	-9
广西高院	23	15	-8
山东高院	16	9	-7
江苏省徐州市中院	18	11	-7
山西省太原市中院	31	24	-7
青海省西宁市中院	53	47	-6
湖南省长沙市中院	72	66	-6
浙江高院	15	10	-5
辽宁省沈阳市中院	38	33	-5
黑龙江省齐齐哈尔市中院	46	41	-5
吉林高院	8	4	-4
吉林省长春市中院	9	5	-4
江苏高院	21	17	-4
海南高院	24	20	-4

续表

法院名称	2020年排名	2019年排名	排名变化
河北高院	25	21	-4
甘肃省兰州市中院	42	38	-4
辽宁省抚顺市中院	75	71	-4
江苏省南京市中院	4	2	-2
江苏省苏州市中院	59	57	-2
宁夏高院	62	60	-2
陕西高院	64	62	-2
北京高院	14	13	-1
广东省广州市中院	1	1	0
吉林省吉林市中院	3	3	0
海南省海口市中院	6	6	0
上海高院	19	19	0
福建省厦门市中院	27	27	0
内蒙古自治区包头市中院	56	56	0
陕西省西安市中院	76	76	0
新疆生产建设兵团人民法院	81	81	0
四川省成都市中院	7	8	1
福建高院	33	34	1
安徽高院	39	40	1
辽宁省鞍山市中院	63	64	1
浙江省宁波市中院	5	7	2
广东高院	12	14	2
重庆高院	47	49	2
河南省郑州市中院	67	70	3

第五章 中国司法透明的总体情况

续表

法院名称	2020 年排名	2019 年排名	排名变化
河南高院	40	44	4
西藏自治区拉萨市中院	69	73	4
湖北省武汉市中院	73	77	4
山东省淄博市中院	17	22	5
浙江省杭州市中院	20	25	5
江西高院	26	32	6
云南高院	36	42	6
四川高院	11	18	7
山东省济南市中院	22	29	7
西藏高院	54	61	7
安徽省合肥市中院	44	53	9
广西壮族自治区南宁市中院	60	69	9
山西高院	70	79	9
广东省深圳市中院	2	12	10
内蒙古高院	32	43	11
云南省昆明市中院	66	78	12
广东省汕头市中院	10	23	13
内蒙古自治区呼和浩特市中院	50	63	13
宁夏回族自治区银川市中院	58	72	14
黑龙江省哈尔滨市中院	65	80	15
湖南高院	30	46	16
贵州高院	35	52	17
河南省洛阳市中院	49	68	19
江西省南昌市中院	37	58	21

续表

法院名称	2020年排名	2019年排名	排名变化
江苏省无锡市中院	51	75	24
山西省大同市中院	28	54	26
山东省青岛市中院	13	48	35
甘肃高院	34	74	40

注：排名波动情况为2020年排名与2019年排名的差，负数表示2020年排名下降，正数表示排名上升，0表示名次未发生变化。

二　司法公开仍存不少短板

但也必须看到，司法公开仍然存在不少问题，短板与取得的进展并存，需要引起关注。

（一）不同法院及不同领域间的差距较大

司法公开是法院的规定动作，是做好审判执行工作的必然要求，况且，法律及司法解释有明确要求。但多年来的司法公开、司法透明度指数评估结果显示，各被评估法院无论是总体情况还是各板块情况，相互间差距都比较大（见表5-9）。

表5-9　　　　2011—2020年司法透明度得分情况①

		最高分	最低分	平均分	60分以上法院数量
2011年	69家法院②	73.5	0	42.1	9
	高院	73.5	2.5	45.93	3
	中院	69.75	0	42.6	6

---

① 2011—2018年的评估结果可参见2012年至2019年《法治蓝皮书·中国法治发展报告》（社会科学文献出版社）。
② 2011年及2012年评估时，未将民族自治区高级人民法院及其辖区内中级人民法院纳入评估对象，因此两年的总体评估对象为69家法院。

第五章 中国司法透明的总体情况

续表

		最高分	最低分	平均分	60 分以上法院数量
2012 年	69 家法院	65.5	0	30.05	3
	高院	65.5	9	33.60	3
	中院	59.25	0	28.73	0
2013 年	80 家法院	76.5	0	41.89	15
	高院	76.5	0	39.48	5
	中院	75.5	0	42.53	10
2014 年	80 家法院	89.02	30.06	58.90	38
	高院	84.85	31.93	59.60	20
	中院	89.02	30.06	55.00	18
2015 年	80 家法院	82.33	36.1	56.52	29
	高院	71.85	38.34	56.24	16
	中院	82.33	36.1	54.71	13
2016 年	80 家法院	91.82	33.28	57.51	29
	高院	82.95	33.28	56.74	12
	中院	91.82	35.38	57.82	17
2017 年	80 家法院	92.68	33.4	56.04	21
	高院	81.08	38.4	58.12	9
	中院	92.68	33.4	54.73	12
2018 年	80 家法院	91.7	34	56.49	24
	高院	84.87	41.9	58.53	12
	中院	91.7	34	55.20	12
2019 年	93 家法院	92.23	22.43	48.90	20
	高院	80.9	22.43	47.66	8
	中院	92.23	26.25	49.19	10
	专门性法院	69.47	26.36	50.76	2

续表

		最高分	最低分	平均分	60分以上法院数量
2020年	212家法院	91.53	12.07	43.18	33
	高院	71.53	15.18	44.49	6
	中院	91.53	22.05	44.11	11
	专门性法院	89.41	31.09	49.10	3
	基层法院	85.73	12.07	41.84	13

2011年评估时，全部被评估的69家法院（含26家高级法院、43家较大的市的中级法院，不含民族自治地方的高级法院和中级法院）最高分73.5分，最低分0分，平均分42.1分，60分以上的法院仅9家，有60家法院得分在平均线以下。高级法院中，最高分为73.5分，最低分2.5分，平均分45.93分，38家法院在60分以上。中级法院中，最高分为69.75分，最低分为0分，平均分42.6分，6家法院在60分以上。

2012年评估时，全部被评估的69家法院（含26家高级法院、43家较大的市的中级法院，不含民族自治地方的高级法院和中级法院）最高分65.5分，最低分0分，平均分30.05分，60分以上的法院仅3家，有66家法院得分在平均线以下。高级法院中，最高分为65.5分，最低分0分，平均分33.6分，3家法院在60分以上。中级法院中，最高分为59.25分，最低分为0分，平均分28.73分，0家法院在60分以上。

2013年评估时，全部被评估的80家法院（含31家高级法院、49家较大的市的中级法院）最高分76.5分，最低分0分，平均分41.89分，60分以上的法院仅15家，有65家法院得分在平均线以下。高级法院中，最高分为76.5分，最低分0分，平均分39.48分，5家法院在60分以上。中级法院中，最高分为75.5分，最低分为0分，平均分42.53分，10家法院在60分以上。

2014年评估时，全部被评估的80家法院（含31家高级法院、49

家较大的市的中级法院）最高分 89.02 分，最低分 30.06 分，平均分 58.9 分，60 分以上的法院仅 38 家，有 42 家法院得分在平均线以下。高级法院中，最高分为 84.85 分，最低分 31.93 分，平均分 59.6 分，20 家法院在 60 分以上。中级法院中，最高分为 89.02 分，最低分为 30.06 分，平均分 55 分，18 家法院在 60 分以上。

2015 年评估时，全部被评估的 80 家法院（含 31 家高级法院、49 家较大的市的中级法院）最高分 82.33 分，最低分 36.1 分，平均分 56.52 分，60 分以上的法院仅 29 家，有 51 家法院得分在平均线以下。高级法院中，最高分为 71.85 分，最低分 38.34 分，平均分 56.24 分，16 家法院在 60 分以上。中级法院中，最高分为 82.33 分，最低分为 36.1 分，平均分 54.71 分，13 家法院在 60 分以上。

2016 年评估时，全部被评估的 80 家法院（含 31 家高级法院、49 家较大的市的中级法院）最高分 91.82 分，最低分 33.28 分，平均分 57.51 分，60 分以上的法院仅 29 家，有 51 家法院得分在平均线以下。高级法院中，最高分为 82.95 分，最低分 33.28 分，平均分 56.74 分，12 家法院在 60 分以上。中级法院中，最高分为 91.82 分，最低分为 35.38 分，平均分 57.82 分，17 家法院在 60 分以上。

2017 年评估时，全部被评估的 80 家法院（含 31 家高级法院、49 家较大的市的中级法院）最高分 92.68 分，最低分 33.4 分，平均分 56.04 分，60 分以上的法院仅 21 家，有 59 家法院得分在平均线以下。高级法院中，最高分为 81.08 分，最低分 38.4 分，平均分 58.12 分，9 家法院在 60 分以上。中级法院中，最高分为 92.68 分，最低分为 33.4 分，平均分 54.73 分，12 家法院在 60 分以上。

2018 年评估时，全部被评估的 80 家法院（含 31 家高级法院、49 家较大的市的中级法院）最高分 91.7 分，最低分 34 分，平均分 56.49 分，60 分以上的法院仅 24 家，有 56 家法院得分在平均线以下。高级法院中，最高分为 84.87 分，最低分 41.9 分，平均分 58.53 分，12 家法院在 60 分以上。中级法院中，最高分为 91.7 分，最低分为 34 分，平均分 55.2 分，12 家法院在 60 分以上。

2019年评估时，全部被评估的93家法院最高分92.23分，最低分22.43分，平均分48.9分，60分以上的法院仅20家，有73家法院得分在平均线以下。高级法院中，最高分为80.9分，最低分22.43分，平均分47.66分，8家法院在60分以上。中级法院中，最高分为92.23分，最低分为26.25分，平均分49.19分，10家法院在60分以上。专门性法院中，最高分为69.47分，最低分为26.36分，平均分50.76分，2家法院在60分以上。

2020年评估时，司法透明度指数最高分仍为广州中院，91.53分，而最低分仅12.07分。其中，高级法院最高分为71.53分，最低分为15.18分；中级法院最高分91.53分，最低分22.05分；基层法院最高分85.73分，最低分12.07分；专门性法院最高分89.41分，最低分31.09分。将司法公开分数排名前10%法院与排名后10%法院的平均分数相比较，高级法院、中级法院、基层法院和专门性法院的平均分分差分别为44.85分、57.83分、52.05分、58.32分。这表明，全国法院司法公开的差距仍然较大。

除了总分存在差距外，各个评估指标项下的评估得分差距也较大。由于自2011年开始评估以来，评估指标和权重内容不断进行调整，本书仅对2019年、2020年两年的指标得分情况进行简要对比，对比的法院均为两年相同的93家被评估法院，其中专门性法院的权重体系采用2019年标准以便对两年度进行比较。两年的评估结果显示，评估涉及的五大板块中，各法院的公开得分差距也较大。审务信息公开方面，2019年最高分为满分，最低分为15.80分，平均分56.28分，60分以上的法院有36家；2020年93家最高分为满分，最低分为7分，平均分为55.19分，60分以上的法院有30家。审判信息公开方面，2019年最高分为94.60分，最低分为20分，平均分52.43分，60分以上的法院有28家；2020年最高分为95.60分，最低分为18.40分，平均分为53.71分，60分以上的法院有26家。执行信息公开方面，2019年最高分为85分，最低分为10分，平均分42.85分，60分以上的法院有22家；2020年最高分为90分，最低分为0分，平均分为26.79分，60分以上的法院有14家。司法数据公

第五章 中国司法透明的总体情况

开方面，2019年最高分为满分，最低分为10分，平均分51.81分，60分以上的法院有30家；2020年最高分为满分，最低分为0分，平均分为49.29分，60分以上的法院有28家。司法改革信息公开方面，2019年最高分为满分，最低分为10分，平均分37.31分，60分以上的法院有19家；2020年最高分为满分，最低分为0分，平均分为33.23分，60分以上的法院有14家（见图5-1、图5-2）。

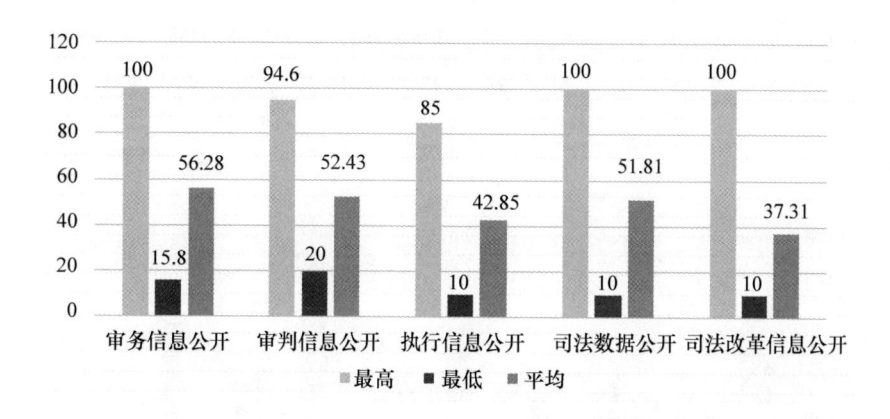

图5-1 2019年五大板块得分对比

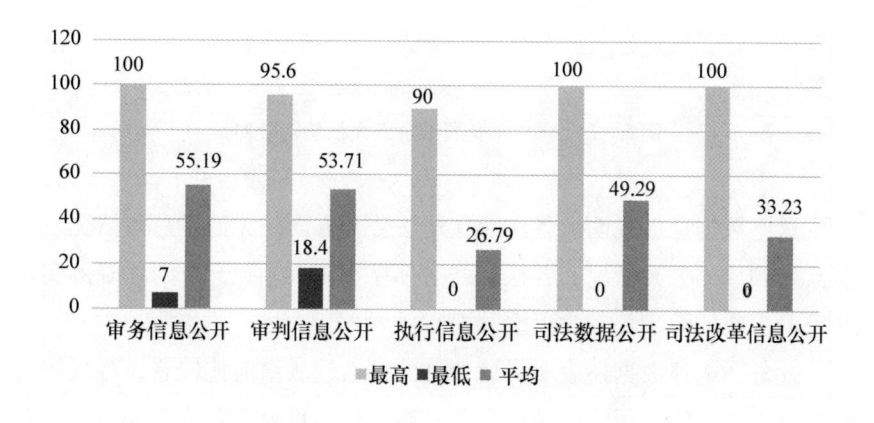

图5-2 2020年五大板块得分对比

单独比较2020年新评估的基层法院的得分情况，也同样存在类似的问题。统计数据显示，剔除5家无网站的基层法院，119家基层法院的审务信息公开板块最高分为96.25分，最低分为10.50分，平均分为51.25分，60分以上的法院有42家。审判信息公开方面，最高分为87.90分，最低分为0分，平均分为49.09分，60分以上的法院有39家。执行信息公开方面，最高分为100分，最低分为0分，平均分为37.03分，60分以上的法院有51家。司法数据公开方面，最高分为100分，最低分为0分，平均分为44.89分，60分以上的法院有41家。司法改革信息公开方面最高分为95分，最低分为0分，平均分为18.19分，60分以上的法院有6家（见图5-3）。

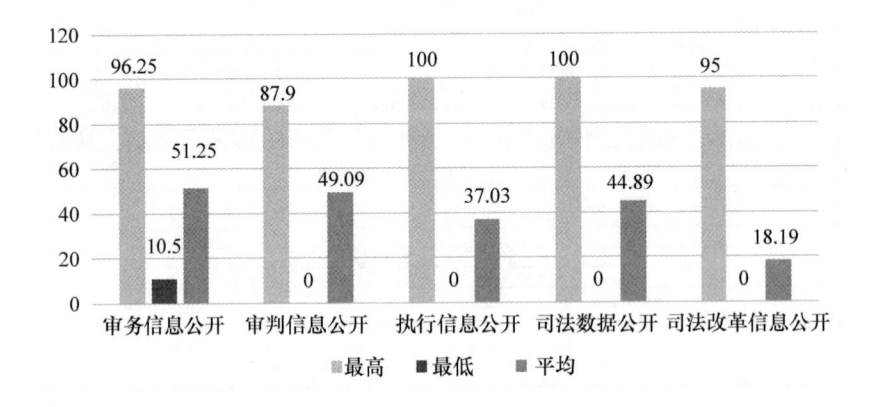

图5-3　2020年基层法院五大板块得分对比

这些数据足以说明，各法院在司法公开方面，无论是总体情况还是各具体领域的公开情况，各法院之间都存在较大差距，有的法院落实司法公开工作的要求仍较为迟缓和滞后。

此外，上述数据还表明，就评估的五大领域横向比较看，各板块公开情况也不平衡，司法改革信息公开和执行信息公开普遍不理想。综合上述三组数据，审务信息公开总体较好，司法改革信息公开总体较差，执行信息公开短板仍然突出。虽然经历了两到三年基本解决执行难，但

第五章　中国司法透明的总体情况

执行信息公开情况总体仍不理想，表明构建解决执行难长效机制仍有巨大的空间。而司法改革信息公开方面，即便剔除高级、中级及其他专门性法院在司法改革方面的地位作用差异，公开情况仍然不尽理想。

（二）司法公开总体进展较迟缓

评估显示，各级各类法院的司法公开进展不明显，大体处于原地踏步状态。后文所列的评估数据显示，5个一级评估指标下的内容总体上公开都不够理想，原有评估对象的数据更是变化不大，甚至如前文所述，按照严格的标准来衡量，无论是2020年评估的总体结果还是各个板块的结果都略差于2019年，往年未公开的2020年度依旧公开不佳。最高人民法院在相关司法解释和文件中要求公开的内容，很多还没有得到落实，《最高人民法院关于进一步深化司法公开的意见》（法发〔2018〕20号）中列举要求公开的内容很多并没有得到各级法院的积极响应，如司法大数据研究报告、人大代表议案建议和政协提案办理情况等的公开推进迟缓。此外，人员信息、诉讼指南信息、执行信息、司法数据、司法改革信息等很多内容存在更新缓慢、不规律、不更新的现象，司法公开"疲劳感"明显，原地踏步的情况比较突出。

（三）基层法院司法公开相对薄弱

四级法院中，基层法院的案件量最大，与普通公众的关系最为密切，对法院提供高质量司法服务的需求实际上也就越高，为了实现将绝大多数纠纷化解基层的目标，必须加强基层法院的规范化建设，提升其审判执行能力，以维护司法公信力和权威。这就要求基层法院必须提供与其地位、公众需求相匹配的司法公开服务。但2020年评估显示，基层法院的司法公开工作普遍还相对薄弱。2020年在全国范围内共抽取了124家基层法院，其中，除上海市静安区人民法院、上海市虹口区人民法院、上海市闵行区人民法院、乌鲁木齐市新市区人民法院、乌鲁木齐市沙依巴克区人民法院无网站，2020年度不参加指数排名和主要评估数据的统计外，其余119家法院的平均分为

41.84分。相比而言，高、中级法院及12家专门性法院的平均分则分别为44.49分、44.11分和49.10分。虽然四类法院平均分相差不多，但2020年对基层法院评估的分数权重设置宽松许多，其平均分却依然低于中、高级人民法院。

另外，在分数分布方面，60分以上的有13家法院，占10.92%；50—60分（不含60分）的有22家法院，占18.49%；40—50分（不含50分）的有31家法院，占26.05%；30—40分（不含40分）的有23家法院，占19.33%；20—30分（不含30分）的有21家法院，占17.65%；低于20分（不含20分）的有9家法院，占7.56%，绝大多数法院分布在60分以下（见图5-4）。此外，正如后文各项数据分析所显示的，绝大多数评估指标的公开情况几乎都呈现出基层法院最不理想的现象。这说明，基层法院的司法公开水平仍亟待提升。

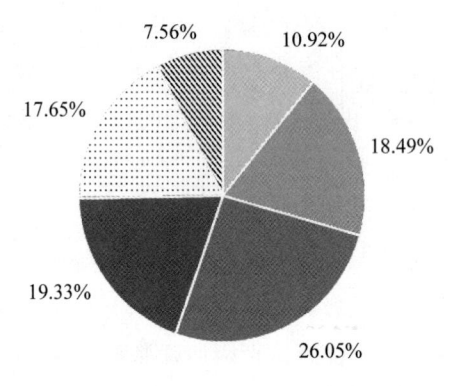

图5-4 2020年评估中基层法院得分分布情况

（四）部分法院司法公开与当地发展不匹配

法治是最好的营商环境，司法是维护公平正义的最后一道防线。高质量的司法审判和执行，不但体现了当地有效化解纠纷、保护当事人合

第五章 中国司法透明的总体情况

法权益的能力，更体现了当地法治建设的水准。司法透明度情况如何所反映的是法院向社会提供司法服务的能力，在很大程度上表明了其审判执行权力运行的规范化程度，是依法对各类主体进行平等保护的重要方面。因此，司法公开做得好不好直接关系到广大企业群众能否对依法维护自身合法权益拥有充分的预期，这同样也是评价当地营商环境的重要指标。没有全方位的司法公开，何来规范的司法权力运行以及高水平高效率的司法服务？但评估显示，部分法院的司法公开水平与其当地经济发展不匹配。以高级法院和中级法院的司法公开情况看，部分法院的评估结果与其所在地的经济发展水平存在一定程度甚至较明显的脱节现象。

2019年的结果显示，司法透明度指数排名低于所在省份上一年度GDP排名5名以上的有10家高级法院，17家中级法院。即这些法院虽然所在地的GDP排名较高，但其司法透明度指数排名却明显偏低。例如高院中，福建高院、河南高院、湖北高院、湖南高院、陕西高院、山西高院在高级法院中排名依次为第16、21、22、23、29、31位，而其所在省份2018年国内生产总值（GDP）排名则依次为第10、5、7、8、15、22位（见表5-1）。中级法院中此现象更加突出，如青岛中院、合肥中院、大连中院、苏州中院、福州中院、长沙中院、洛阳中院、郑州中院、无锡中院、西安中院、武汉中院、昆明中院、哈尔滨中院在本次中级法院中的排名均与其所在城市2018年国内生产总值（GDP）在49家较大的市中排名差距较大（见表5-2）。

而2020年评估显示，司法透明度指数排名低于所在地方上一年度GDP排名5名以上的有10家高级法院，17家中级法院，52家基层法院（此项统计不含无网站或者未查询到上一年度GDP数据的13家县市区法院）（见表5-4、表5-5、表5-7）。基层法院中，有24家所在地为百强县、百强区，但司法透明度指数排名跻身前20位的仅有6家法院，为吉林省延吉市人民法院、苏州市吴江区人民法院、江苏省沭阳县人民法院、浙江省杭州市余杭区人民法院、浙江省义乌市人民法院、安徽省合肥市瑶海区人民法院；有10家法院排名在50名以下（此项统计不含5家无网站法院）（见表5-7）。

这一现象在一定程度上表明，司法公开的水平与经济发展无必然联系，不是经济发展得好其司法公开就可能做得更好。但至少说明，从个别地方优化营商环境的角度看，其法院工作所可能提供的支持至少是打折扣的。个别法院的司法公开工作远远没有跟上当地经济社会发展的步伐，其在参与当地社会治理、提升优化营商环境中发挥的作用更值得进一步关注。

（五）个别法院的司法公开工作存在较大波动

虽然从2019年和2020年司法透明度评估结果看，绝大部分法院的司法公开工作波动较小。但对比原有81家中、高级法院评估对象2019年和2020年的指数排名，仍可以发现，个别法院的名次波动较大，应当引起重视。有36家法院2020年的排名相对2019年有下降（见表5-8），其中，有22家法院的排名下降了10名以内（含10名），有14家法院的排名下降了10名以上（不含10名）。这表明，有的法院可能因对司法公开重视不够或者自身工作做得不到位，而出现了下滑，应当引起其重视。

（六）专门性法院司法公开工作有待加强

2019年及2020年评估的专门性法院涉及自贸区、知识产权、互联网、金融等专题领域，其专业化水平更高，司法水平也本应更高，司法公开也应更加规范，但实际情况并不理想。首先，自贸区法院司法公开与预期差距较大。2019年评估中，仅一家得分超过60分，最低仅27.15分。2020年5家自贸区法院中，仅2家得分超过60分，最低仅31.09分。这显然难与自贸区以公开透明提升服务水平、优化营商环境的要求相匹配。其次，互联网法院司法公开不够理想。互联网法院强调依托互联网技术，实现司法案件全流程在线办理，其同样应在依托互联网开展司法公开方面引领时代新潮，但评估结果显示，三家互联网法院总体情况一般。尤其是在审务信息公开、审判信息公开等法院核心业务公开方面并没有显露应有的优势,且个别法院的执行信息公开、司法数据公开较差。最后,知识产权法院总体排名不理想。2019年、2020年3家知识产权法院均低于60分,审判执行信息的公开不太理想。这说明,专门性法院不仅要强调某些方面不同于传统法院的特长、优势,更应在规范司法公开、落实司法为民方面做好表率。

(七) 裁判文书公开仍存盲区

和往年评估裁判文书公开主要对裁判文书公开的一些形式问题进行观察不同,2020年评估中更加注重通过调取的内部数据对裁判文书公开的公开比例、不上网事由认定的规范化程度等数据进行分析比较。自中国裁判文书网上线运行以来,裁判文书公开工作进展最大、成效最明显,以公开为常态、不公开为例外的原则深入人心。截至2020年8月30日18时,中国裁判文书网文书总量突破1亿篇,访问总量近480亿次。但对被评估法院的数据分析显示,虽然上传到中国裁判文书网上的裁判文书总量不断增长,但其中未公开裁判文书正文内容的数量占比并不低。在被调取的裁判文书数据中,有22.28%的裁判文书仅公开了不上网裁判文书的案号、不上网理由等信息项,这其中又有51.22%的裁判文书是以其他理由不公开的,而有的法院的此项比例还要高,多家法院的比例超过90%。相对而言,以涉及国家秘密等法定事由不公开裁判文书全文的占比反倒相对较少。这其中究竟是裁判文书上网公开的制度设计不够周延,还是有关法院公开力度不够,值得关注。

(八) 执行信息与司法改革信息公开较为薄弱

评估显示,执行信息和司法改革信息的公开情况还不够理想。2020年评估中,81家中、高级法院5个评估板块的平均分依次为53.51分、52.59分、25.97分、50.42分、33.52分;基层法院依次为51.25分、49.09分、37.03分、44.89分、18.19分;专门性法院依次为66.59分、61.25分、32.33分、41.67分、31.25分。几类评估对象的执行信息公开和司法改革信息公开的平均分均不高,这表明,这几个领域的司法公开仍然较为薄弱。

(九) 公开平台建设普遍水平不高

网站是信息化时代信息公开的第一平台,这样的理念在政务公开领域已经颇受认同和重视。早在2007年,《国务院办公厅关于做好施行〈中华人民共和国政府信息公开条例〉准备工作的通知》第七条就提出,"各级政府网站要成为政府信息公开的第一平台"。国务院办公厅《2012年政府信息公开重点工作安排》第十一条也提出,各地区、各部门要切实加强政府网站管理,逐级督促检查,充分发挥政府网站信息公开第一平台作用。2014年,国务院办公厅发布的《关于加强政府网站信息内容建设的意见》中进一步提出,要及时准确发布政府信息,开展交流互动,倾听公众意见,回应社会关切,接受社会监督,使政府网站成为公众获取政府信息的第一来源、互动交流的重要渠道。《意见》还要求,各地区、各部门要将政府网站作为政府信息公开的第一平台,建立完善信息发布机制,第一时间发布政府重要会议、重要活动、重大政策信息。正是基于这样的认识,近年来我国政府网站建设发展迅猛。国务院办公厅2017年印发的《政府网站发展指引》提出,县级以上各级人民政府、国务院部门要开设政府门户网站,且政府门户网站一般不得关停。该指引还提出,适应互联网发展变化,推进集约共享,持续开拓创新,到2020年,将政府网站打造成更加全面的政务公开平台、更加权威的政策发布解读和舆论引导平台、更加及时地回应关切和便民服务平台。事实上,对网站建设的重视不仅适用于政务公开和政务服务,也同样适用于法院司法公开及其各类诉讼服务。

2011年首次开展司法透明度评估时,仅有10个省、自治区、直辖市的中级法院全部有网站并且网站链接有效,有11个省、自治区、直辖市建有网站的中级法院比例不足60%。[①] 相对于当时,经过多年来法

---

① 参见李林主编、田禾执行主编《法治蓝皮书·中国法治发展报告 No.10 (2012)》,社会科学文献出版社2012年版,第260页。

院信息化的大力推进，全国法院门户网站建设取得了显著成效。据统计，截至2016年2月，全国所有的高级人民法院、358个中级人民法院、2747个基层人民法院建成了政务网站。[①]

但2020年评估发现，个别地区的基层法院因为受制于人员、经费等因素，未开通或者关闭了本院网站平台，这为群众和当事人查询该院信息带了一定的困难。虽然随着上级法院搭建的各类统一的公开平台不断完善，基层法院很多信息直接会通过上级法院平台发布，但必须看到，基层法院仍然有自己需要发布的信息，完全依赖上级法院网站推行司法公开的做法至少现阶段还不具备条件。此外，多年来的评估显示，多数法院的网站存在多平台重复建设、网站栏目设置不规范、信息发布位置不规律、网站检索等基本功能未配置或者无效的现象。整体而言，法院的网站建设水平落后于政府机关，这也对法院司法公开效果产生不少影响。

[①] 参见中国社会科学院国家法治指数研究中心、法学研究所法治指数创新工程项目组著《中国法院信息化第三方评估报告》，中国社会科学出版社2016年版，第18页。

第六章

各领域司法透明度现状

为了分析近年来中国推进司法透明主要方面的进展与问题，以下依据2019年和2020年司法透明度指数评估的数据，就司法公开的部分主要领域和内容进行分析。

一 人员信息公开

《最高人民法院关于推进司法公开三大平台建设的若干意见》规定，人民法院应当通过审判流程公开平台，向公众公开审判委员会组成人员、审判人员的姓名、职务、法官等级等人员信息。公开法院的各类人员信息是审务公开的主要内容，是保障当事人权利的重要方面，也是对法院工作进行监督的前提。近年来，司法透明度评估中一直侧重对法院领导人员、审判人员、执行法官、辅助人员和司法警察信息的公开情况进行评估分析。其中，领导人员分为院领导和部门领导。院领导主要观察各法院公开本院院领导的姓名、职务、法官等级、学习工作简历、分管事项等内容。部门领导则区分为业务部门领导和行政部门领导：前者观察各法院是否公开业务部门领导的姓名、职务、法官等级、学习工作简历；后者观察是否公开行政部门领导的姓名、职务和学习工作简历。

(一) 概述

仅从 2019 年和 2020 年评估结果看，法院人员信息在本院网站的公开情况总体向好，各类指标显示，被评估法院的公开情况逐年改善，但从其绝对值来看，各分院公开此类信息的情况还不够理想。

2019 年评估结果显示，93 家法院中仅有 8 家法院在本院网站公开了院领导的全部信息，包括院领导姓名、职务、法官等级、学习工作简历、分管事项，占 8.60%；有 16 家法院公开了业务部门领导信息，包括姓名、职务、法官等级、学习工作简历，占 17.20%；有 15 家法院公开了行政部门领导信息，包括姓名、职务、学习工作简历，占 16.13%；有 17 家法院公开了员额法官信息，包括姓名、学习工作简历、法官等级，占 18.28%；有 10 家法院公开了执行法官信息，包括姓名、学习工作简历、法官等级，占 10.75%；有 16 家法院公开了法官助理、书记员名册，占 17.20%；有 10 家法院公开了司法警察名册，占 10.75%（见图 6-1）。

而在 2020 年评估中，原有 93 家评估对象中，仅有 17 家法院在本院网站公开了院领导的全部信息，包括院领导姓名、职务、法官等级、学习工作简历、分管事项，占 18.28%；剔除当年评估时无网站的 5 家法院后的 119 家基层法院中，仅有 8 家公开了院领导的上述全部信息，占 6.72%。原有 93 家评估对象中，有 16 家法院公开了业务部门领导信息，包括姓名、职务、法官等级、学习工作简历，占 17.20%；119 家基层法院中仅有 8 家开了业务部门领导的完整信息，占 6.72%。原有 93 家评估对象中，有 18 家法院公开了行政部门领导信息，包括姓名、职务、学习工作简历，占 19.35%；基层法院仅有 13 家行政部门领导的上述完整信息，占 10.92%。原有 93 家评估对象中，有 17 家法院公开了员额法官信息，包括姓名、学习工作简历、法官等级，占 18.28%；119 家基层法院中仅有 6 家公开了员额法官的上述完整信息，占 5.05%。原有 93 家评估对象中，有 14 家法院公开了执行法官信息，包括姓名、学习工作简历、法官等级，占 15.05%；119 家基层法院中仅有 5 家法院公开了执行法官的上述完整信息，占 4.20%。原有 93 家评估对象中，有18家法院公开了法官助理、书记员名册，占19.35%；119家基层法院中仅有8家公开了法官助理、书记员名册信息，占6.72%。原有93家评估对象中，有15家法院公开了司法警察名册，占16.13%；119家基层法院中仅有7家公开了司法警察名册，占5.88%（见图6-1）。有2家高级法院、9家中级法院、44家基层法院和1家自贸区法院网站上未公开任何人员信息。

排除基层法院首次评估无从比较外，其余93家法院两年来公开人员信息的情况总体是在改善的。

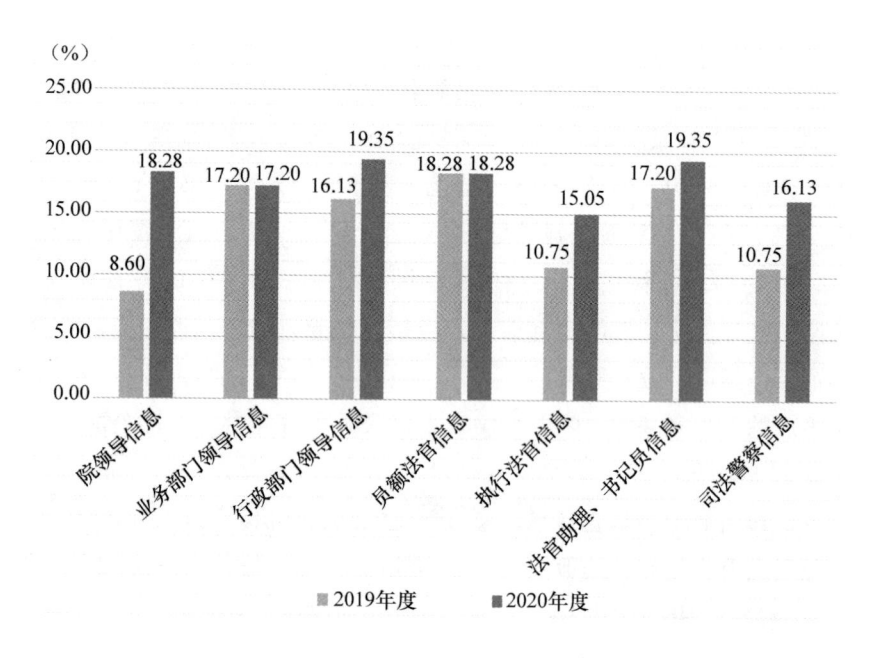

图6-1 2019年度和2020年度法院人员信息公开情况对比

但法院人员信息公开标准差异较大。有些法院公开的人员信息十分详尽，如成都市中级人民法院公开了领导人员的姓名、性别、民族、出生日期、籍贯、学习工作经历、职务、分管事项。但部分法院公开得则过于简单，如有的法院仅公布了领导人员的姓名和职务。而且，人员分类不统一，如吉林市中级人民法院公开的人员信息分类较细，包括院领导、审判委员会组成人员、法官、法官助理、书记员、人民陪审员、行政部门负责人、司法辅助人员、文员、法院人员等十大类,对法院人员还依据不同岗位进行了二次分类。而更多的法院对人员分类较为粗略,如有的法院只公开了"法官目录"文件,其中包含院领导、审判委员会委员、员额法官、执行局等不同职位的人员。

此外,人员信息普遍更新不及时。有些法院在人员信息更新方面做出了较好示范,如宁波市中级人民法院,将人员信息按照时间顺序在同一栏目下更新,便于公众对比了解人员变化情况。不少法院门户网站公开人员信息的时间为2018年、2017年甚至更早,如2019年评估时,某高级法院诉讼服务网上法官名录的公开日期为2014年6月26日。

(二)院领导信息

之所以要公开院领导信息,是因为,各级法院的院领导均属于领导干部序列,其包括学习工作简历、分管工作在内的基本的个人信息乃是公职人员应当向社会披露的公共信息的一部分。纵观政务公开领域,各级行政机关的领导信息早就是应予公开甚至是主动公开的信息范畴,甚至已经被列入了各级政府的主动公开清单之中。法院公开此类信息有助于加强院领导自律、强化公众对法院领导的监督。而评估显示,此类信息的公开虽有进步,但还远远不够。

2020年的统计数据显示,通过本院网站公开法院领导信息方面,中级法院公开率较高,其他依次为专门性法院、高级法院和基层法院,基层法院最不理想(见图6-2)。以2020年的评估结果为例,32家高级法院中,仅3家法院同时公开了院领导的姓名、职务、法官等级、学习工作简历和分管工作,占9.38%。49家较大的市的中级法院中,有12家法院同时公开了院领导的姓名、职务、法官等级、学习工作简历和分管工作,占24.49%。12家专门性法院中,仅有2家法院同时公开了院领导的姓名、职务、法官等级、学习工作简历和分管工作,占16.67%。124家基层法院中,剔除5家无网站的法院,有8家法院同时公开了院领导的姓名、职务、法官等级、学习工作简历和分管工作,占6.72%。

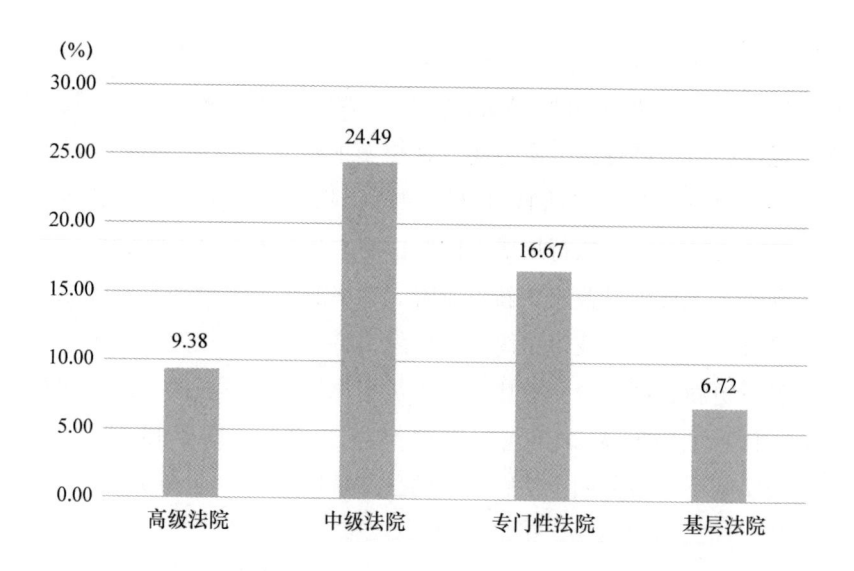

```
(%)
30.00
            24.49
25.00
20.00
                        16.67
15.00
       9.38
10.00                            6.72
 5.00
 0.00
     高级法院  中级法院  专门性法院  基层法院
```

图 6-2　2020 年度法院同时公开领导各项信息的情况

从法院领导信息涉及的几个方面看，领导的姓名、职务在本院网站的公开率较高，法官等级相对略差，学习工作简历尤其是分管工作的公开情况最不理想（见图 6-3）。32 家高级法院中，公开了领导姓名、职务、法官等级、学习工作简历和分管工作的法院分别有 28 家、27 家、21 家、17 家、6 家，占比依次为 87.50%、84.38%、65.63%、53.13%、18.75%。49 家较大的市的中级法院中，公开了领导姓名、职务、法官等级、学习工作简历和分管工作的法院分别有 38 家、37 家、25 家、18 家、15 家，占比依次为 77.55%、75.51%、51.02%、36.73%、30.61%。12 家专门性法院中，公开了领导姓名、职务、法官等级、学习工作简历和分管工作的法院分别有 11 家、11 家、5 家、5 家、4 家，占比依次为 91.67%、91.67%、41.67%、41.67%、33.33%。剔除无网站法院后的 119 家基层法院中，公开了领导姓名、职务、法官等级、学习工作简历和分管工作的法院分别有 66 家、64 家、35 家、26 家、21 家，占比依次为 55.46%、53.78%、29.41%、21.85%、17.65%。由此可见，专门法院在四类法院中公开院领导姓名、职务及分管工作情况最好，高级法院在四类法院中公开院领导法官等级和学习工作简历情况最好，但总体而言，法院领导姓名、职务、法官等级、学习工作简历、分管工作的公开率按照法院等级逐级递减，且所有法院公开法院领导学习工作简历和分管工作的情况最不理想。

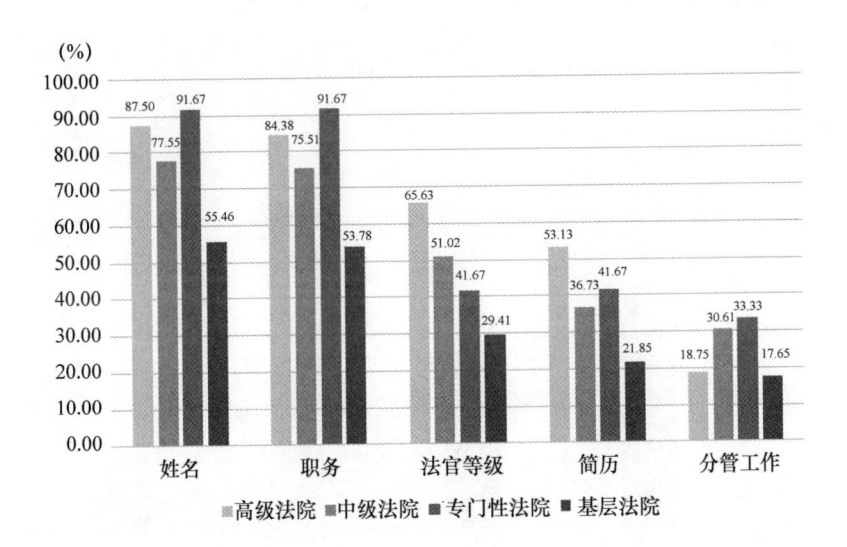

图6-3 2020年各类法院公开院领导信息的情况对比

（三）业务部门领导信息

法院业务部门是法院内设机构中直接负责审判执行业务的专业部门，其负责人一般而言既是员额法官，又是部门负责人，属于具有一定职务的领导干部。公开其姓名、职务、法官等级、学习工作简历同样有助于接受社会监督。

通过对2020年评估结果进行分析，可以发现，在本院网站公开业务部门领导的信息方面，专门性法院的公开率较高，其他依次为高级法院、中级法院和基层法院，基层法院最不理想（见图6-4）。以2020年的评估结果为例，32家高级法院中，仅6家法院在本院网站同时公开了业务部门领导的姓名、职务、法官等级、学习工作简历，占18.75%。49家较大的市的中级法院中，有7家法院在本院网站同时公开了业务部门领导的姓名、职务、法官等级、学习工作简历，占

14.29%。12家专门性法院中，仅有3家法院同时公开了业务部门领导的姓名、职务、法官等级、学习工作简历，占25.00%。剔除无网站的基层法院后，119家法院中，有8家法院同时公开了业务部门领导的姓名、职务、法官等级、学习工作简历，占6.72%。

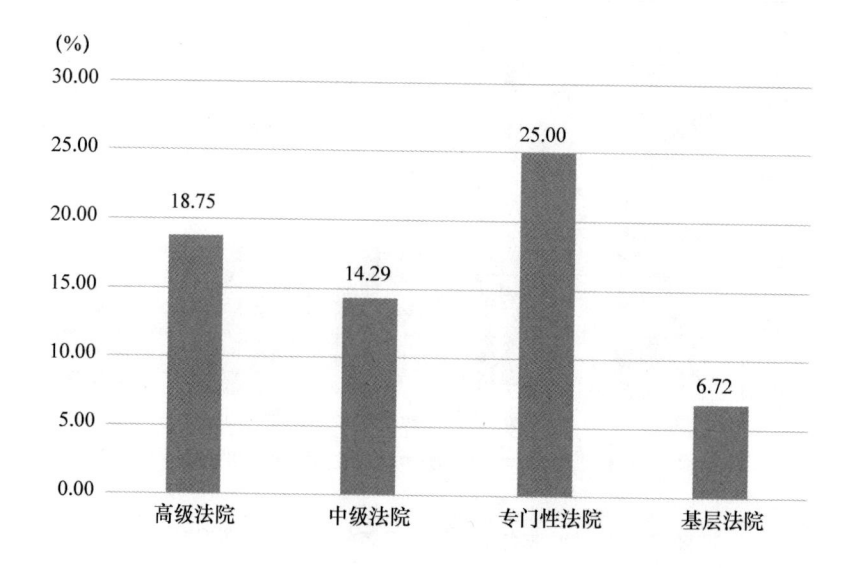

图6-4 2020年度法院同时公开业务部门领导各项信息的情况

从业务部门领导信息涉及的几个方面内容看，其姓名、职务的公开率较高，法官等级相对略差，学习工作简历的公开情况最不理想（见图6-5）。32家高级法院中，通过本院网站公开了业务部门领导姓名、职务、法官等级、学习工作简历的法院分别有17家、16家、11家、6家，占比依次为53.13%、50.00%、34.38%、18.75%。49家较大的市的中级法院中，公开了业务部门领导的姓名、职务、法官等级、学习工作简历的法院分别有24家、24家、18家、8家，占比依次48.98%、48.98%、36.73%、16.33%。12家专门性法院中，公开了业务部门领导姓名、职务、法官等级、学习工作简历的法院分别有7家、7家、5家、4家，占比依次为58.33%、58.33%、41.67%、33.33%。剔除无网站法院后的119家基层法院中,公开了业务部门领导姓名、职务、法官等级、学习工作简历的法院分别有33家、30家、25家、8家,占比依次为27.73%、25.21%、21.01%、6.72%。由此可见,专门法院在四类法院中公开业务部门领导姓名、职务、法官等级及学习工作简历的情况最好,但总体而言,业务部门领导姓名、职务、法官等级、学习工作简历的公开率同样按照法院等级逐级递减,且所有法院公开法院业务部门领导学习工作经历的情况最不理想,其次是其法官等级。

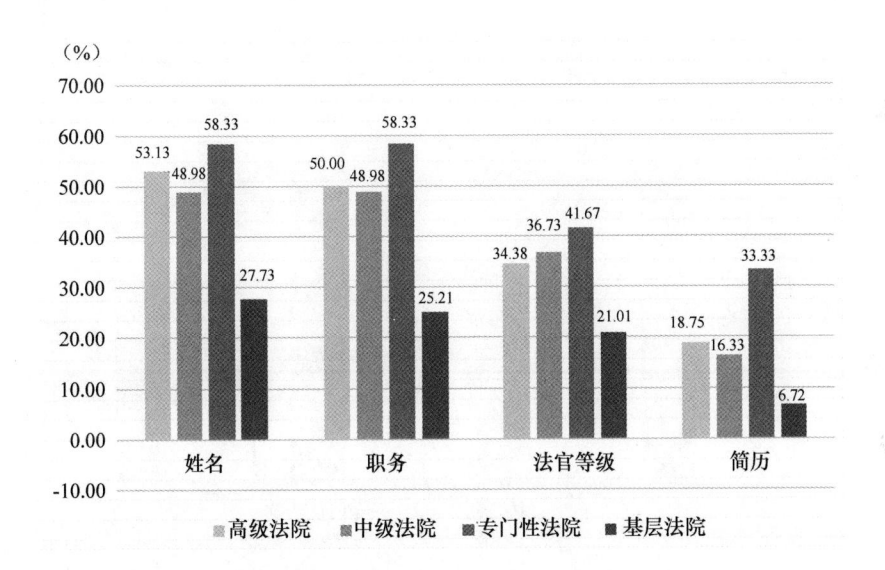

图6-5 2020年各类法院公开业务部门领导信息的情况对比

(四) 行政部门领导信息

法院行政部门是法院内设机构的重要组成部分,虽然不直接参与案件审理和执行活动,但也间接参与行使审判权和执行权,其负责人同样掌握一定的权力。出于监督法院工作的需要,同样应当公开其姓名、职务、学习工作简历等基本信息。但仅对2020年的评估结果进行统计发现,通过本院网站公开行政部门领导的信息方面,专门性法院公开率较高,其他依次为高级法院、中级法院和基层法院,基层法院最不理想(见图6-6)。以

2020年的评估结果为例，32家高级法院中，仅7家法院同时公开了行政部门领导的姓名、职务、法官等级、学习工作简历，占21.88%。49家较大的市的中级法院中，有8家法院同时公开了行政部门领导的姓名、职务、法官等级、学习工作简历，占16.33%。12家专门性法院中，仅有3家法院同时公开了行政部门领导的姓名、职务、法官等级、学习工作简历，占25.00%。剔除无网站的基层法院后，119家法院中，有13家法院同时公开了行政部门领导的姓名、职务、法官等级、学习工作简历，占10.92%。

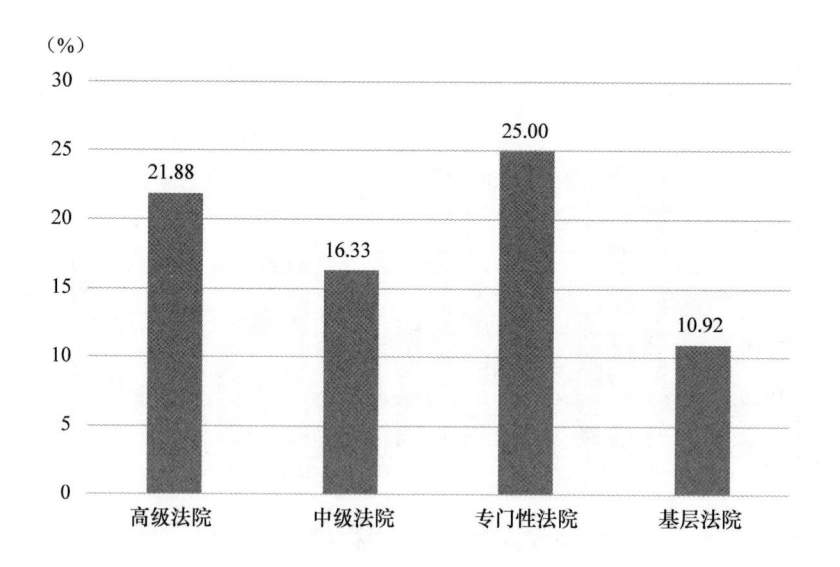

图6-6 2020年法院同时公开行政部门领导各项信息的情况

从行政部门领导信息涉及的几个方面看，其姓名、职务的公开率较高，学习工作简历的公开情况最不理想（见图6-7）。32家高级法院中，通过本院网站公开了行政部门领导姓名、职务、学习工作简历的法院分别有16家、16家、7家，占比依次为50.00%、50.00%、21.88%。49家较大的市的中级法院中，通过本院网站公开了行政部门领导的姓名、职务、学习工作简历的法院分别有21家、21家、8家，占比依次42.86%、42.86%、16.33%。12家专门性法院中，通过本院网站公开了行政部门领导姓名、职务、学习工作简历的法院分别有5家、5家、3家，占比依次为41.67%、41.67%、25.00%。剔除无网站的法院后的119家基层法院中，通过本院网站公开了行政部门领导姓名、职务、学习工作简历的法院分别有31家、30家、13家，占比依次为20.06%、25.21%、10.92%。由此可见，高级法院在四类法院中公开行政部门领导姓名、职务的情况最好，中级法院次之，基层法院最不理想；行政部门领导的学习工作简历信息方面，专门性法院公开情况最好，高级法院次之，基层法院最不理想。所有法院公开法院行政部门领导学习工作经历的情况最不理想。

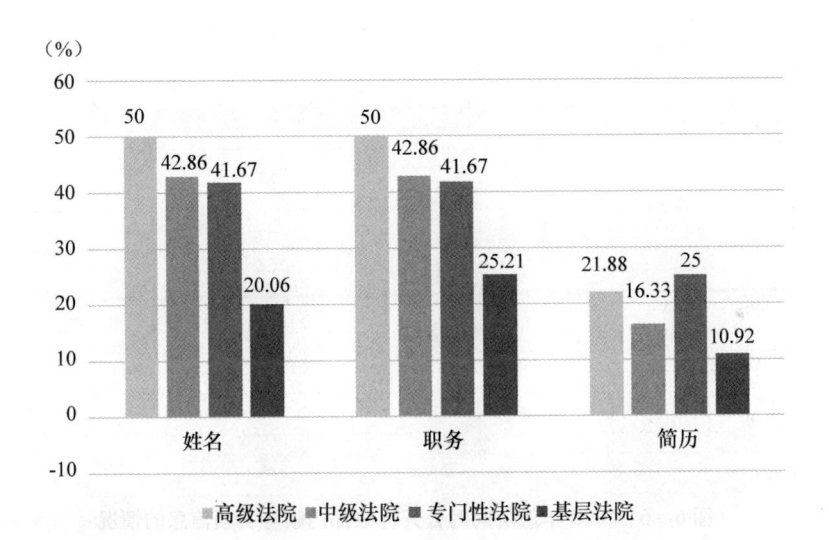

图6-7 2020年各类法院公开行政部门领导信息的情况对比

（五）员额法官信息

员额法官在人民法院中按照"谁审理谁负责"的原则具体行使审判权，其办案活动直接关系到当事人的诉讼及实体权利的实现。从保障当事人诉权、有效监督其依法履行审判执行职能等的角度考虑，公开员额法官的基本信息大有必要。

通过对2020年评估结果进行分析，可以发现，通过本院网站公开员额法官的信息方面，专门性法院公开率较高，其他依次为中级法院、高级法院和基层法院，基层法院最不理想（见图6-8）。以2020年的评估结果为例，32家高级法院中，仅4家法院同时公开了员额法官的姓名、法官等级、学习工作简历，占12.50%。49家较大的市的中级法院中，有9家法院同时公开了员额法官的姓名、法官等级、学习工作简历，占18.37%。12家专门性法院中，仅有4家法院同时公开了员额法官的姓名、法官等级、学习工作简历，占33.3%。剔除无网站的基层法院后，119家法院中，有6家法院，同时公开了员额法官的姓名、法官等级、学习工作简历，占5.04%。

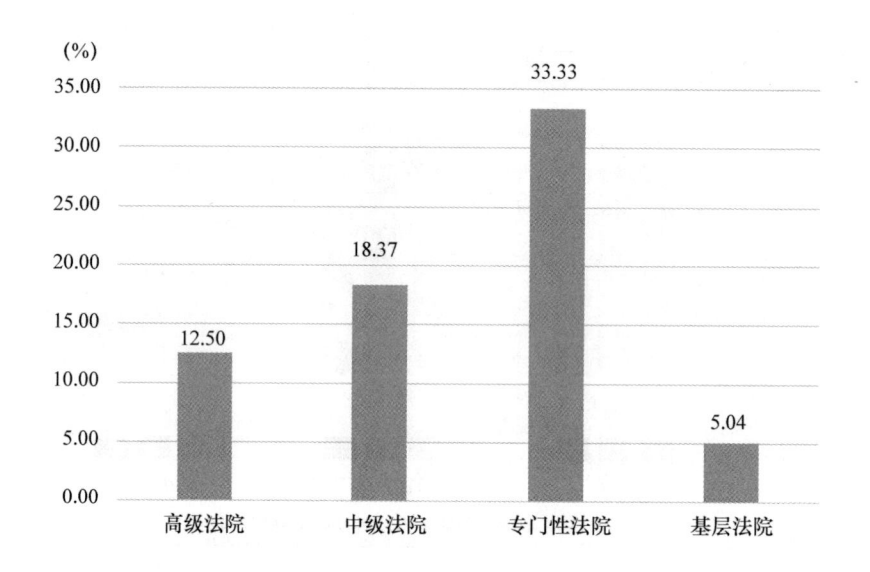

图6-8 2020年法院同时公开员额法官各项信息的情况

从员额法官信息涉及的几个方面看，其姓名的公开率较高，法官等级相对略差，学习工作简历在本院网站的公开情况最不理想（见图6-9）。32家高级法院中，公开了员额法官姓名、法官等级、学习工作简历的法院分别有17家、11家、4家，占比依次为53.13%、34.38%、

12.50%。49家较大的市的中级法院中，公开了员额法官的姓名、法官等级、学习工作简历的法院分别有29家、23家、9家，占比依次59.18%、46.94%、18.38%。12家专门性法院中，公开了员额法官姓名、法官等级、学习工作简历的法院分别有10家、7家、5家，占比依次为83.33%、58.33%、41.67%。剔除无网站法院后的119家基层法院中，公开了员额法官姓名、法官等级、学习工作简历的法院分别有41家、25家、7家，占比依次为34.45%、21.01%、5.88%。由此可见，专门法院在四类法院中公开员额法官姓名、法官等级及学习工作简历的情况最好，中级法院次之，基层法院最不理想。并且，所有法院公开法院员额法官学习工作经历的情况最不理想。

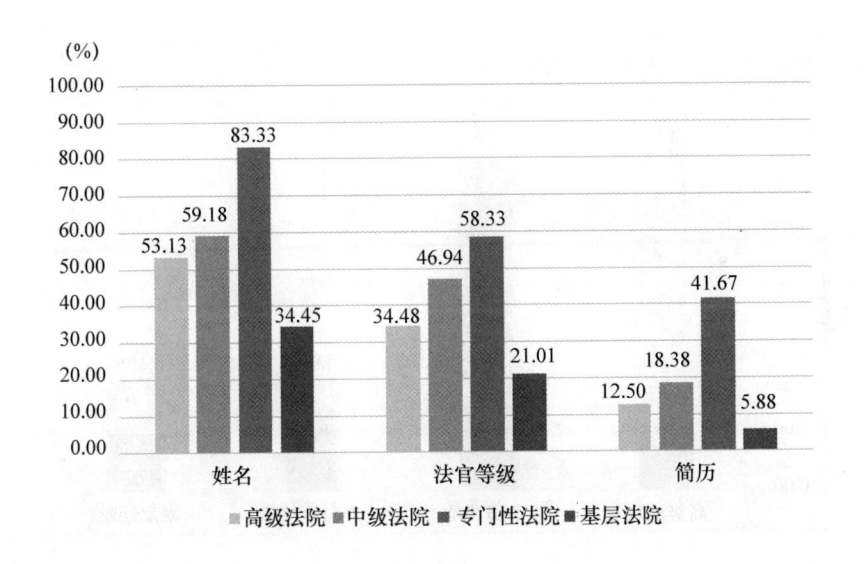

图6-9 2020年各类法院公开员额法官信息的情况对比

（六）审判委员会组成人员信息

审判委员会是人民法院内部对审判工作实行集体领导的组织形式。根据《人民法院组织法》，各级人民法院设审判委员会，审判委员会的任务是总结审判经验，讨论重大的或者疑难的案件和其他有关审判工作的问题。公开审判委员会组成人员信息也是司法公开的基本要求。

2020年的评估结果显示，审判委员会组成人员的信息公开方面，高级法院的公开率较高，其他依次为中级法院、专门性法院和基层法院，基层法院最不理想（见图6-10）。以2020年的评估结果为例，32家高级法院中，仅23家法院同时公开了本院审判委员会组成人员信息，占71.88%。49家较大的市中级法院中，有31家法院同时公开了本院审判委员会组成人员信息，占63.27%。12家专门性法院中，有5家法院同时公开了本院审判委员会组成人员信息，占41.67%。剔除无网站的基层法院后，119家法院中，有38家法院公开了本院审判委员会组成人员信息，占31.93%。

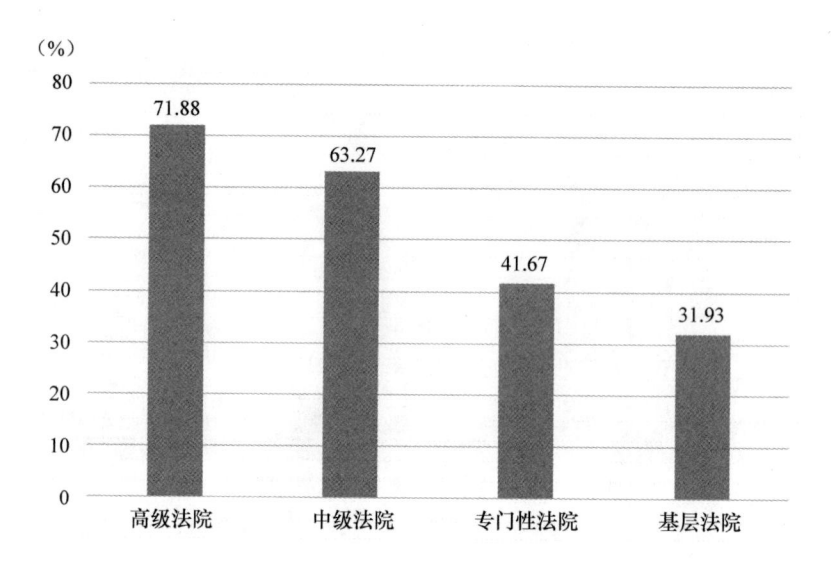

图6-10 2020年院同时公开审判委员会组成人员信息的情况

（七）执行法官信息

执行工作是法院业务的重要组成部分，关系到生效判决能否得到履行、判决所确定的当事人的权利能否得到兑现。公开执行法官的信息同样有助于方便群众办事和监督。

第六章 各领域司法透明度现状

通过对2020年评估结果进行分析，可以发现，通过本院网站公开执行法官的信息方面，专门性法院公开率较高，其他依次为中级法院、高级法院和基层法院，基层法院最不理想（见图6-11）。以2020年的评估结果为例，32家高级法院中，仅4家法院同时公开了执行法官的姓名、法官等级、学习工作简历，占12.50%。49家较大的市的中级法院中，有9家法院同时公开了执行法官的姓名、法官等级、学习工作简历，占16.33%。12家专门性法院中，仅有2家法院同时公开了执行法官的姓名、法官等级、学习工作简历，占16.67%。剔除无网站的基层法院后，119家法院中，有5家法院同时公开了执行法官的姓名、法官等级、学习工作简历，占4.20%。

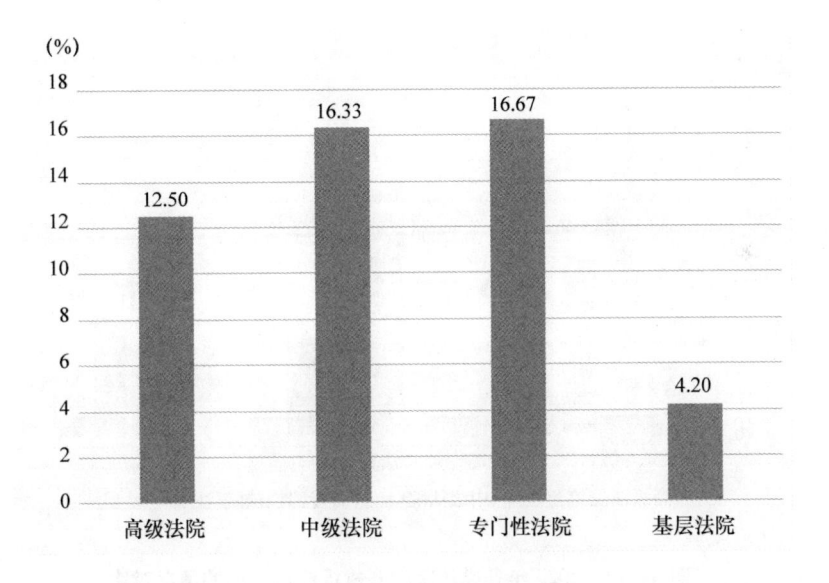

图6-11　2020年法院同时公开执行法官各项信息的情况

就执行法官信息涉及的几个方面看，其姓名的公开率同样较高，法官等级相对略差，学习工作简历的公开情况最不理想（见图6-12）。32家高级法院中，公开了执行法官姓名、法官等级、学习工作简历的法院分别有12家、8家、4家，占比依次为37.50%、25.00%、

· 121 ·

12.50%。49家较大的市的中级法院中,公开了执行法官的姓名、法官等级、学习工作简历的法院分别有22家、15家、8家,占比依次44.90%、30.61%、16.33%。12家专门性法院中,公开了执行法官姓名、法官等级、学习工作简历的法院分别有3家、2家、2家,占比依次为25.00%、16.67%、16.67%。剔除无网站法院后的119家基层法院中,公开了执行法官姓名、法官等级、学习工作简历的法院分别有26家、16家、7家,占比依次为21.85%、13.45%、5.88%。由此可见,中级法院在四类法院中公开执行法官姓名、法官等级及学习工作简历的情况总体最好,高级法院次之,基层法院最不理想。并且,所有法院公开法院执行法官学习工作经历的情况最不理想。

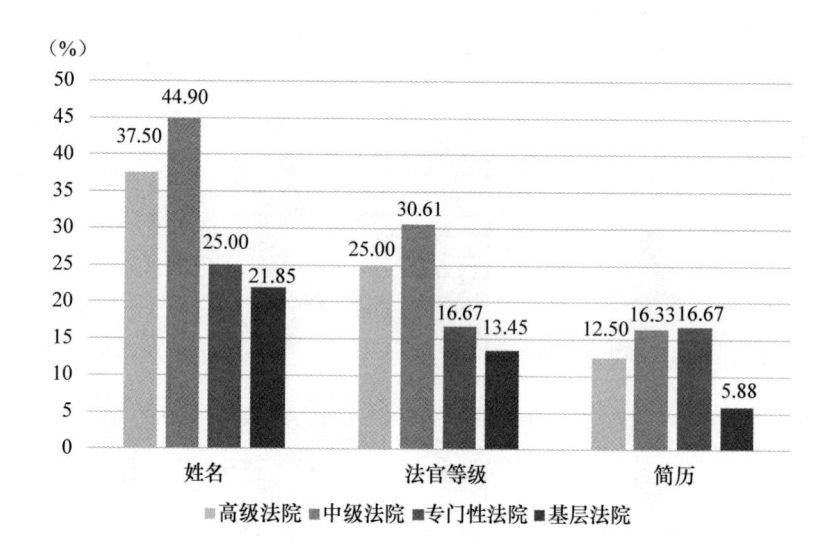

图6-12 2020年各类法院公开执行法官信息的情况对比

(八)公开渠道

随着互联网的快速发展和电子政务的稳步推进,门户网站已经成为各类机关对外公开的主要平台。法院人员信息的公开主要借助法院门户网站等对社会公开,但公开的渠道仍然多元化且不够统一。根据2020年的评估结果,人民法院各类人员信息通过法院自身门户网站公开已经成为主流，但也有通过上级法院网站公开的，在法院网站公开的内容则存在位置不固定、不统一的现象。同时，在最高人民法院开设的中国审判流程信息公开网上公开此类信息的情况不够理想。

法院领导信息的公开方面，就公开率最高的姓名信息为例，所有公开法院领导姓名信息的28高级法院均公开在本院网站上；49家较大的市的中级法院中，有36家法院公开在本院网站，1家公开在上级法院网站，1家法院同时公开在本院网站和上级法院网站且所公开的信息不一致；12家专门性法院中，10家法院公开在本院网站，1家法院同时公开在本院网站和上级法院网站且所公开的信息不一致；119家基层法院中，61家法院公开在本院网站，1家法院公开在上级法院网站，2家法院同时公开在本院网站和上级法院网站且所公开的信息不一致；2家法院同时公开在本院网站和上级法院网站且所公开的信息不一致。而在法院自身网站公开院领导信息的位置也不够统一。高级法院中，23家法院公开在专门的院领导专栏或相关文章中，1家法院公开在网站的党委成员列表中；4家法院在法官名录或审委会名单中注明是否属于院领导。中级法院中，有31家法院公开在专门的院领导专栏或相关文章中，1家法院公开在网站的党委成员列表中；6家法院在法官名录或审委会名单中注明是否属于院领导。11家公开了法院院领导姓名的专门性法院全部公开在其网站专门的院领导专栏或相关文章中。基层法院中，50家法院公开在专门的院领导专栏或相关文章中，1家法院公开在网站的党委成员列表中；15家法院在法官名录或审委会名单中注明是否属于院领导。这表明，如何在法院网站公开人员信息是缺乏统一的标准的，各级各类法院做法随意性极大。

此外，在中国审判流程信息公开网公开人员信息的情况也不够理想。近年来，最高人民法院开通了中国审判流程信息公开网，作为统一的公开平台，公开各类审判流程信息，其不但面向案件当事人及其代理人公开案件审判流程信息，还面向一般社会公众集中公开全国法院的基本信息，如机构设置、法官名录、诉讼指南、开庭公告、名册信息等。这一做法有助于方便公众和当事人查询法院相关信息及审判流程信息，避免其在各法院网站平台查询过程中可能遇到的网站不好查找等的问题，实现了上一个网站、查遍全国法院信息的目标。而且，通过在最高人民法院开通的中国审判流程信息公开网集中发布全国法院的基本信息和审判流程信息，有助于统一相关信息的公开标准，有效避免了长期以来各地法院在公开审判流程信息方面各行其是、公开内容不一致、公开方式不统一等问题。但实际情况时，各级各类法院在中国审判流程信息公开网公开本院人员信息的情况也不够理想。

在本院院领导信息的公开方面，2020年的评估结果显示，32家高级法院中，有23家法院在中国审判流程信息公开网公开了本院院领导信息，占71.88%。其中，有21家法院公开的信息与本院网站公开的内容不一致，2家未在本院网站公开相关内容。49家较大的市的中级法院中，有37家法院在中国审判流程信息公开网公开了本院院领导信息，占75.51%。其中，有1家法院公开的信息与本院网站公开的内容一致，29家不一致，7家未在本院网站公开相关内容。12家专门性法院中，有7家法院在中国审判流程信息公开网公开了本院院领导信息，占58.33%。其中，有1家法院公开的信息与本院网站公开的内容一致，6家法院公开的信息与本院网站公开的内容不一致。119家基层法院中，有72家法院在中国审判流程信息公开网公开了本院院领导信息，占60.50%（见图6-13）。其中，有2家法院公开的信息与本院网站公开的内容一致，35家不一致，35家未在本院网站公开相关内容。这表明，中级法院在中国审判流程信息公开网公开本院院领导信息较好，高级法院次之，专门性法院较差。而两个平台之间的内容一致性总体极为不理想。

在本院业务部门领导信息的公开方面，2020年的评估结果显示，32家高级法院中，有26家法院在中国审判流程信息公开网公开了本院业务部门领导信息，占81.25%。其中，有13家法院公开的信息与本院网站公开的内容不一致，13家未在本院网站公开相关内容。49家较大的市的中级法院中，有37家法院在中国审判流程信息公开网公开了本院业务部门领导信息，占75.51%。其中，有18家法院公开的信息与本院网站公开的内容不一致，19家未在本院网站公开相关内容。12家专门性法院中，有4家法院在中国审判流程信息公开网公开了本院业

第六章 各领域司法透明度现状

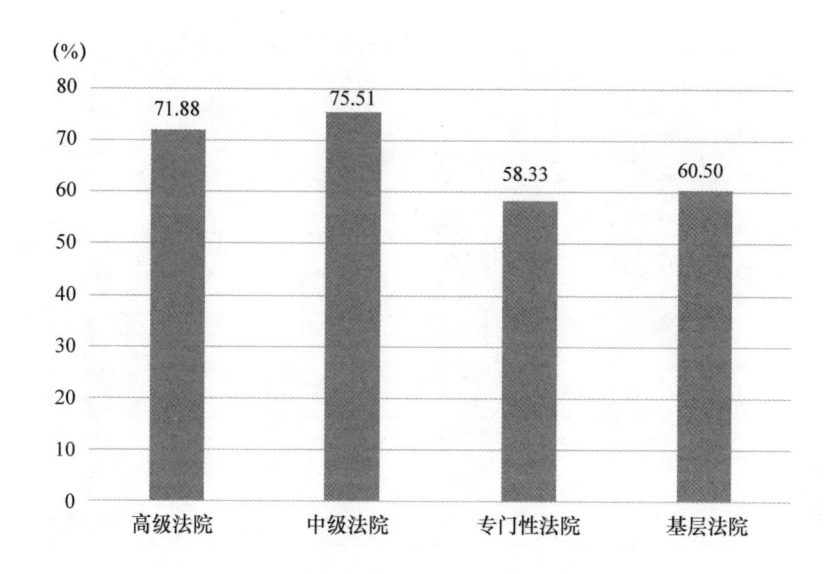

```
(%)
80
        71.88      75.51
70
60                          58.33      60.50
50
40
30
20
10
 0
      高级法院     中级法院    专门性法院    基层法院
```

图6-13 2020年法院在中国审判流程信息公开网公开院领导信息的情况

务部门领导信息,占33.33%。其中,有2家法院公开的信息与本院网站公开的内容不一致,2家未在本院网站公开相关内容。119家基层法院中,有71家法院在中国审判流程信息公开网公开了本院业务部门领导信息,占59.66%(见图6-14)。其中,有16家法院公开的信息与本院网站公开的内容不一致,55家未在本院网站公开相关内容。这表明,高级法院在中国审判流程信息公开网公开本院业务部门领导信息较好,中级法院次之,专门性法院较差。没有一家法院在两个平台之间的发布业务部门领导信息是完全一致的。

在本院员额法官信息的公开方面,2020年的评估结果显示,32家高级法院中,有26家法院在中国审判流程信息公开网公开了本院员额法官的信息,占81.25%。其中,有1家法院公开的信息与本院网站公开的内容一致,12家法院公开的信息与本院网站公开的内容不一致,13家未在本院网站公开相关内容。49家较大的市的中级法院中,有37家法院在中国审判流程信息公开网公开了本院员额法官的信息,占75.51%。其中,有22家法院公开的信息与本院网站公开的内容不一

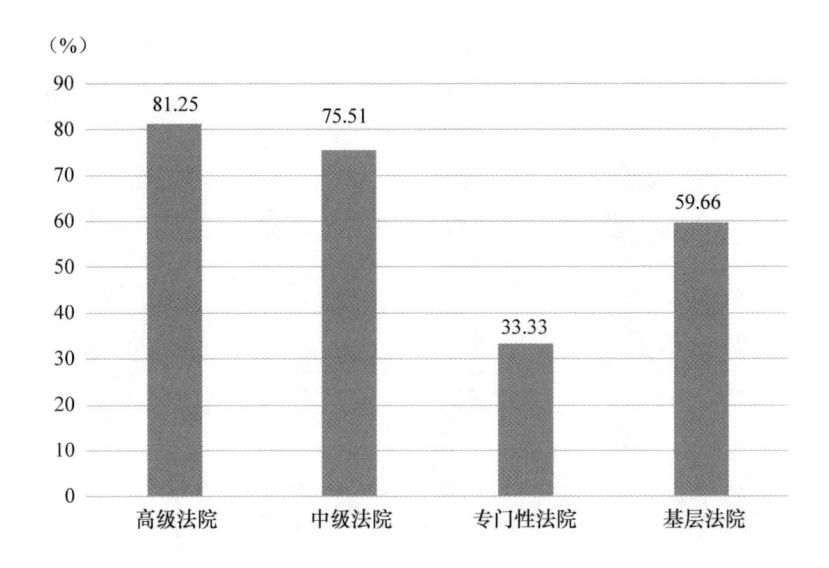

```
(%)
90   81.25
80          75.51
70
60                          59.66
50
40        33.33
30
20
10
 0
   高级法院  中级法院  专门性法院  基层法院
```

图6-14 2020年法院在中国审判流程信息公开网公开业务部门领导信息的情况

致,15家未在本院网站公开相关内容。12家专门性法院中,有6家法院在中国审判流程信息公开网公开了本院员额法官的信息,占50.00%,但所公开的信息均与本院网站公开的内容不一致。119家基层法院中,有69家法院在中国审判流程信息公开网公开了本院员额法官的信息,占57.98%(见图6-15)。其中,有24家法院公开的信息与本院网站公开的内容不一致,45家未在本院网站公开相关内容。这表明,高级法院在中国审判流程信息公开网公开本院员额法官的信息较好,中级法院次之,专门性法院较差。仅有一家高级法院在两个平台之间的发布的员额法官的信息是完全一致的。

综上,法院人员信息的公开渠道相对不够统一,门户网站的公开位置较为混乱,这加大了信息查询的难度,也严重影响人员信息的公开效果。同时,全国统一的公开平台——中国审判流程信息公开网尚没有实现一网打尽全国法院人员信息的目的,且该网站上所公开的人员信息维护效果不佳,大量信息不准确,既影响该网站的权威性,更容易误导公众。

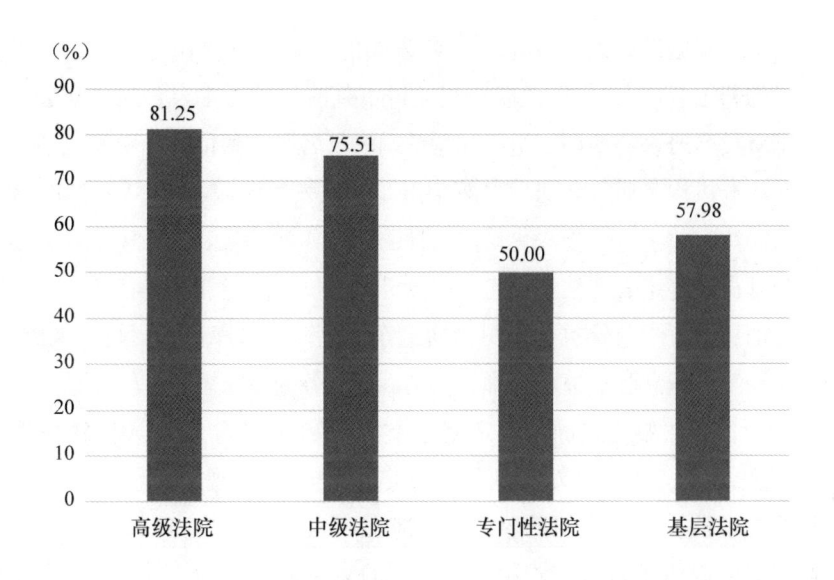

图 6-15　2020 年法院在中国审判流程信息公开网公开员额法官信息的情况

二　名册信息

（一）概述

法院审判执行过程中往往需要借助外部人员或者机构协助从事一些专业性较强的工作，如鉴定、评估、破产管理、调解等，为了确保对外委托此类业务的公正公平和受委托单位及个人的专业性，人民法院实行了名册制度，进入名册的个人或者机构方可以接受相关委托，因此，各类名册信息也必然要对社会公开。如在破产管理人名册方面，最高人民法院 2007 年发布的《最高人民法院关于审理企业破产案件指定管理人的规定》规定，人民法院应审定管理人名册，并通过全国有影响的媒体公布。在加强人民调解组织管理方面，2016 年出台的《最高人民法院关于人民法院特邀调解的规定》提出，人民法院在诉讼服务中心等场所提供特邀调解组织和特邀调解员名册，并在法院公示栏、官方网站等平台公开名册信息，方便当事人查询。

最高人民法院关于司法公开的有关文件也进一步明晰了名册信息公开

的要求。根据最高人民法院2013年发布的《关于推进司法公开三大平台建设的若干意见》，人民法院应当通过审判流程公开平台，向公众公开人民陪审员名册、特邀调解组织和特邀调解员名册、评估、拍卖及其他社会中介入选机构名册等名册信息等信息。最高人民法院2018年发布的《最高人民法院关于进一步深化司法公开的意见》明确规定，人民法院应当主动公开司法鉴定、评估、检验、审计等专业机构、专业人员信息，破产管理人信息，暂予监外执行组织诊断工作信息，专家库信息，特邀调解员、特邀调解组织、驻点值班律师、参与诉讼服务的专家志愿者等信息。

而在司法鉴定方面，规定略显模糊。如2002年最高人民法院发布的《关于人民法院对外委托司法鉴定管理规定》规定，经批准列入人民法院司法鉴定人名册的鉴定人，应在《人民法院报》予以公告。《最高人民法院关于进一步深化司法公开的意见》也规定要公开此类内容。但2018年发布的《最高人民法院关于人民法院确定财产处置参考价若干问题的规定》要求，最高人民法院根据全国性评估行业协会推荐的评估机构名单建立人民法院司法评估机构名单库。按评估专业领域和评估机构的执业范围建立名单分库，在分库下根据行政区划设省、市两级名单子库。仅从2018年的规定看，这似乎意味着评估机构名册主要通过最高人民法院平台公开。但实际操作上看，各级法院有的公开了这类信息，有的则在中国审判流程信息公开网公开此类信息。

2019年的评估结果显示，93家法院中仅有6家法院在本院门户网站公开了特邀调解组织名册、特邀调解员名册和鉴定机构名册、评估机构名册、破产管理人名册，占6.45%，这6家法院公开在门户网站公开的名册信息与中国审判流程信息网公开的信息并不完全一致。此外，有28家网站完全未公开任何名册信息，占30.11%。

2020年的评估结果显示，原有93家评估对象中，仅有15家法院在网站公开了特邀调解组织名册、特邀调解员名册和鉴定机构名册、评估机构名册，占16.13%；除去6家不涉及破产案件的专门法院外，余下87家评估对象中，有14家法院在网站公开了特邀调解组织名册、特邀调解员名册和鉴定机构名册、评估机构名册、破产管理人名册，在87家法院中占16.09%，但以上两者在门户网站公开的名册信息与中国审判流程信息网公开的信息并不完全一致。原有93家评估对象中有18家网站完全未公开任何名册信息，占19.35%。基层法院中仅1家同时公开了上述信息，85家法院完全未公开上述信息，分别占0.84%、71.43%。

（二）调解名册

调解名册包括特约调解组织名册和特约调解员名册。以2020年的评估结果为例，公开了特约调解组织名册的，有7家高级法院、13家中级法院、2家专门法院和14家基层法院，在32家高级法院、49家中级法院、12家专门性法院和119家基层法院中分别占21.88%、26.53%、16.67%、11.76%。

2020年的评估结果显示，公开了特约调解员名册的，分别有8家高级法院、16家中级法院、7家专门性法院、20家基层法院，在32家高级法院、49家中级法院、12家专门性法院和119家基层法院中分别占25.00%、32.65%、58.33%、16.81%（见图6-16）。

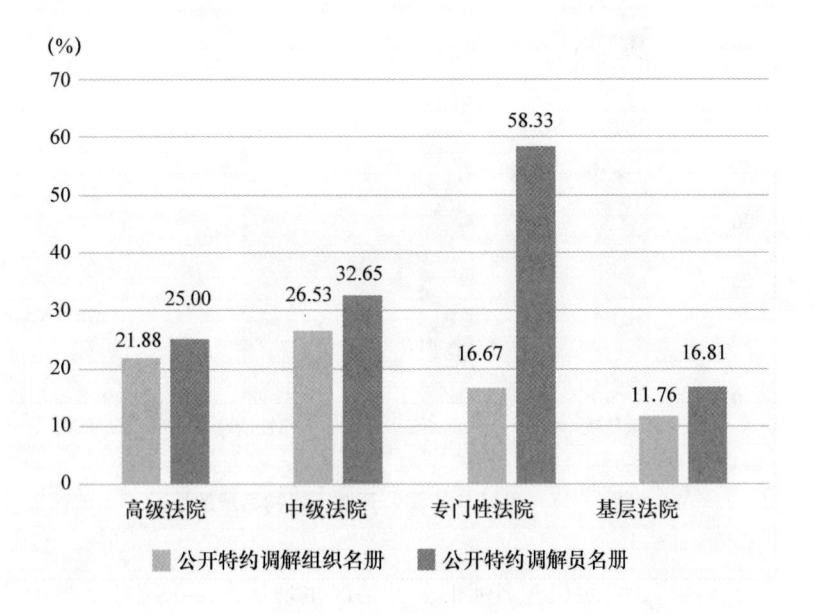

图6-16 2020年法院公开特约调解组织及特约调解员名册的情况

而且，仅有 1 家中级法院在本院网站和中国审批流程信息公开网上公开的特邀调解组织名册信息完全一致，仅有 1 家中级法院和 3 家基层法院在本院网站和中国审判流程信息公开网上公开的特约调解员名册信息完全一致。

总体来看，公开特约调解员名册的情况好于特约调解组织名册，同时，基层法院的公开情况较不理想。而且，在中国审判流程信息公开网公开调解名册信息的情况总体不佳。

（三）鉴定机构名册

2020 年公开鉴定机构名册的，分别有 21 家高级法院、30 家中级法院、4 家专门性法院、14 家基层法院，在 32 家高级法院、49 家中级法院、12 家专门性法院和 119 家基层法院中分别占 65.63%、61.22%、33.33%、11.76%（见图 6-17）。

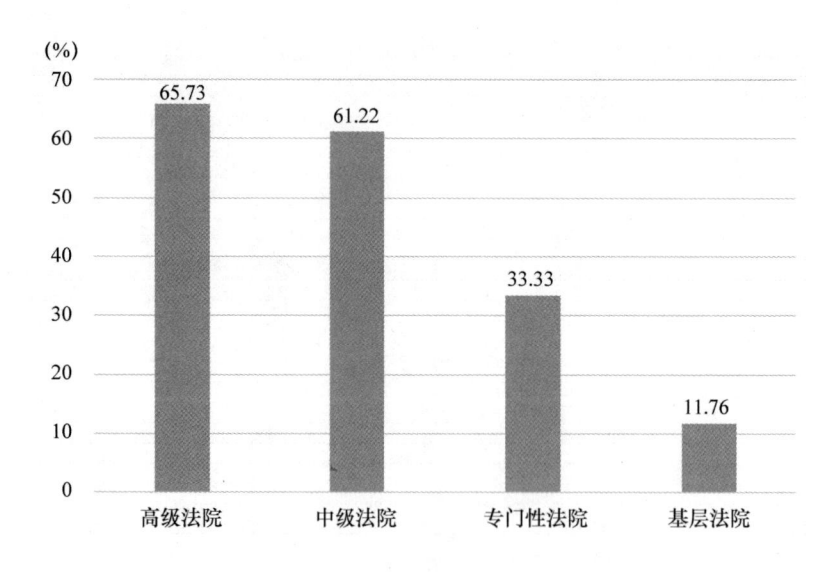

图 6-17 2020 年法院公开鉴定机构名册的情况

总体而言，鉴定机构名册的公开情况呈现从上级法院到下级法院逐级递减的现象，高级法院公开最好，中级法院次之，基层法院最不理想。

（四）评估机构名册

2020年公开评估机构名册的，分别有23家高级法院、33家中级法院、4家专门性法院、16家基层法院，在32家高级法院、49家中级法院、12家专门性法院和119家基层法院中分别占71.88%、67.35%、33.33%、13.45%（见图6-18）。

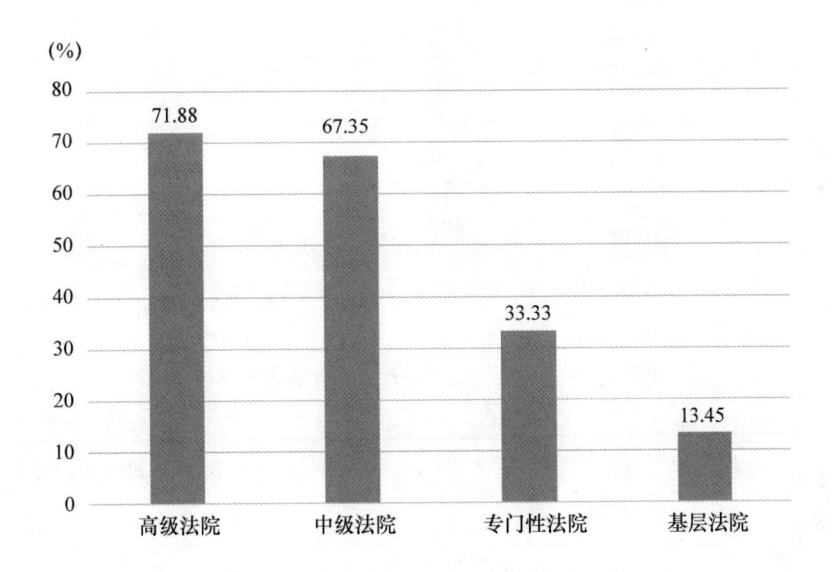

图6-18　2020年法院公开评估机构名册的情况

总体而言，评估机构名册的公开情况同样呈现从上级法院到下级法院逐级递减的现象，高级法院公开最好，中级法院次之，基层法院最不理想。

（五）破产管理人名册

2020年公开破产管理人名册的，分别有16家高级法院、21家中级法院、1家专门性法院、7家基层法院，在32家高级法院、49家中级法院、12家专门性法院和119家基层法院中分别占50.00%、42.86%、

8.33%、5.88%（见图6-19）。

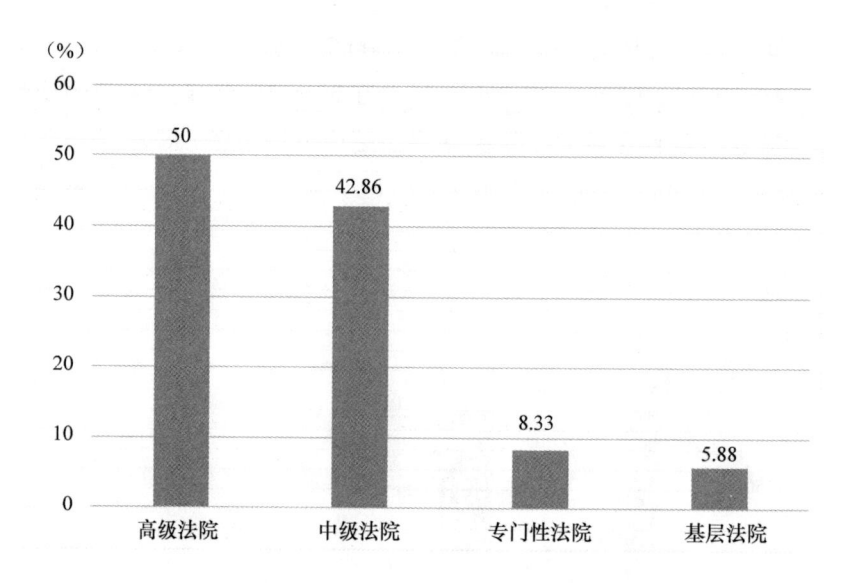

图6-19 2020年法院公开破产管理人名册的情况

总体而言，破产管理人名册的公开情况同样呈现从上级法院到下级法院逐级递减的现象，高级法院公开最好，中级法院次之，基层法院最不理想。这不排除是因为破产案件主要集中于中级以上法院。

（六）公开渠道

名册信息也属于按照规定要在中国审判流程信息公开网公开的内容，但实际的公开效果同样不太理想。2020年的评估结果显示，有3家高级法院、7家中级法院、1家专门性法院和14家基层法院在中国审判流程信息公开网公开了特约调解组织信息，但仅有1家中级法院在中国审判流程信息公开网公开的内容与本院网站上公开的内容一致。

有3家高级法院、10家中级法院、4家专门性法院和42家基层法院在中国审判流程信息公开网公开了特约调解员信息，但分别仅有1家中级法院和 3 家基层法院在中国审判流程信息公开网公开的内容与本院网站上公开的内容一致。

有 17 家高级法院、25 家中级法院、2 家专门性法院和 34 家基层法院在中国审判流程信息公开网公开了鉴定机构名册信息,但分别仅有 2 家中级法院和 2 家基层法院在中国审判流程信息公开网公开的内容与本院网站上公开的内容一致。

有 18 家高级法院、28 家中级法院、1 家专门性法院和 42 家基层法院在中国审判流程信息公开网公开了评估机构的信息,但分别仅有 3 家中级法院和 2 家基层法院在中国审判流程信息公开网公开的内容与本院网站上公开的内容一致。

有 2 家高级法院、6 家中级法院和 10 家基层法院在中国审判流程信息公开网公开了破产管理人信息,但分别仅有 1 家中级法院和 1 家基层法院在中国审判流程信息公开网公开的内容与本院网站上公开的内容一致。

综上,各级法院在中国审判流程信息公开网公开名册信息的情况同样不容乐观,尤其是多平台间信息发布不一致的问题十分突出。

三 法官任职回避信息

为避免法官与直系亲属进行法律"勾兑",损害司法公信力,建立完善的任职回避制度势在必行,《法官法》对此亦有明确规定。但评估发现,2019 年仅有 7 家法院公开了此信息,占 7.4%,而且公开位置不一、查询不便;2020 年评估时,高级法院、中级法院和专门性法院中有 10 家公开了此信息,占 10.75%,公开率有小幅上升。而基层法院中,仅有 7 家法院公开了任职回避人员名册,在 119 家法院中占 5.88%。

四 建议提案办理结果

公开人大代表建议和政协委员提案的办理结果，是回应代表委员及公众关切、提升司法公信力的重要方面。此做法早已成为各级政府政务公开的标准动作。根据《国务院办公厅关于做好全国人大代表建议和全国政协委员提案办理结果公开工作的通知》，从 2017 年开始，各地区、各部门进一步推动人大代表建议和政协委员提案办理复文全文公开。对于涉及公共利益、公众权益、社会关切及需要社会广泛知晓的建议和提案办理复文，原则上都应全文公开；对于经审查可以公开的建议和提案办理复文，应采用主动公开的方式予以公开，并通过政府公报、政府网站、政务微博微信、新闻发布会以及报刊、广播、电视等便于公众知晓的方式进行公开，尤其要发挥政府网站信息公开平台的重要作用，集中展示公开的建议和提案办理结果信息，方便公众查阅。但在司法公开领域此方面公开工作还处于起步阶段。

2019 年评估结果显示，仅有 11 家法院设置了专门栏目，在 93 家法院中占 11.7%，其中有 7 家法院公开了 2019 年度的建议提案的办理回复全文，另外 4 家法院虽设专栏却无相关内容。有 2 家法院虽未设专栏，但公开了 2019 年度的建议提案的办理回复全文；有 4 家法院虽未设专栏，但公开了 2019 年度办理结果摘要，只是公布位置较为随意。有 77 家法院既未设置专门栏目也未公开 2019 年度办理建议提案的回复全文或办理结果摘要，在 93 家法院中占 81.9%。

2020 年评估结果显示，原有 93 家法院中，有 15 家设置了专门栏目，占 16.13%。其中，有 8 家法院公开了办理建议提案的回复全文，6 家公开了办理结果的摘要。119 家基层法院中，有 8 家设置了专门栏目，占 6.72%，但没有一家法院公开了办理结果方面的信息。

这表明，代表建议和委员提案办理结果的公开在法院司法公开中还没有引起足够的重视，公开情况还很不理想。

五 诉讼指南

（一）概述

诉讼指南是帮助诉讼参与人顺利参加诉讼的指引。诉讼指南可以帮助当事人了解诉讼程序、知晓诉讼权利、规避诉讼风险，是当事人依法接受诉讼服务、参与诉讼活动、保障诉权和实体权利的重要前提。为此，《关于推进司法公开三大平台建设的若干意见》明确提出，人民法院应当通过审判流程公开平台，向公众公开立案条件、申请再审、申诉条件及要求、诉讼流程、诉讼文书样式、诉讼费用标准、缓减免交诉讼费用的程序和条件、诉讼风险提示、可供选择的非诉讼纠纷解决方式等诉讼指南信息。《最高人民法院关于进一步深化司法公开的意见》要求，人民法院应当主动公开诉讼指南信息，着力提升诉讼服务信息获取的便捷性，提高诉讼服务水平，切实方便当事人诉讼。《最高人民法院关于全面推进人民法院诉讼服务中心建设的指导意见》提出，在实体大厅内要为当事人提供来访须知、诉讼指南、风险告知书等诉讼指引资料，配备电子触摸屏等自助查询设备；诉讼服务网要具备信息查询、诉讼指引功能，公众直接登录网页查询诉讼指引信息，提供常用的起诉状、答辩状、申请执行书、授权委托书等文书格式电子文档，供当事人等查看和下载使用。

评估发现，一些法院利用视频、流程图等形式进行审判信息公示，方便易懂。如淄博市中级人民法院专门制作了针对疫情期间立案的特殊流程示意图，清晰简便；厦门市中级人民法院的诉讼指南里有中英文版本；云南省高级人民法院关于网上立案的教程中有每一步的截图详细教学；齐齐哈尔市中级人民法院制作了《打官司不求人明白手册》电子版本，内容非常全面且易于阅读；深圳市中级人民法院通过视频动画的形式展现诉讼指南，生动形象。

2019 年及 2020 年两年的评估结果显示，诉讼指南是法院司法公开的常规内容，各类法院普遍会通过网站公开诉讼指南。但是，诉讼指南内容更新滞后、内容不准确、通俗性差等诉讼指南公开质量不高的问题则是一直存在的。其中，2020 年评估显示，分别有 1 家高级法院、5 家中级法院、4 家专门性法院和 15 家基层法院未发布本院诉讼指南。

（二）诉讼指南的完备度

每家法院公开的诉讼指南均应当涵盖本院管辖的各类案件，并配有辅助当事人参与诉讼的相关指引，否则，配备的诉讼指南便不够完备。评估发现，不少法院网站只公布部分案件类型（如仅有民事案件）或者是部分级别管辖案件（如仅有一审案件）的诉讼指南。

2020 年评估显示，32 家高级法院中有 22 家法院按照民商事、刑事、行政、国家赔偿等管辖案件的类别配发了诉讼指南，9 家未按照上述案件类别全面配发诉讼指南，1 家法院未公开诉讼指南，分别占比 68.75%、28.13%、3.13%。49 家中级法院中，有 25 家法院按照管辖案件类别公开了全部案件的诉讼指南，19 家未全部配发诉讼指南，5 家未发布诉讼指南，分别占 51.02%、38.78%、10.20%。12 家专门性法院中，有 4 家法院按照管辖案件类别公开了全部案件的诉讼指南，4 家未全部配发诉讼指南，4 家未发布诉讼指南，分别占 33.33%、33.33%、33.33%。119 家基层法院中，有 50 家法院按照管辖案件类别公开了全部案件的诉讼指南，54 家未全部配发诉讼指南，15 家未发布诉讼指南，分别占 42.02%、45.38%、12.61%（见图 6-20）。由此可见，能够较为齐全地配发诉讼指南的法院的总体占比不高，其中专门性法院和基层法院的占比相对较差。

对于各级法院来说，除本院审理的案件外，不少案件会在本院作出裁判后进入上诉、再审等程序，因此，诉讼指南也应当按照级别管辖的要求对上诉、审判监督对应的二审、再审案件进行必要的说明，以方便案件当事人参与诉讼。但评估显示，此方面的诉讼指南配发情况也不理想。32 家高级法院中有 17 家法院按照级别管辖对上诉、审判监督对应的二审、再审案件配发了诉讼指南，14 家未按照上述审判程序全面配

第六章 各领域司法透明度现状

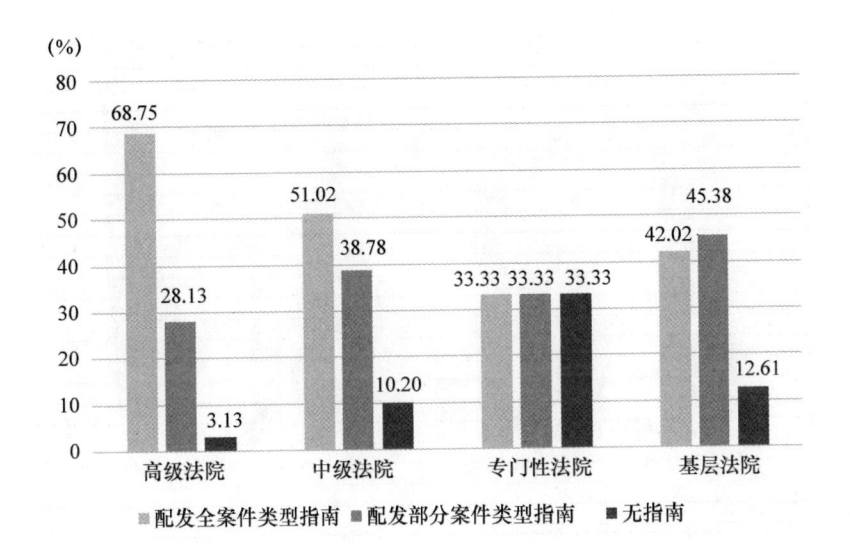

图 6-20 2020 年各类法院按照案件类型配发诉讼指南的情况

发诉讼指南，1 家法院未公开诉讼指南，分别占 53.13%、43.75%、3.13%。49 家中级法院中有 22 家法院按照级别管辖对上诉、审判监督对应的二审、再审案件配发了诉讼指南，22 家未按照上述审判程序全面配发诉讼指南，5 家法院未公开诉讼指南，分别占比 44.90%、44.90%、10.20%。12 家专门性法院中有 6 家法院按照级别管辖对上诉、审判监督对应的二审、再审案件配发了诉讼指南，2 家未按照上述审判程序全面配发诉讼指南，4 家法院未公开诉讼指南，分别占比 50.00%、16.67%、33.33%。119 家基层法院中有 36 家法院按照级别管辖对上诉、审判监督对应的二审、再审案件配发了诉讼指南，68 家未按照上述审判程序全面配发诉讼指南，15 家法院未公开诉讼指南，分别占比 30.25%、57.14%、12.61%（见图 6-21）。可见，按照当事人参与诉讼可能涉及的审判程序提供诉讼指南的情况也不够理想，其中，基层法院配发诉讼指南的情况最不好。

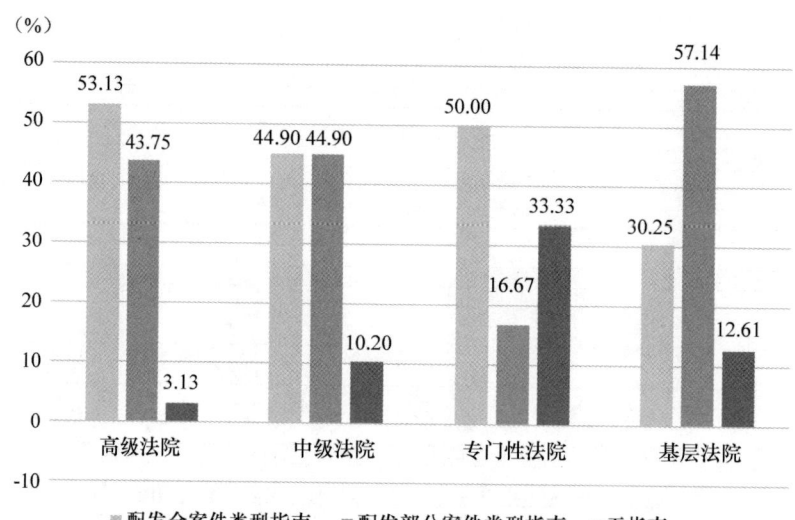

```
(%)
                                                              57.14
60   53.13                                   50.00
         43.75         44.90 44.90
50
40                                                     33.33
                                                 30.25
30
                                                              12.61
20                                      16.67
              10.20
10
       3.13
 0
-10      高级法院         中级法院        专门性法院         基层法院
         ■ 配发全案件类型指南  ■ 配发部分案件类型指南  ■ 无指南
```

图6-21　2020年各类法院按照管辖配发诉讼指南的情况

在公开诉讼指南的同时，各级法院还需要公开诉讼风险提示。诉讼风险是指当事人及其诉讼代理人在诉讼活动中可能遭遇的与争议事实无关的，可能影响案件审理和执行，致使合法权益无法实现的风险因素。诉讼法明确要求要告知当事人诉讼风险，同时，这也是诉讼指南中应当配置的内容。[①] 评估显示，32家高级法院中，提供了民商事案件、刑事案件、行政案件等主要案件类型的诉讼风险提示有5家法院，提供了部分案件类型的诉讼风险提示的有24家法院，无诉讼风险提示的有3家法院，分别占15.63%、75%、9.38%。49家中级法院中，提供了民商事案件、刑事案件、行政案件等主要案件类型的诉讼风险提示有2家法院，提供了部分案件类型的诉讼风险提示的有41家法院，无诉讼风险提示的有6家法院，分别占4.08%、83.67%、12.24%。12家专门性法院中，提供了民商事案件、刑事案件、行政案件等主要案件类型的诉讼风险提示有2家法院，提供了部分案件类型的诉讼风险提示的有4家

[①] 参见周涌、谢志坚《民事诉讼风险及其防范与控制》，《人民司法》2004年第11期。

法院，无诉讼风险提示的有6家法院，分别占16.67%、33.33%、50.00%。119家专门性法院中，提供了民商事案件、刑事案件、行政案件等主要案件类型的诉讼风险提示有4家法院，提供了部分案件类型的诉讼风险提示的有79家法院，无诉讼风险提示的有36家法院，分别占3.36%、66.39%、30.26%（见图6-22）。可见，几乎很少的法院可以做到尽可能全面地配发诉讼风险提示，这方面高级法院和中级法院配发比率最高，基层法院和专门性法院较差。更多的法院只是公开了部分诉讼风险提示，中级法院配发比例最高。总体来看，诉讼风险提示的配发情况基层法院最不理想。

此外，为了方便当事人提交诉状等各类法律文书，法院还需要配发文书样式，方便当事人准备诉状等法律文书时参考。事实上，在很多法院的立案大厅或者诉讼服务大厅，都会提供文书样式或者张贴文书书写规范指引。而真的要实现让当事人少跑路，则必须要通过网络全面提供各类诉讼文书样式，供当事人在线获取。评估发现，32家高级法院中，提供了民商事案件、刑事案件、行政案件全套的法律文书样式的有16家法院，提供了部分案件类型的法律文书样式的有12家法院，完全未配发文书样本的有4家法院，分别占50%、37.50%、12.50%。49家中级法院中，提供了民商事案件、刑事案件、行政案件全套的法律文书样式的有22家法院，提供了部分案件类型的法律文书样式的有20家法院，完全未配发法律文书样本的有7家法院，分别占44.90%、40.82%、14.29%。32家专门性法院中，提供了民商事案件、刑事案件、行政案件全套的法律文书样式的有5家法院，提供了部分案件类型的法律文书样式的有2家法院，完全未配发文书样本的有5家法院，分别占41.67%、16.67%、41.67%。119家基层法院中，提供了民商事案件、刑事案件、行政案件全套的法律文书样式的有35家法院，提供了部分案件类型的法律文书样式的有48家法院，完全未配发文书样本的有36家法院，分别占29.41%、40.34%、30.25%（见图6-23）。全面配发各类型诉讼文书样式的比例按照高级法院、中级法院、专门性法院、基层法院顺序递减，完全未提供诉讼文书样式的比例则按照专门性法院、基层法院、中级法院和高级法院顺序依次递减。这同样说明，越到基层，诉讼风险提示的配发情况越不理想。

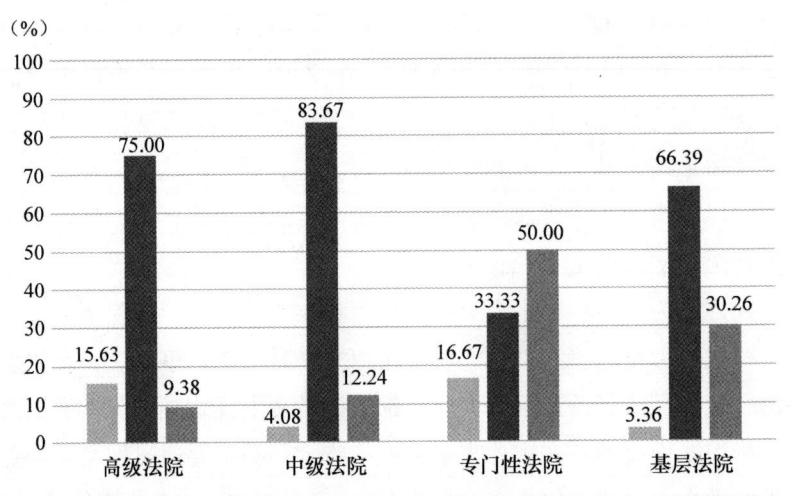

图 6-22　2020 年各类法院按照案件类型配发诉讼风险提示的情况

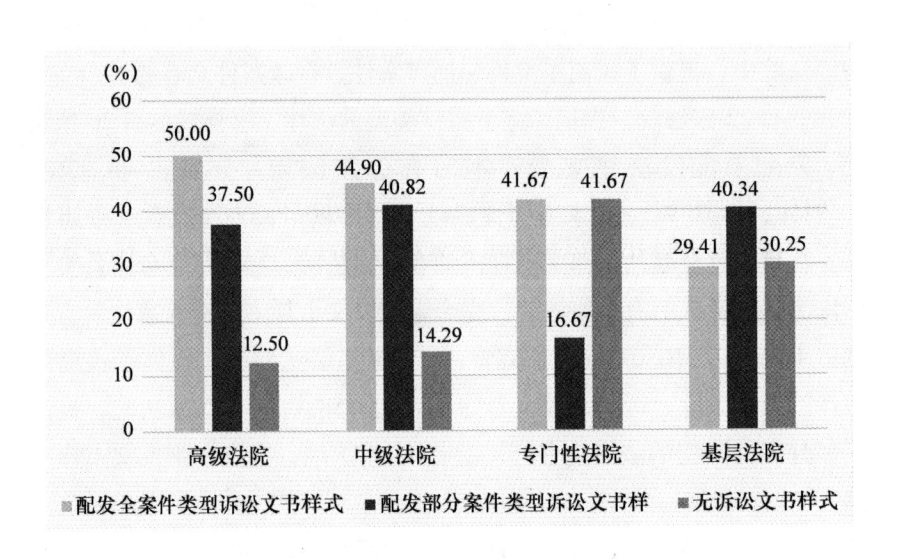

图 6-23　2020 年各类法院按照案件类型配发诉讼文书样式的情况

总的来说，从上述四个维度来分析，基层法院的诉讼指南配置情况是最不理想的。而广大的基层法院是人民群众接受诉讼服务最直接的法院，其诉讼指南配发规范化及标准化的程度直接关系到案件当事人和广大群众是否可以更好地接受诉讼服务。

（三）诉讼指南的准确性

诉讼指南是指引群众准确提起诉讼、依法参与诉讼的诉讼活动"说明书"，其只有准确无误才能有效发挥作用，否则就不仅是摆设，甚至更会误导公众。评估发现，诉讼指南存在错误的比例比较高，所有评估对象中（不含最高人民法院和5家无网站的基层法院），有52.82%的法院的诉讼指南存在错误。32家高级法院中，有7家法院的诉讼指南未发现明显错误，24家法院的诉讼指南则存在错误，1家法院未发布诉讼指南，分别占21.88%、75%、3.13%。49家中级法院中，有11家法院的诉讼指南未发现明显错误，33家法院的诉讼指南则存在错误，5家法院未发布诉讼指南，分别占22.45%、67.35%、10.20%。12家专门性法院中，有6家法院的诉讼指南未发现明显错误，2家法院的诉讼指南则存在错误，4家法院未发布诉讼指南，分别占50.00%、16.67%、33.33%。119家高级法院中，有40家法院的诉讼指南未发现明显错误，64家法院的诉讼指南则存在错误，15家法院未发布诉讼指南，分别占33.61%、53.78%、12.61%（见图6-24）。总体来看，诉讼指南内容不准确的占比较高，并且高级法院中诉讼指南内容有错误的法院占比最高，其次是中级法院、基层法院。

具体存在错误的类型比较多，以下根据本次评估发现的实例进行简要梳理。

1. 照搬其他法院诉讼指南

有的法院照搬了其他法院的诉讼指南，其中的地名、单位等都未作修改。如安徽省太和县人民法院门户网站的"诉讼指南"栏目下"立案指南"子栏目中的"关于起诉"页面内容几乎是照搬了北京某中级

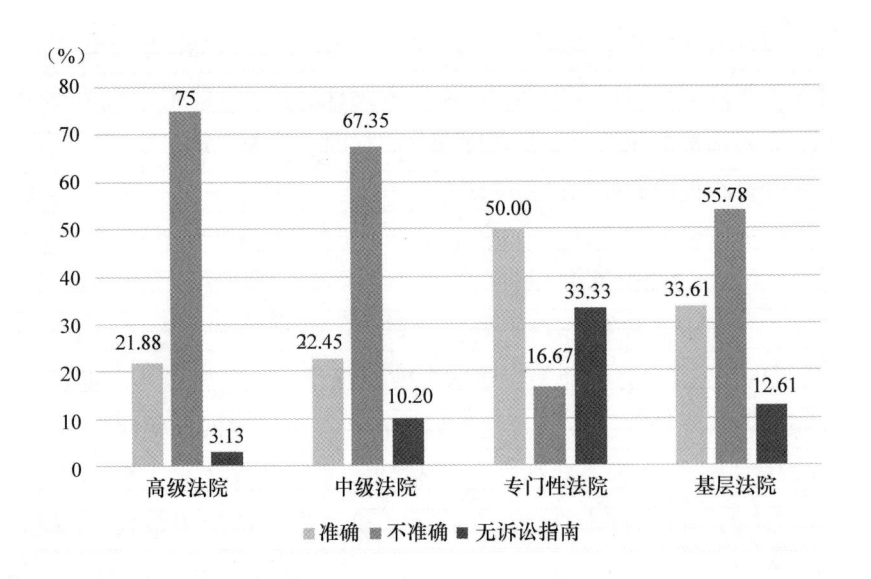

图 6-24 2020 年各类法院诉讼指南准确性

法院的内容，比如有的内容为"B、在本辖区内有重大影响的案件，即我院所辖九个区县（西城区、宣武区、海淀区、石景山区、门头沟区、昌平区、房山区、大兴区、延庆县）内，争议标的额在 250 万元以上的民事案件，争议标的额在 500 万元以上的经济案件，除海淀区人民法院受理的一审知识产权案件外的所有知识产权案件以及最高法院确定由中级法院管辖的案件。"又如，"位于石景山区的一家电子配件公司的经理来到我院状告宏达电脑公司，我院裁定不予受理，这位经理不明白为何电脑公司欠了他上千万元的货款，这么多钱的案子就应该由中级法院来审。法院告诉他案子应该由中级法院审理不假，这是由级别管辖决定的。但是您的案子不能由我们一中院审理，而应该由二中院审理，因为被告所在地是丰台区，丰台区属二中院管辖，这是由地域管辖的规定所决定的。"

辽宁省抚顺市中级人民法院的诉讼指南照搬了重庆法院的内容，其门户网站的"普法天地"栏目下的"诉讼须知"页面中，有诸如"1. 基层人民法院管辖第一审民事案件，但法律另有规定的除外。市第一中级人民法院所辖基层人民法院和万州区、涪陵区两个基层人民法院受理以财产为内容的第一审民事案件，争议金额为 200 万元以下；涉外和涉港、澳、台案件，争议金额为 100 万元以下。市第二、三、四中级人民法院所辖其他基层人民法院受理诉讼标的额在 100 万元以下的第一审以财产为内容的民事案件以及涉外和涉港、澳、台案件。"之类的内容。

2. 关于审限的表述有错误

有的法院诉讼指南在描述有关类型的案件审限时使用了已经被修改的诉讼法规定。如在刑事案件的审限方面，按照最新的《刑事诉讼法》的规定，人民法院审理公诉案件，应当在受理后二个月以内宣判，至迟不得超过三个月；对于可能判处死刑的案件或者附带民事诉讼的案件，以及有本法第一百五十六条规定情形之一的，经上一级人民法院批准，可以延长三个月；因特殊情况还需要延长的，报请最高人民法院批准，但有的法院的诉讼指南使用了旧的表述。比如，陕西省高级人民法院门户网站"司法为民"栏目下的"诉讼指南"子栏目中，"刑事案件第一审程序的期限"表述为"人民法院审理公诉案件的期限刑诉第 168 条第 1 款自受理后 1 个月内宣判，至迟不得超过 1 个半月"。吉林省高级人民法院门户网站"普法天地"栏目的"诉讼程序"子栏目中，"刑事诉讼法之第一审程序"中表述为"人民法院审理第一审公诉案件，应当在受理后 1 个月以内宣判，至迟不得超过一个半月，有《刑事诉讼法》第 126 条规定情形之一的，经省、自治区、直辖市高级人民法院批准或者决定，可以再延长 1 个月，人民法院改变管辖的案件，从改变后的人民法院收到案件之日起计算。"此外，青海省高级人民法院、吉林市中级人民法院、西安市中级人民法院、珠海市中级人民法院、呼和浩特市中级人民法院、张掖市甘州区人民法院等门户网站的诉讼指南均有类似情况。

3. 关于管辖的表述有错误

有的法院诉讼指南沿用了旧的规定，导致管辖范围的描述出现错误。如 2014 年修订的《行政诉讼法》将原第十四条改为第十五条，并修改为："中级人民法院管辖下列第一审行政案件：（一）对国务院部门或者县级以上地方人民政府所作的行政行为提起诉讼的案件；（二）海关处理的案件；（三）本辖区内重大、复杂的案件；（四）其他法律规定由中级人民法院管辖的案件。"而不少法院仍表述为中级人民法院管辖的第一审行政案件包括"对国务院各部门或者省、自治区、直辖市人民政府所作的具体行政行为提起诉讼的案件"，如石家庄市中级人民法院、海口市中级人民法院。

4. 申请执行期限存在错误

现行《民事诉讼法》第 239 条规定，申请执行的期间为二年，申请执行时效的中止、中断，适用法律有关诉讼时效中止、中断的规定。关于行政案件申请强制执行，依照最高人民法院的司法解释，同样适用该期限。但有的法院表述为"（一）申请执行生效的民事法律文书，双方或一方当事人是公民的申请期限为一年，双方是法人或其他组织的申请期限为六个月。（二）申请执行法院生效判决的行政法律文书的申请期限为三个月。"如海南省高级人民法院、南昌市中级人民法院。

5. 诉讼时效的表述有错误

有的法院的诉讼指南将民事案件、行政案件的诉讼时效搞错。按照现行法律规定，民事案件的一般诉讼时效为 3 年，但不少法院在诉讼指南中沿用了旧的法律规定，表述为 2 年。如宁夏回族自治区高级人民法院、无锡市中级人民法院、长春市中级人民法院、上海知识产权法院等存在类似情况。

按照现行规定，行政案件的诉讼时效为 6 个月，但有的法院在诉讼指南中沿用了旧的规定。如珠海横琴新区人民法院的行政案件诉讼指南中表述为"除法律另有特别规定外，公民、法人或其他组织直接向人民法院提起诉讼的，应在知道作出具体行政行为之日起三个月内提出。"

综上，诉讼指南的错误主要集中于简单照搬其他法院的诉讼指南文本，未针对本院及本地区情况进行修改；相关诉讼法及司法解释修改后，有关的诉讼指南没有据此进行修改导致内容错误。

（四）诉讼指南的通俗性

所谓"指南"，不仅要准确告知公众如何参与诉讼、如何依靠法律手段维护自身权益，更要通俗易懂，否则只需要原封不动地公开有关的法律和司法解释就可以了，完全没有必要大费周章地编写和公开诉讼指南。为此，诉讼指南一方面要按照案件类型配发流程图，直观地告知公众"打官司"需要经历哪些流程、每个流程需要注意什么；另一方面则要避免照搬法律或者司法解释的条文，并尽可能变"法言法语"为公众熟悉的通俗易懂的语言。

评估显示，在诉讼指南中配发流程图的比例并不高。32家高级法院中，有10家法院针对各主要类型的案件均配有流程图，8家法院针对部分案件类型配有流程图，13家法院未配备任何流程图，1家法院未公开诉讼指南，分别占31.25%、25.00%、40.63%、3.13%。49家中级法院中，有13家法院针对各主要类型的案件均配有流程图，11家法院针对部分案件类型配有流程图，20家法院未配备任何流程图，5家法院未公开诉讼指南，分别占26.53%、22.45%、40.82%、10.20%。12家专门性法院中，有1家法院针对各主要类型的案件均配有流程图，1家法院针对部分案件类型配有流程图，6家法院未配备任何流程图，4家法院未公开诉讼指南，分别占8.33%、8.33%、50.00%、33.33%。119家基层法院中，有18家法院针对各主要类型的案件均配有流程图，14家法院针对部分案件类型配有流程图，72家法院未配备任何流程图，15家法院未公开诉讼指南，分别占15.13%、11.76%、60.50%、12.61%（见图6-25）。由此可见，越到基层，法院配备流程图的情况越不理想。

在调研和评估是否照搬法律或者司法解释条文的情况时，所采取的是较为宽松的标准，即只有原封不动照搬了法律或者司法解释条文的才视作照搬条文，至于诉讼指南对法律或者司法解释条文简单变换形式的一概不视作照搬条文。评估显示，32家高级法院中，有3家法院存在

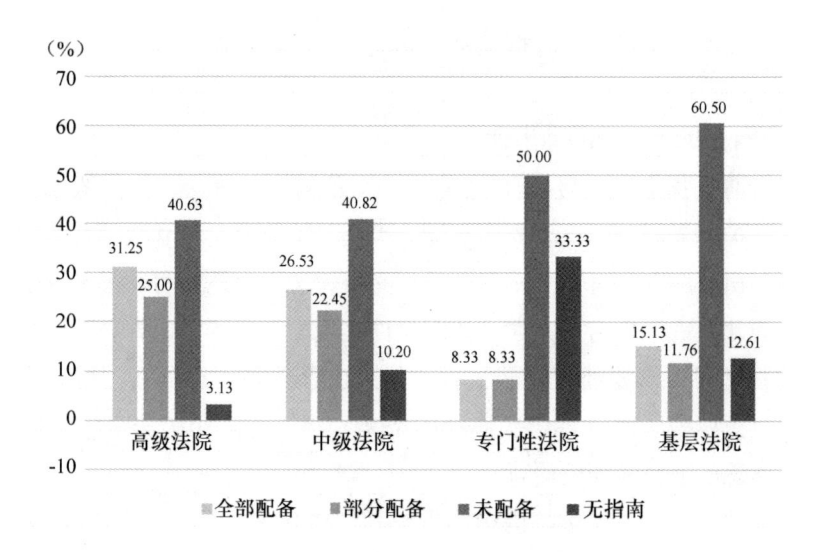

图 6-25 2020 年各类法院诉讼指南配发流程图情况

照搬条文的情况，28 家法院不存在此情况，1 家法院未公开诉讼指南，分别占 9.38%、87.50%、3.13%。49 家中级法院中，有 6 家法院存在照搬条文的情况，38 家法院不存在此情况，5 家法院未公开诉讼指南，分别占 12.24%、77.55%、10.20%。12 家专门性法院中，有 8 家法院不存在照搬条文的情况，4 家法院未公开诉讼指南，分别占 66.67%、33.33%。119 家基层法院中，有 20 家法院针存在照搬条文的情况，84 家法院不存在此情况，15 家法院未公开诉讼指南，分别占 16.81%、70.59%、12.61%（见图 6-26）。法院级别越低，和普通群众关系越密切，越应当注意诉讼指南的通俗性，方便公众直观了解法院办理案件的流程和风险，但实践中，法院级别越低，其诉讼指南通俗性越不理想，专门性法院完全不存在照搬法律或者司法解释条文的情况，而基层法院和中级法院有较多类似情况。这说明，越是中基层法院越有必要在诉讼指南编写过程中注重贴近群众参与诉讼的实际，避免生搬硬套法律和司法解释条文。

第六章 各领域司法透明度现状

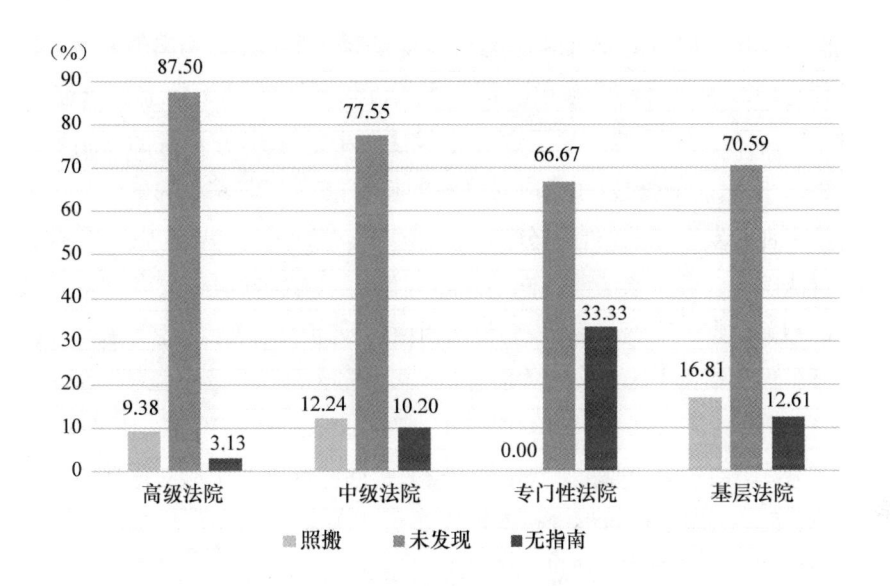

图 6-26　2020 年各类法院诉讼指南照搬法律、司法解释条文情况

（数据：高级法院 照搬 9.38，未发现 87.50，无指南 3.13；中级法院 照搬 12.24，未发现 77.55，无指南 10.20；专门性法院 照搬 0.00，未发现 66.67，无指南 33.33；基层法院 照搬 16.81，未发现 70.59，无指南 12.61）

（五）应对疫情指引的公开情况

面对 2020 年初突如其来的新冠肺炎疫情，各地法院的审判执行工作都在一定时期内受到了不同程度的影响，这不仅关系到法院的正常办案，也直接关系到当事人诉权及实体权利的保障问题。在这种特殊情况下，各级法院不但应当做好日常的诉讼指南公开及维护，还需要针对疫情期间的起诉应诉等及时向公众披露信息做好指引。因此，2020 年评估特别增加了一个项目，即各级法院是否针对疫情发布了相关办事指引等信息。

评估显示，一些法院针对新冠肺炎疫情，通过其门户网站发布了相关的便民信息和新闻报道。如云南省高级人民法院、珠海横琴新区人民法院、淄博市中级人民法院、无锡市中级人民法院的网站设有专门针对疫情期间立案流程的指南。山东省高级人民法院、广东省广州市中级人民法院、山西省大同市中级人民法院等在网站上有针对疫情期间的办事指引。北京知识产权法院虽无诉讼指南，但在北京高院的网站上有关于知识产权法院疫情期间的办事指引。

统计发现，32 家高级法院中，有 10 家法院的网站发布有诉讼指南，同时也发布了应对疫情的相关信息，1家法院未发布诉讼指南但发布了相关信息，21家法院虽公开了诉讼指南但未发布相关信息，分别占31.25%、3.13%、65.63%。49家中级法院中，有16家法院的网站发布有诉讼指南，同时也发布了应对疫情的相关信息，28家法院虽公开了诉讼指南但未发布相关信息，分别占32.65%、57.14%、10.20%。12家专门性法院中，有3家法院的网站发布有诉讼指南，同时也发布了应对疫情的相关信息，3家法院未发布诉讼指南但发布了相关信息，5家法院虽公开了诉讼指南但未发布相关信息，1家法院既无诉讼指南也未发布相关信息，分别占25.00%、25.00%、41.67%、8.33%。119家专门性法院中，有51家法院的网站发布有诉讼指南，同时也发布了应对疫情的相关信息，5家法院未发布诉讼指南但发布了相关信息，53家法院虽公开了诉讼指南但未发布相关信息，10家法院既无诉讼指南也未发布相关信息，分别占42.86%、4.20%、44.54%、8.40%（见图6-27）。整体来看，各类法院发布针对疫情期间的办事指引的情况相差不太明显，但总体上发布比例不高，说明面对类似突发事件时，法院还需从切实便利公众的角度及时发布有关办事指引，方便公众参与诉讼保障权利。

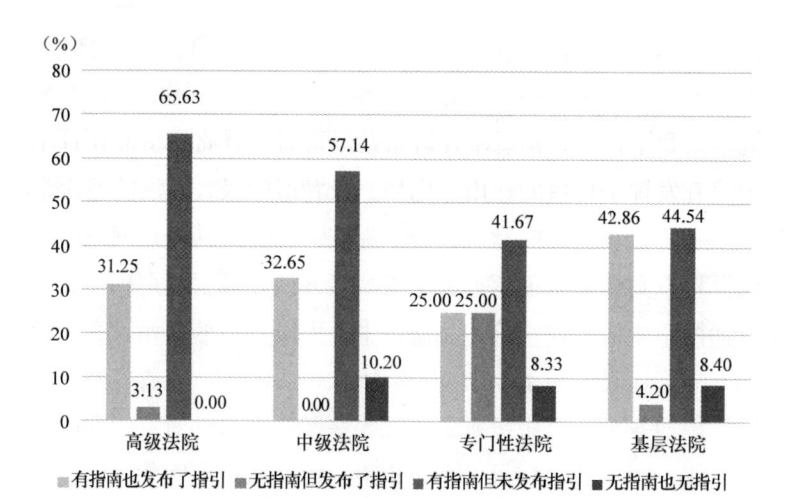

图6-27 2020年各类法院针对疫情发布办事指引情况

（六）诉讼指南的发布位置

诉讼指南在网站上的发布位置是否醒目便民，关系到是否方便公众查询。但评估发现，不少法院的网站发布诉讼指南时缺乏规律、发布渠道混乱，不易查询。

有的法院在多平台上发布诉讼指南。如无锡市中级人民法院有两个网站，诉讼指南发布在两个网站上，但两个地方发布的信息存在较大偏差；兰州市中级人民法院开设了兰州法院网、兰州法院网上诉讼服务中心、兰州法院司法公开网，且都公开了诉讼指南，但内容并不一致；吉林省延吉市人民法院的诉讼指南在其两个网站均有发布，内容同样不一致。

有的法院将诉讼指南发布在与之不相符合的栏目中。网站的栏目是集约化公开相关信息的地方，归集发布同类信息有助于方便公众查询。但评估显示，有的法院将诉讼指南发布在其他栏目中，不利于诉讼指南的查询。如海口市美兰区人民法院诉讼指南的内容放到的普法天地栏目下而非诉讼指南栏目下。苏州市中级人民法院有关上诉、二审、再审案件相关指南信息公布在同一网站的诉讼指南、司法公开等不同的栏目下。

还有的法院将诉讼指南毫无规律地堆在一个栏目内，极难查询。有的法院不设置子栏目，信息堆在诉讼指南栏目下，有的虽然设置了子栏目，但没有发挥子栏目的作用。比如，长春市中级人民法院诉讼指南栏目没有设置子栏目，诉讼指南、文书样式、诉讼风险提示、流程图等杂乱无章地放在一起。昌吉市人民法院的诉讼指南没有子栏目，相关信息和法官名录、调解员名录等发布在一个页面内，很难查找。玉门市人民法院网站在诉讼指南下划分了子栏目，但是，诉讼指南所有内容都集中在诉讼指南热线一栏，分类极其混乱。临沂市兰山区人民法院诉讼指南排列顺序较为杂乱，不醒目。天津市南开区人民法院和天津滨海新区法院的诉讼指南发布在诉讼服务一栏内，同样是内容繁多但杂糅无条理。

这说明，一方面各级法院的网站建设水平还不高，做好网站信息公开的意识也有待提升,另一方面,也说明不少法院司法公开和网站建设的用户导向意识也还不高,所以网站建设及栏目设置、信息发布还没有做到尽可能方便公众查询和获取信息。

六 裁判文书公开

(一)概述

裁判文书是审判活动的结晶,是关系到当事人合法权益最重要的文本,也是人民法院依法审理案件最重要的结果之一,其中的事实认定、法律适用以及裁判结果更是体现司法公正与否的重要评判依据。在向案件当事人依法送达裁判文书的同时,向社会公众公开裁判文书,是司法公开的重要内容,也是体现当代司法文明的重要方面。向社会公开裁判文书有助于规范办案人员依法行使审判权,提升办案水平,有助于社会监督评议、汇集司法大数据、统一裁判尺度。向公众公开裁判文书是近十余年司法进步的重要体现之一,此前,对公众公开裁判文书基本属于例外,不公开反倒是常态。2013年年底之前,各地法院逐步探索通过互联网向社会公开裁判文书,但基本处于自发、自愿状态,公开的裁判文书数量不多、比例不高。2013年发布的《关于人民法院在互联网公布裁判文书的规定》针对各地法院通过互联网公布裁判文书缺乏统一平台、缺少明确统一的标准造成的裁判文书公开不全面、不及时、不准确、不便查询等问题,决定开设统一的"中国裁判文书网",集中公开全国法院作出的生效裁判文书。这是中国司法公开的里程碑式事件,为面向信息化时代系统全面规范地公开裁判文书奠定了制度、机制和技术方面的基础。

最高人民法院建立全国统一的裁判文书公开平台后,全国各级人民法院的生效裁判文书陆续通过"中国裁判文书网"向社会公布。借助信息化手段,裁判文书公开程度不断取得飞跃。截至2016年2月29日,各级人民法院已经公布生效裁判文书1570.7万余篇,每天新增近4万篇,其中包含维吾尔语、蒙古语、藏语、朝鲜语、哈萨克语5种民族语言的裁判文书，总访问量达 4.78 亿人次，日均访问量达 58 万人次，裁判文书上网实现了"全国所有法院、所有案件类型全覆盖"。① 截至 2016 年 12 月 31 日，中国裁判文书网已经公布裁判文书超过 2550 万份，累计访问量超过 47.2 亿人次。② 截至 2018 年 12 月 31 日，中国裁判文书网公开裁判文书超过 6179 万份，累计访问量超过 213 亿人次，用户覆盖 210 多个国家和地区。③ 最高人民法院统计，截至 2020 年 8 月 30 日 18 时，中国裁判文书网文书总量突破 1 亿篇，访问总量近 480 亿次。④

如前所述，2020 年项目组进行评估时，通过最高人民法院审判管理办公室调取了评估对象 2020 年 1 月 1 日至 9 月 30 日之间上网的裁判文书的信息。

按照 2020 年度的评估结果，裁判文书公开成效明显，但存在的问题也并不乐观，不少法院止步不前甚至退步的趋势不容忽视。对被评估法院的数据分析显示，虽然裁判文书总量不断增长，但其中未公开裁判文书内容的数量占比不低，在被调取的裁判文书数据中，有 22.28% 的裁判文书仅公开了不上网裁判文书信息项，这其中又有 51.22% 的裁判文书是以其他理由不公开的，而有的法院的此项比例还要高，多家法院的比例超过 90%，而以法定事由不公开全文的裁判文书占比反倒相对较少。

（二）裁判文书公开数据的披露情况

公开裁判文书公开方面的数据是对裁判文书公开进行管理和监督的

---

① 参见中国社会科学院国家法治指数研究中心《中国法院信息化第三方评估报告》，中国社会科学出版社 2016 年版，第 56—57 页。
② 参见李林、田禾主编《法治蓝皮书·中国法院信息化发展报告 No.1（2017）》，社会科学文献出版社 2017 年版，第 18—19 页。
③ 参见陈甦、田禾主编《法治蓝皮书·中国法院信息化发展报告 No.3（2019）》，社会科学文献出版社 2019 年版，第 18 页。
④ 参见《中国裁判文书网：法治中国的"亿"道亮丽风景》，《人民法院报》2020 年 9 月 5 日第 1 版。

重要方面，也是裁判文书公开保障机制的有机组成部分。但这一机制的运行情况并不理想。以裁判文书公开方面的数据和分析报告的公开为例，2020年高级法院和中级法院的数量明显少于上一年度。有8家高级法院、9家中级法院和9家基层法院公开了裁判文书公开的统计数据，占比分别为25.00%、18.37%、7.56%，无专门性法院公开此数据。而且，上述数据中，部分法院能够做到规律地按月、按季度公开。而公开裁判文书上网情况的分析报告的就更少，仅涉及4家中级法院和2家基层法院。

（三）裁判文书全文公开的情况

分析2020年1月1日至9月30日之间上网的裁判文书数量可以发现，各法院裁判文书公开情况差异极大。含最高人民法院在内的218家法院期间通过中国裁判文书网公开的裁判文书总量为2917783件，其中公开了全文的为2267819件，占比为77.72%，不公开全文而仅公开了裁判文书信息项的为649963件，占22.28%。其中，公开全文比例在20%以下的有2家法院（占0.92%），20%—40%（含）的有4家法院（占1.83%），40%—60%（含）的有13家法院（占5.96%），60%—80%（含）的有64家法院（占29.36%），大于80%的有135家法院（占61.93%）（见图6-28）。中国裁判文书网上发布的裁判文书信息中，公开了裁判文书全文的比例达到100%的法院有8家法院，为新疆维吾尔自治区高级人民法院生产建设兵团分院、广东省广东自由贸易区南沙片区人民法院、海南省海口市中级人民法院、贵州省贵阳市中级人民法院、海南省澄迈县人民法院、贵州省贵阳市云岩区人民法院、贵州省贵阳市南明区人民法院、贵州省习水县人民法院。比例低于50%的法院有10家，包括青海省西宁市湟中区人民法院、山西省河津市人民法院、甘肃省陇西县人民法院、北京互联网法院、山东省青岛市黄岛区人民法院、云南省镇雄县人民法院、云南省宣威市人民法院、内蒙古自治区乌兰浩特市人民法院、新疆维吾尔自治区阿克苏地区库车市人民法院、广州互联网法院。总体来看，未公开全文的裁判文书占比并不低。

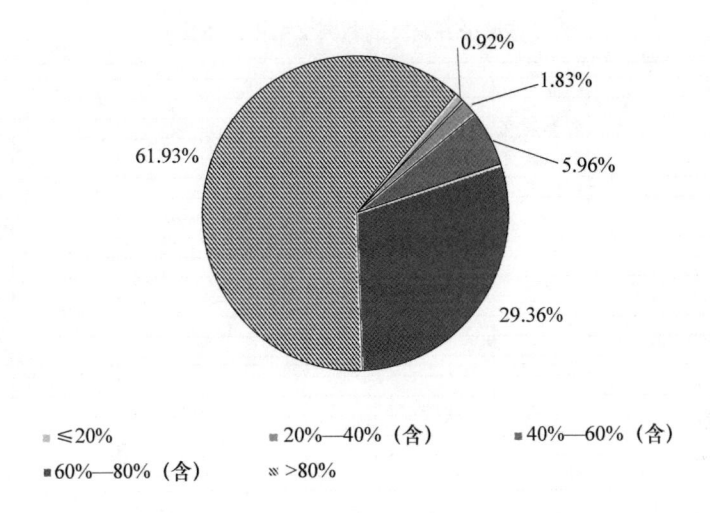

图 6-28 公开裁判文书全文比例的法院分布

各类法院中，高级法院中公开裁判文书全文的比率较高。统计显示，高级法院中，裁判文书全文公开比率仅有两家法院低于90%，其余均在90%以上，占93.75%。中级法院中，裁判文书全文公开率均在60%以上，其中，公开率60%—80%（含）的有4家法院，占8.16%；80%—90%（含）的有10家法院，占20.41%；大于90%的有35家法院，占71.43%。12家专门性法院中，裁判文书全文公开率低于60%的有2家法院，占16.67%；公开率60%—80%（含）的有3家法院，占25.00%；高于90%的有7家法院，占58.33%。124家基层法院中，裁判文书全文公开率低于60%的有17家法院，占13.71%；公开率60%—80%（含）的有57家法院，占45.97%；80%—90%（含）的有36家法院，占29.03%；高于90%的有14家法院，占11.29%（见表6-1）。从裁判文书全文公开比率看，高级法院整体优于其他法院，基层法院整体较差，且各地法院之间差别较大。

表6-1　2020年1月1日至9月30日之间上网的裁判文书数量
（按照公开全文的裁判文书占比排序）

法院	公开的文书总量（件）	公开文书内容的数量（件）	占比（%）	公开不上网文书信息项的数量（件）	占比（%）	以"其他"理由仅公开信息项的数量（件）	占比（%）
新疆维吾尔自治区高级人民法院生产建设兵团分院	315	315	100.00	0	0.00	0	0.00
广东省广东自由贸易区南沙片区人民法院	3574	3574	100.00	0	0.00	0	0.00
海南省海口市中级人民法院	2130	2130	100.00	0	0.00	0	0.00
贵州省贵阳市中级人民法院	16516	16516	100.00	0	0.00	0	0.00
海南省澄迈县人民法院	889	889	100.00	0	0.00	0	0.00
贵州省贵阳市云岩区人民法院	8756	8756	100.00	0	0.00	0	0.00
贵州省贵阳市南明区人民法院	8994	8994	100.00	0	0.00	0	0.00
贵州省习水县人民法院	6496	6496	100.00	0	0.00	0	0.00
海南省海口市龙华区人民法院	7781	7778	99.96	3	0.04	0	0.00
广东省广州市越秀区人民法院	71175	71147	99.96	28	0.04	0	0.00
吉林省高级人民法院	3779	3776	99.92	3	0.08	2	66.67
广州知识产权法院	7136	7130	99.92	6	0.08	6	100.00

第六章 各领域司法透明度现状

续表

法院	公开的文书总量（件）	公开文书内容的数量（件）	占比（%）	公开不上网文书信息项的数量（件）	占比（%）	以"其他"理由仅公开信息项的数量（件）	占比（%）
甘肃省玉门市人民法院	653	652	99.85	1	0.15	0	0.00
山东省高级人民法院	16019	15990	99.82	29	0.18	0	0.00
广东省广州市中级人民法院	25368	25313	99.78	55	0.22	40	72.73
天津市高级人民法院	3137	3128	99.71	9	0.29	0	0.00
重庆市高级人民法院	5452	5435	99.69	17	0.31	0	0.00
辽宁省高级人民法院	10546	10502	99.58	44	0.42	29	65.91
贵州省高级人民法院	6747	6712	99.48	35	0.52	0	0.00
最高人民法院	19592	19474	99.40	118	0.60	114	96.61
安徽省高级人民法院	5435	5396	99.28	39	0.72	25	64.10
海南省高级人民法院	976	968	99.18	8	0.82	2	25.00
广西壮族自治区高级人民法院	5000	4958	99.16	42	0.84	0	0.00
内蒙古自治区包头市中级人民法院	2050	2027	98.88	23	1.12	18	78.26

· 155 ·

续表

法院	公开的文书总量（件）	公开文书内容的数量（件）	占比（%）	公开不上网文书信息项的数量（件）	占比（%）	以"其他"理由仅公开信息项的数量（件）	占比（%）
河南省高级人民法院	5776	5701	98.70	75	1.30	26	34.67
北京市高级人民法院	13832	13601	98.33	231	1.67	952	61.47
内蒙古自治区高级人民法院	4750	4670	98.32	80	1.68	74	92.50
福建省高级人民法院	8858	8685	98.05	173	1.95	64	36.99
四川省高级人民法院	7910	7752	98.00	158	2.00	33	20.89
浙江省高级人民法院	11490	11257	97.97	233	2.03	20	8.58
广东省珠海市中级人民法院	2000	1958	97.90	42	2.10	27	64.29
山西省大同市中级人民法院	2418	2364	97.77	54	2.23	7	12.96
青海省高级人民法院	1203	1175	97.67	28	2.33	5	17.86
云南省高级人民法院	7582	7400	97.60	182	2.40	142	78.02
北京知识产权法院	15424	14985	97.15	439	2.85	66	15.03
江苏省高级人民法院	7349	7129	97.01	220	2.99	0	0.00

第六章 各领域司法透明度现状

续表

法院	公开的文书总量（件）	公开文书内容的数量（件）	占比（%）	公开不上网文书信息项的数量（件）	占比（%）	以"其他"理由仅公开信息项的数量（件）	占比（%）
广东省高级人民法院	14598	14159	96.99	439	3.01	240	54.67
河北省高级人民法院	8930	8657	96.94	273	3.06	184	67.40
广东省深圳市中级人民法院	19815	19178	96.79	637	3.21	189	29.67
湖南省高级人民法院	11526	11148	96.72	378	3.28	3	0.79
甘肃省兰州市中级人民法院	5393	5215	96.70	178	3.30	70	39.33
广东省深圳市福田区人民法院	50624	48900	96.59	1724	3.41	84	4.87
宁夏回族自治区高级人民法院	888	857	96.51	31	3.49	19	61.29
广东省惠东县人民法院	6514	6267	96.21	247	3.79	98	39.68
广西壮族自治区南宁市中级人民法院	7471	7163	95.88	308	4.12	0	0.00
吉林省长春市中级人民法院	9268	8877	95.78	391	4.22	48	12.28
广东省深圳前海合作区人民法院	8091	7745	95.72	346	4.28	4	1.16
青海省西宁市中级人民法院	6305	6029	95.62	276	4.38	61	22.10

续表

法院	公开的文书总量（件）	公开文书内容的数量（件）	占比（%）	公开不上网文书信息项的数量（件）	占比（%）	以"其他"理由仅公开信息项的数量（件）	占比（%）
黑龙江省齐齐哈尔市中级人民法院	6095	5825	95.57	270	4.43	83	30.74
江西省高级人民法院	2604	2487	95.51	117	4.49	93	79.49
甘肃省高级人民法院	2354	2248	95.50	106	4.50	41	38.68
西藏自治区高级人民法院	303	289	95.38	14	4.62	4	28.57
四川省成都市中级人民法院	35198	33180	94.27	2018	5.73	252	12.49
广东省汕头市中级人民法院	1500	1414	94.27	86	5.73	65	75.58
宁夏回族自治区银川市中级人民法院	5815	5480	94.24	335	5.76	88	26.27
福建省厦门市中级人民法院	7071	6658	94.16	413	5.84	72	17.43
山东省济南市中级人民法院	22854	21489	94.03	1365	5.97	112	8.21
浙江省宁波市中级人民法院	11694	10991	93.99	703	6.01	42	5.97
广西壮族自治区南宁市青秀区人民法院	19050	17890	93.91	1160	6.09	0	0.00

第六章 各领域司法透明度现状

续表

法院	公开的文书总量（件）	公开文书内容的数量（件）	占比（%）	公开不上网文书信息项的数量（件）	占比（%）	以"其他"理由仅公开信息项的数量（件）	占比（%）
内蒙古自治区呼和浩特市中级人民法院	6564	6151	93.71	413	6.29	15	3.63
辽宁省鞍山市中级人民法院	6083	5699	93.69	384	6.31	196	51.04
上海市高级人民法院	5865	5488	93.57	377	6.43	358	94.96
海南省海口市美兰区人民法院	3814	3563	93.42	251	6.58	60	23.90
浙江省杭州市中级人民法院	22448	20955	93.35	1493	6.65	151	10.11
河北省石家庄市中级人民法院	14146	13199	93.31	947	6.69	148	15.63
江西省南昌市中级人民法院	12311	11432	92.86	879	7.14	186	21.16
山东省淄博市中级人民法院	8523	7893	92.61	630	7.39	556	88.25
杭州互联网法院	15007	13875	92.46	1132	7.54	18	1.59
新疆维吾尔自治区高级人民法院	2435	2248	92.32	187	7.68	90	48.13
山东省青岛市中级人民法院	18237	16804	92.14	1433	7.86	94	6.56
黑龙江省高级人民法院	3931	3620	92.09	311	7.91	284	91.32
云南省昆明市中级人民法院	10506	9669	92.03	837	7.97	11	1.31

续表

法院	公开的文书总量（件）	公开文书内容的数量（件）	占比（%）	公开不上网文书信息项的数量（件）	占比（%）	以"其他"理由仅公开信息项的数量（件）	占比（%）
珠海横琴新区人民法院	1414	1299	91.87	115	8.13	112	97.39
吉林省吉林市中级人民法院	4280	3921	91.61	359	8.39	219	61.00
江苏省徐州市中级人民法院	11106	10140	91.30	966	8.70	0	0.00
河南省郑州高新技术产业开发区人民法院	41372	37715	91.16	3657	8.84	453	12.39
福建省厦门市思明区人民法院	19876	18081	90.97	1795	9.03	0	0.00
山西省太原市中级人民法院	6942	6304	90.81	638	9.19	214	33.54
重庆自由贸易试验区人民法院	7601	6892	90.67	709	9.33	30	4.23
河北省唐山市中级人民法院	10975	9948	90.64	1027	9.36	517	50.34
湖北省武汉市中级人民法院	15565	14108	90.64	1457	9.36	1207	82.84
江苏省苏州市中级人民法院	13983	12674	90.64	1309	9.36	0	0.00
云南省昆明市五华区人民法院	13380	12094	90.39	1286	9.61	0	0.00
陕西省高级人民法院	5396	4876	90.36	520	9.64	434	83.46

第六章 各领域司法透明度现状

续表

法院	公开的文书总量（件）	公开文书内容的数量（件）	占比（%）	公开不上网文书信息项的数量（件）	占比（%）	以"其他"理由仅公开信息项的数量（件）	占比（%）
河北省邯郸市中级人民法院	9131	8246	90.31	885	9.69	356	40.23
河南省洛阳市中级人民法院	7656	6907	90.22	749	9.78	392	52.34
江苏省无锡市中级人民法院	9293	8376	90.13	917	9.87	0	0.00
福建省福州市中级人民法院	11378	10233	89.94	1145	10.06	329	28.73
安徽省淮南市中级人民法院	2324	2081	89.54	243	10.46	31	12.76
广东省英德市人民法院	3058	2736	89.47	322	10.53	14	4.35
吉林省延吉市人民法院	12515	11155	89.13	1360	10.87	1	0.07
湖北省高级人民法院	3351	2983	89.02	368	10.98	345	93.75
山西省高级人民法院	1921	1709	88.96	212	11.04	188	88.68
江西省南昌市东湖区人民法院	16456	14634	88.93	1822	11.07	595	32.66
湖南省长沙市中级人民法院	20649	18231	88.29	2418	11.71	407	16.83
海南省儋州市人民法院	3269	2884	88.22	385	11.78	3	0.78

续表

法院	公开的文书总量（件）	公开文书内容的数量（件）	占比（%）	公开不上网文书信息项的数量（件）	占比（%）	以"其他"理由仅公开信息项的数量（件）	占比（%）
陕西省西安市中级人民法院	14646	12899	88.07	1747	11.93	513	29.36
浙江省义乌市人民法院	36251	31916	88.04	4335	11.96	76	1.75
辽宁省大连市中级人民法院	15273	13406	87.78	1867	12.22	764	40.92
辽宁省本溪市中级人民法院	2776	2436	87.75	340	12.25	97	28.53
湖北省武汉市武昌区人民法院	13836	12065	87.20	1771	12.80	591	33.37
吉林省长春市朝阳区人民法院	8800	7665	87.10	1135	12.90	86	7.58
安徽省合肥市中级人民法院	16995	14732	86.68	2263	13.32	438	19.35
内蒙古自治区呼和浩特市赛罕区人民法院	7739	6692	86.47	1047	13.53	3	0.29
湖北省阳新县人民法院	2428	2083	85.79	345	14.21	37	10.72
河南省郑州市中级人民法院	24438	20962	85.78	3476	14.22	1290	37.11
江西省南昌市西湖区人民法院	11548	9900	85.73	1648	14.27	956	58.01
安徽省合肥市瑶海区人民法院	13687	11726	85.67	1961	14.33	68	3.47

第六章 各领域司法透明度现状

续表

法院	公开的文书总量（件）	公开文书内容的数量（件）	占比（%）	公开不上网文书信息项的数量（件）	占比（%）	以"其他"理由仅公开信息项的数量（件）	占比（%）
重庆市江北区人民法院	25821	22015	85.26	3806	14.74	439	11.53
吉林省松原市宁江区人民法院	9689	8233	84.97	1456	15.03	155	10.65
重庆市渝中区人民法院	22849	19386	84.84	3463	15.16	0	0.00
广西壮族自治区南宁市西乡塘区人民法院	6992	5908	84.50	1084	15.50	1	0.09
福建省厦门市湖里区人民法院	11455	9678	84.49	1777	15.51	3	0.17
浙江省苍南县人民法院	13884	11709	84.33	2175	15.67	1	0.05
西藏自治区拉萨市中级人民法院	1335	1123	84.12	212	15.88	49	23.11
安徽省巢湖市人民法院	8322	6999	84.10	1323	15.90	1	0.08
河北省三河市人民法院	7471	6261	83.80	1210	16.20	71	5.87
安徽省合肥市包河区人民法院	25792	21558	83.58	4234	16.42	1011	23.88
四川省成都高新技术产业开发区人民法院	19579	16364	83.58	3215	16.42	0	0.00

续表

法院	公开的文书总量（件）	公开文书内容的数量（件）	占比（%）	公开不上网文书信息项的数量（件）	占比（%）	以"其他"理由仅公开信息项的数量（件）	占比（%）
山西省运城市盐湖区人民法院	10519	8742	83.11	1777	16.89	22	1.24
河北省围场满族蒙古族自治县人民法院	7945	6596	83.02	1349	16.98	119	8.82
吉林省前郭尔罗斯蒙古族自治县人民法院	8412	6919	82.25	1493	17.75	15	1.00
贵州省兴义市人民法院	9933	8146	82.01	1787	17.99	0	0.00
内蒙古自治区阿鲁科尔沁旗人民法院	949	772	81.35	177	18.65	4	2.26
天津市南开区人民法院	14681	11938	81.32	2743	18.68	2743	100.00
广西壮族自治区宾阳县人民法院	3571	2903	81.29	668	18.71	32	4.79
陕西省西安市雁塔区人民法院	27121	21946	80.92	5175	19.08	1630	31.50
江西省南昌县人民法院	5774	4668	80.85	1106	19.15	13	1.18
山东省临沂市兰山区人民法院	24052	19425	80.76	4627	19.24	209	4.52
河南省滑县人民法院	14128	11410	80.76	2718	19.24	372	13.69

第六章 各领域司法透明度现状

续表

法院	公开的文书总量（件）	公开文书内容的数量（件）	占比（%）	公开不上网文书信息项的数量（件）	占比（%）	以"其他"理由仅公开信息项的数量（件）	占比（%）
江苏省沭阳县人民法院	25259	20388	80.72	4871	19.28	0	0.00
黑龙江省哈尔滨市中级人民法院	8619	6946	80.59	1673	19.41	1386	82.85
湖南省浏阳市人民法院	21728	17442	80.27	4286	19.73	74	1.73
重庆市渝北区人民法院	26579	21291	80.10	5288	19.90	252	4.77
山东省胶州市人民法院	11920	9537	80.01	2383	19.99	27	1.13
新疆维吾尔自治区乌鲁木齐市中级人民法院	5245	4184	79.77	1061	20.23	369	34.78
山东省费县人民法院	7051	5563	78.90	1488	21.10	16	1.08
宁夏回族自治区银川市兴庆区人民法院	19563	15428	78.86	4135	21.14	13	0.31
云南省昆明市西山区人民法院	20260	15975	78.85	4285	21.15	159	3.71
上海金融法院	4137	3237	78.25	900	21.75	629	69.89
河南省新郑市人民法院	13930	10863	77.98	3067	22.02	222	7.24

续表

法院	公开的文书总量（件）	公开文书内容的数量（件）	占比（%）	公开不上网文书信息项的数量（件）	占比（%）	以"其他"理由仅公开信息项的数量（件）	占比（%）
黑龙江省讷河市人民法院	3058	2381	77.86	677	22.14	29	4.28
西藏自治区堆龙德庆县人民法院	1470	1142	77.69	328	22.31	1	0.30
辽宁省海城市人民法院	15190	11765	77.45	3425	22.55	1985	57.96
西藏自治区林周县人民法院	84	65	77.38	19	22.62	0	0.00
宁夏回族自治区灵武市人民法院	6516	5040	77.35	1476	22.65	5	0.34
新疆维吾尔自治区乌鲁木齐市新市区人民法院	6810	5251	77.11	1559	22.89	49	3.14
上海知识产权法院	2359	1815	76.94	544	23.06	475	87.32
浙江省诸暨市人民法院	27654	21124	76.39	6530	23.61	652	9.98
福建省晋江市人民法院	17366	13120	75.55	4246	24.45	107	2.52
甘肃省张掖市甘州区人民法院	10484	7916	75.51	2568	24.49	3	0.12
新疆维吾尔自治区乌鲁木齐市沙依巴克区人民法院	5226	3922	75.05	1304	24.95	81	6.21

第六章 各领域司法透明度现状

续表

法院	公开的文书总量（件）	公开文书内容的数量（件）	占比（%）	公开不上网文书信息项的数量（件）	占比（%）	以"其他"理由仅公开信息项的数量（件）	占比（%）
宁夏回族自治区银川市金凤区人民法院	14591	10947	75.03	3644	24.97	3	0.08
福建省惠安县人民法院	4083	3061	74.97	1022	25.03	23	2.25
内蒙古自治区赤峰市松山区人民法院	2320	1720	74.14	600	25.86	0	0.00
西藏自治区拉萨市城关区人民法院	2239	1659	74.10	580	25.90	53	9.14
陕西省神木市人民法院	12848	9518	74.08	3330	25.92	16	0.48
青海省格尔木市人民法院	6378	4663	73.11	1715	26.89	102	5.95
湖南省攸县人民法院	6388	4648	72.76	1740	27.24	189	10.86
河南省郑州市金水区人民法院	50059	36412	72.74	13647	27.26	9337	68.42
广西壮族自治区桂平市人民法院	3136	2268	72.32	868	27.68	0	0.00
陕西省西安市未央区人民法院	23483	16852	71.76	6631	28.24	1947	29.36
江苏省苏州市吴江区人民法院	23514	16869	71.74	6645	28.26	11	0.17
四川省成都市青羊区人民法院	24245	17320	71.44	6925	28.56	0	0.00

续表

法院	公开的文书总量（件）	公开文书内容的数量（件）	占比（%）	公开不上网文书信息项的数量（件）	占比（%）	以"其他"理由仅公开信息项的数量（件）	占比（%）
江苏省南京市中级人民法院	29027	20633	71.08	8394	28.92	3412	40.65
浙江省杭州市余杭区人民法院	30586	21722	71.02	8864	28.98	233	2.63
黑龙江省宾县人民法院	4764	3376	70.86	1388	29.14	716	51.59
湖南省长沙市芙蓉区人民法院	24035	16944	70.50	7091	29.50	5054	71.27
青海省西宁市城北区人民法院	8271	5771	69.77	2500	30.23	3	0.12
山西省临猗县人民法院	3927	2733	69.60	1194	30.40	4	0.34
宁夏回族自治区贺兰县人民法院	6046	4204	69.53	1842	30.47	91	4.94
上海市静安区人民法院	66584	46040	69.15	20544	30.85	18900	92.00
辽宁省抚顺市中级人民法院	4242	2920	68.84	1322	31.16	1209	91.45
四川省阆中市人民法院	9652	6614	68.52	3038	31.48	0	0.00
北京市西城区人民法院	28305	19317	68.25	8988	31.75	8988	100.00
湖南省长沙市岳麓区人民法院	28052	19143	68.24	8909	31.76	5617	63.05

第六章 各领域司法透明度现状

续表

法院	公开的文书总量（件）	公开文书内容的数量（件）	占比（%）	公开不上网文书信息项的数量（件）	占比（%）	以"其他"理由仅公开信息项的数量（件）	占比（%）
天津市滨海新区人民法院	22167	15018	67.75	7149	32.25	2771	38.76
四川自由贸易试验区人民法院	5047	3418	67.72	1629	32.28	368	22.59
辽宁省沈阳市中级人民法院	30367	20558	67.70	9809	32.30	9020	91.96
上海市虹口区人民法院	36625	24787	67.68	11838	32.32	10944	92.45
陕西省定边县人民法院	8626	5784	67.05	2842	32.95	911	32.05
上海市闵行区人民法院	61721	41072	66.54	20649	33.46	17835	86.37
山西省太原市小店区人民法院	7271	4806	66.10	2465	33.90	1296	52.58
河北省秦皇岛市海港区人民法院	4593	3024	65.84	1569	34.16	19	1.21
天津市武清区人民法院	9755	6419	65.80	3336	34.20	3336	100.00
四川省成都市郫都区人民法院	9739	6384	65.55	3355	34.45	0	0.00
湖北省武汉市江岸区人民法院	7993	5211	65.19	2782	34.81	1351	48.56
青海省西宁市城东区人民法院	6571	4277	65.09	2294	34.91	547	23.84

司法透明的理论与推进路径

续表

法院	公开的文书总量（件）	公开文书内容的数量（件）	占比（%）	公开不上网文书信息项的数量（件）	占比（%）	以"其他"理由仅公开信息项的数量（件）	占比（%）
黑龙江省哈尔滨市南岗区人民法院	8589	5588	65.06	3001	34.94	1955	65.14
北京市朝阳区人民法院	53212	34571	64.97	18641	35.03	18641	100.00
江西省高安市人民法院	8488	5513	64.95	2975	35.05	1325	44.54
北京市海淀区人民法院	42670	27682	64.87	14987	35.12	14987	100.00
江苏省昆山市人民法院	16580	10728	64.70	5852	35.30	0	0.00
湖北省恩施市人民法院	6657	4284	64.35	2373	35.65	416	17.53
北京市丰台区人民法院	28609	18337	64.10	10272	35.90	10272	100.00
江苏省江阴市人民法院	21583	13752	63.72	7831	36.28	0	0.00
甘肃省兰州市城关区人民法院	9876	6211	62.89	3665	37.11	1774	48.40
河北省石家庄市长安区人民法院	10811	6760	62.53	4051	37.47	2566	63.34
安徽省太和县人民法院	13000	8071	62.08	4929	37.92	2360	47.88
辽宁省绥中县人民法院	7991	4791	59.95	3200	40.05	1981	61.91

第六章 各领域司法透明度现状

续表

法院	公开的文书总量（件）	公开文书内容的数量（件）	占比（%）	公开不上网文书信息项的数量（件）	占比（%）	以"其他"理由仅公开信息项的数量（件）	占比（%）
天津市河西区人民法院	10889	6306	57.91	4583	42.09	4583	100.00
辽宁省沈阳市和平区人民法院	44246	25360	57.32	18886	42.68	11332	60.00
辽宁省沈阳市沈河区人民法院	32724	18639	56.96	14085	43.04	11641	82.65
新疆维吾尔自治区昌吉州昌吉市人民法院	5514	3076	55.79	2438	44.21	10	0.41
上海市浦东新区人民法院	129169	69796	54.03	59373	45.97	54754	92.22
西藏自治区噶尔县人民法院	146	76	52.05	70	47.95	0	0.00
黑龙江省哈尔滨市道里区人民法院	1690	851	50.36	839	49.64	695	82.84
重庆市云阳县人民法院	8046	4044	50.26	4002	49.74	65	1.62
青海省西宁市湟中区人民法院	4931	2460	49.89	2471	50.11	96	3.89
山西省河津市人民法院	5649	2500	44.26	3149	55.74	1946	61.80
甘肃省陇西县人民法院	5561	2379	42.78	3182	57.22	80	2.51
北京互联网法院	23871	10071	42.19	13800	57.81	10533	76.33

续表

法院	公开的文书总量（件）	公开文书内容的数量（件）	占比（%）	公开不上网文书信息项的数量（件）	占比（%）	以"其他"理由仅公开信息项的数量（件）	占比（%）
山东省青岛市黄岛区人民法院	31155	12352	39.65	18803	60.35	17021	90.52
云南省镇雄县人民法院	9575	3108	32.46	6467	67.54	2415	37.34
云南省宣威市人民法院	14776	4724	31.97	10052	68.03	4815	47.90
内蒙古自治区乌兰浩特市人民法院	6545	2000	30.56	4545	69.44	3175	69.86
新疆维吾尔自治区阿克苏地区库车市人民法院	2068	407	19.68	1661	80.32	482	29.02
广州互联网法院	42073	7992	19.00	34081	81.00	18805	55.18

1. 民事案件裁判文书全文公开情况

根据提取的民事案件裁判文书上网数据，该时间段上网的民事案件裁判文书总量为1868028件，公开裁判文书全文的有1353665件，比例为72.46%。其中，公开全文比例小于等于20%的有3家法院，占1.38%；20%—40%（含）的法院有9家法院，占4.13%；40%—60%（含）的法院有24家，占11.01%；60%—80%（含）的法院有71家，占32.57%；大于80%的法院有111家，占50.92%，其中80%—100%的法院有101家（见图6-29）。有10家法院在此时间段内公开的民事案件裁判文书全部公开了全文，具体为辽宁省高级人民法院、新疆维吾尔自治区高级人民法院生产建设兵团分院、广东省广东自由贸易区南沙片区人民法院、海南省海口市中级人民法院、贵州省贵阳市中级人民法院、广东省广州市越秀区人民法院、海南省澄迈县人民法院、贵州省贵阳市云岩区人民法院、贵州省贵阳市南明区人民法院、贵州省习水县人民法院。公开全文比例低于50%的法院主要集中于基层法院和个别专门性法院,有21家法院,由高到低依次为天津市河西区人民法院、江苏省江阴市人民法院、黑龙江省宾县人民法院、山西省临猗县人民法院、甘肃省陇西县人民法院、新疆维吾尔自治区昌吉州昌吉市人民法院、陕西省神木市人民法院、湖南省长沙市芙蓉区人民法院、甘肃省张掖市甘州区人民法院、重庆市云阳县人民法院、内蒙古自治区乌兰浩特市人民法院、西藏自治区噶尔县人民法院、云南省宣威市人民法院、云南省镇雄县人民法院、青海省西宁市湟中区人民法院、黑龙江省哈尔滨市道里区人民法院、山西省河津市人民法院、北京互联网法院、北京知识产权法院、新疆维吾尔自治区阿克苏地区库车市人民法院、广州互联网法院。

统计显示,各类法院的裁判文书全文公开情况同样差别较大。高级法院中,有2家法院裁判文书全文公开比率为100%,1家法院的公开比例高于80%但低于90%,其余法院公开比率均在90%以上,公开比例超过90%的法院占比达到96.88%。专门性法院中,有2家法院裁判文书全文公开比例小于等于20%,1家法院比例20%—30%(含),2家法院比例60%—80%(含),1家法院比例80%—90%(含),6家法院比例超过90%,其中有1家法院比例达到100%,公开比例超过90%的法院占比为50%。中级法院的裁判文书全文公开比例均在60%以上,其中有2家法院的60%—80%(含),占4.08%;17家法院的比例80%—90%(含),占34.69%;30家法院的比例高于90%,占61.22%,其中2家法院的公开比例达到100%。124基层法院的裁判文书全文公开比例分布较为分散,其中有5家法院的比率小于等于20%,占4.04%;4家法院的比例20%—40%(含),占3.22%;24家法院的比例40%—60%(含),占19.35%;68家法院的比例60%—80%(含),占56.20%;15家法院的比例80%—90%(含),占12.10%;9家法院的比例大于90%,占7.26%,其中5家法院的公开比例达到100%(见图6-30)。

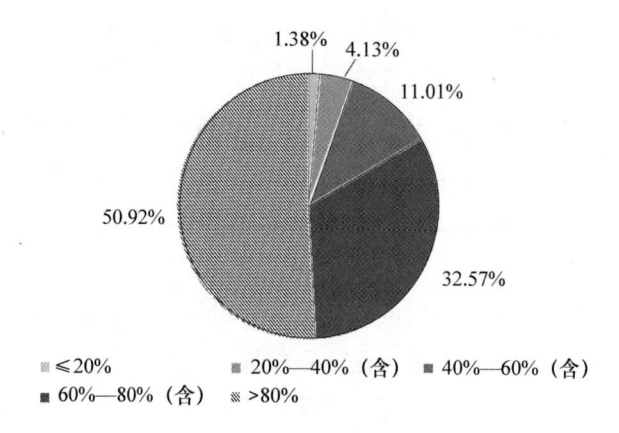

图 6-29　民事案件裁判文书公开全文的比例

2. 刑事案件裁判文书全文公开情况

刑事案件的裁判文书全文公开比率明显好于民事案件。该时间段上网的刑事案件裁判文书总量为 196592 件，公开了裁判文书全文的有 179812 件，公开全文的比例为 91.46%。

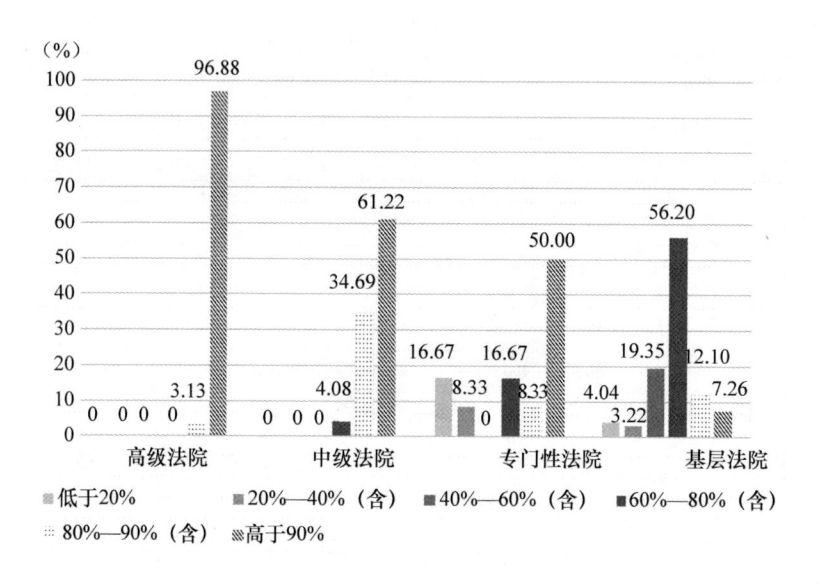

图 6-30　各类法院民事案件裁判文书全文公开情况

第六章 各领域司法透明度现状

这其中，有 11 家法院在 9 个月中无刑事案件裁判文书公开，为 10 家专门性法院和 1 家基层法院，具体是北京知识产权法院、广东省广州知识产权法院、广东省深圳前海合作区人民法院、上海知识产权法院、广东省广东自由贸易区南沙片区人民法院、杭州互联网法院、上海金融院法院、北京互联网法院、广州互联网法院、重庆自由贸易试验区人民法院、西藏自治区噶尔县人民法院。除噶尔县人民法院案件量少外，其余 10 家专门性法院则应是因为不管辖刑事案件。刑事案件裁判文书全文公开比例达到 100% 的共有 29 家法院，在 207 家有刑事案件裁判文书上网公开的法院中占 14.01%。其中，有 5 家高级法院、5 家中级法院、2 家专门性法院和 17 家基层法院。有 115 家法院的刑事案件裁判文书全文公开比例 90%—100%（含），在有刑事案件裁判文书上网公开的法院中占 55.56%；37 家法院的公开比例大于 80% 但小于等于 90%，占 17.87%；12 家法院的公开比例 70%—80%（含），占 5.80%；3 家法院的公开比例 60%—70%（含），占 1.45%；11 家法院的公开比例小于等于 60%，占 5.31%（见图 6-31）。

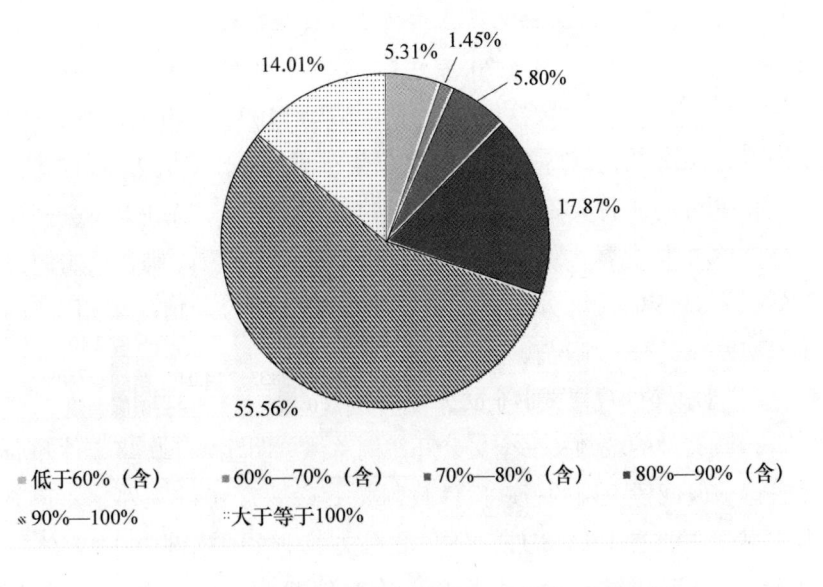

图 6-31　刑事案件裁判文书公开全文的法院比例

统计显示，各类法院的裁判文书全文公开情况同样差别较大。高级法院中，有5家法院的刑事案件裁判文书全文公开比例小于等于60%，占15.63%；公开比例70%—80%的有2家法院，占6.25%；公开比例80%—90%的有6家法院，占18.75%；公开比例90%—100%的有14家法院，占43.75%；公开比例达到100%的有5家法院，占15.63%。

中级法院中，有3家法院的公开比例小于等于60%，占6.12%；1家法院的公开比例60%—70%，占2.04%；2家法院的公开比例为70%—80%，占4.08%；6家法院的公开比例为80%—90%，占12.24%；28家法院的公开比例大于90%但不足100%，占57.14%；5家法院的公开比例达到100%，占10.20%。

专门性法院中，仅2家法院在该时间段公开了刑事案件裁判文书，且公开比例均为100%。

基层法院中，除1家法院该时间段未公开刑事案件裁判文书外，有3家法院的公开比例低于60%，在123家公开了刑事案件裁判文书的法院中占2.44%；2家法院的公开比例为60%—70%，占1.63%；7家法院的公开比例为70%—80%，占5.69%；24家法院的公开比例为80%—90%，占19.51%；70家法院的公开比例为90%—100%（不含），占56.91%；17家法院的公开比例达到100%，占13.82%（见图6-32）。从公开比例高于90%的法院分布情况看，基层法院相对较好。

由此可见，刑事案件裁判文书的全文公开方面，无论是从公开比率高于90%的情况看，还是从比例高于80%的情况看，或者从比例高于70%或者60%的法院分布情况看，基层法院的公开情况都相对较好，而高级法院的公开情况较差。

3. 行政案件裁判文书全文公开情况

行政案件的裁判文书全文公开比例总体上明显好于民事案件和刑事案件。该时间段上网的行政案件裁判文书总量为104674件，公开了裁判文书全文的有101468件，公开裁判文书全文的比例为96.94%。这其中，有14家法院在9个月中无行政案件裁判文书公开，含1家中级

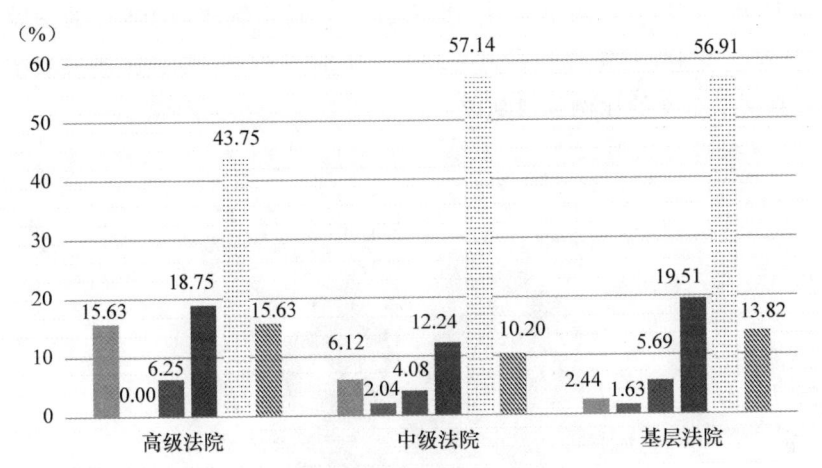

| 第六章　各领域司法透明度现状

图 6-32　各类法院刑事案件裁判文书全文公开情况示意图

法院、5家专门性法院和8家基层法院，具体是广州市中级人民法院、广东省珠海横琴新区人民法院、广东省深圳前海合作区人民法院、上海知识产权法院、广东省广东自由贸易区南沙片区人民法院、重庆自由贸易试验区人民法院、江苏省沭阳县人民法院、福建省惠安县人民法院、广东省惠东县人民法院、广东省英德市人民法院、西藏自治区林周县人民法院、西藏自治区噶尔县人民法院、宁夏回族自治区灵武市人民法院、新疆维吾尔自治区乌鲁木齐市沙依巴克区人民法院。上述法院中，除个别基层法院可能在该调研数据统计期间及之前未受理行政案件或者未作出行政案件判决外，其他法院则可能根据规定不受理行政案件。剩余204家法院中，行政案件的裁判文书全文公开比例小于等于20%的有2家法院，占0.98%，其中一家法院期间有2件行政案件裁判文书但均未公开全文；公开比例为20%—40%的法院有3家，占1.47%；公开比例为40%—60%的法院有2家，占0.98%；公开比例为60%—80%的法院有10家，占4.90%；公开比例为80%—90%的法院有9家，占4.41%；公开比例在90%以上未达到 100% 的法院有 79 家，占 38.73%；公开比例达到 100% 的法院有 99 家，占 48.53%（见图 6-33）。有 87.25% 的法院公开行政案件裁判文书全文的比例超过 90%。

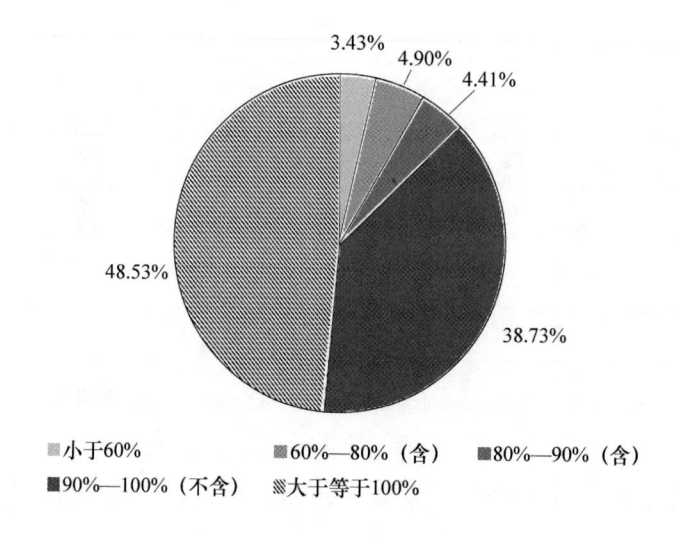

图 6-33　行政案件裁判文书公开全文的法院比例

就各类法院公开行政案件裁判文书全文的比例而言，高级法院公开情况最好。其中，32 家高级法院行政案件裁判文书全文公开比例均在 90% 以上，最低的为 93.53%，17 家法院的公开比例超过 90% 但不足 100%，占 53.13%；15 家法院公开比例达到 100%，占 46.88%。48 家有行政案件的中级法院中，低于 90% 的有 6 家法院，占 12.50%，其中公开行政案件裁判文书全文的比例最低为 72.6%；有 23 家法院公开比例超过 90% 但不到 100%，占 47.92%；19 家法院的比例达到 100%，占 39.58%。7 家专门性法院中，公开行政案件裁判文书全文的比例最低为 51.72%，一家为 88.24%，其余 5 家均达到 100%。116 家有行政案件的基层法院中，公开行政案件裁判文书全文比例最低的为 0，比例小于等于 60% 的有 6 家法院，占 5.17%；比例为 60%—90% 的有 12 家法院，占 10.34%；比例为

90%—100% 的有 38 家法院，占 32.76%；达到 100% 的有 60 家法院，占 51.72%（见图 6-34）。

就行政案件裁判文书公开比例超过 90% 的法院占比来看，公开较好的依次为高级法院、中级法院、专门性法院和基层法院。

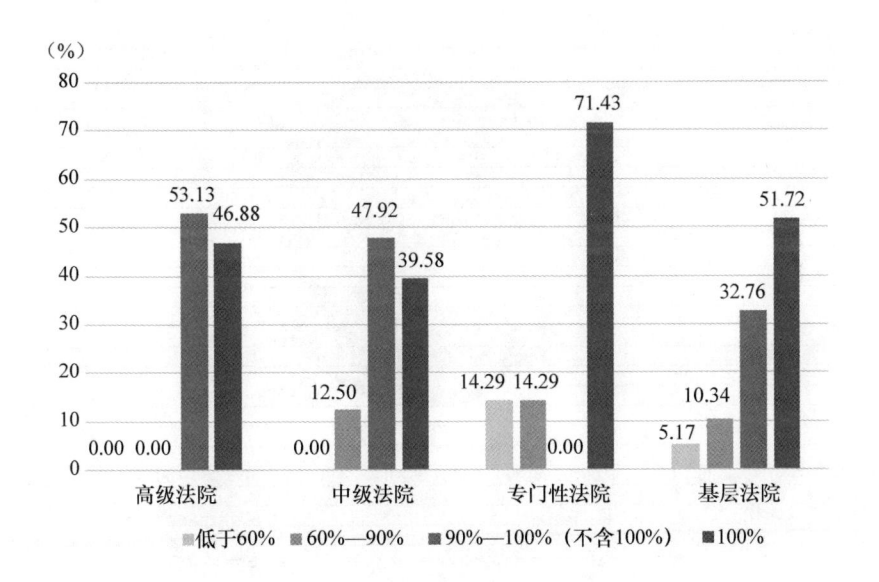

图 6-34 各类法院行政案件裁判文书全文公开情况

4. 执行案件裁判文书全文公开情况

执行案件的裁判文书全文公开比率总体上不如民事案件、刑事案件和行政案件。该时间段上网的执行案件裁判文书总量为 709196 件，公开了裁判文书全文的有 597155 件，公开全文的比例为 84.20%。其中，有 9 家法院在该时间段内未公开执行案件裁判文书，包括 1 家高级法院、4 家专门性法院、4 家基层法院，具体为内蒙古自治区高级人民法院、北京知识产权法院、广东省广州知识产权法院、上海知识产权法院、广东省广东自由贸易区南沙片区人民法院、内蒙古自治区赤峰市松山区人民法院、内蒙古自治区阿鲁科尔沁旗人民法院、广东省英德市人民法院、甘肃省玉门市人民法院。209 家公开了执行案件裁判文书的法院中，裁判文书全文公开比例小于等于60%的法院有18家，占8.61%；60%—80%的有25家，占11.96%；80%—90%的有13家，占6.22%；比例为90%—100%的有73家，占34.93%；比例达到100%的有80家，占38.28%（见图6-35）。

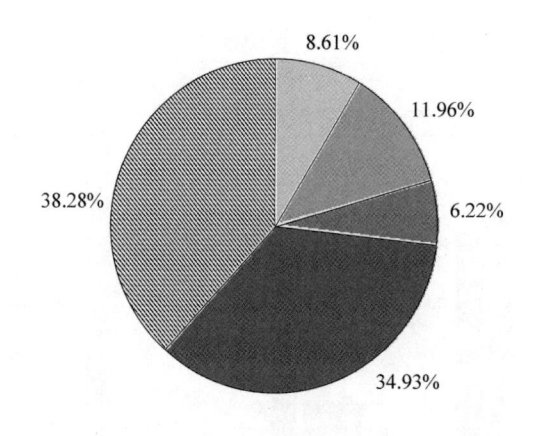

图6-35 执行案件裁判文书公开全文的法院比例

就各类法院公开执行案件裁判文书全文的比例而言，专门性法院公开情况最好。其中，高级法院中，除1家法院该时间段未公开执行案件裁判文书外，其余31家高级法院中，执行案件裁判文书全文公开比例小于等于60%的有1家法院，为24.45%，占3.23%；60%—90%的有4家法院，占12.90%；比例为90%—100%的有5家法院，占16.13%；比例达到100%的有21家法院，占67.74%。中级法院中，执行案件裁判文书全文公开比例小于等于60%的有2家法院，占4.08%；公开比例为60%—90%的有10家法院，占20.41%；公开比例为90%—100%的有18家法院，占36.73%；公开比例达到100%的有19家法院，占38.78%。8家公开了执行案件裁判文书的专门性法院中，执行案件裁判文书全文公开比例小于等于60%的有1家法院，占

第六章 各领域司法透明度现状

12.50%；公开比例为60%—90%的法院有1家法院，占12.50%；公开比例为90%—100%的法院有2家，占25.00%；公开比例达到100%的法院有4家，占50.00%。120家公开了执行案件裁判文书的基层法院中，执行案件裁判文书全文公开比例小于等于60%的有14家法院，占11.67%；比例为60%—90%的有23家法院，占19.17%；比例为90%—100%的有48家法院，占40.00%；比例达到100%的有35家法院，占29.17%（见图6-36）。

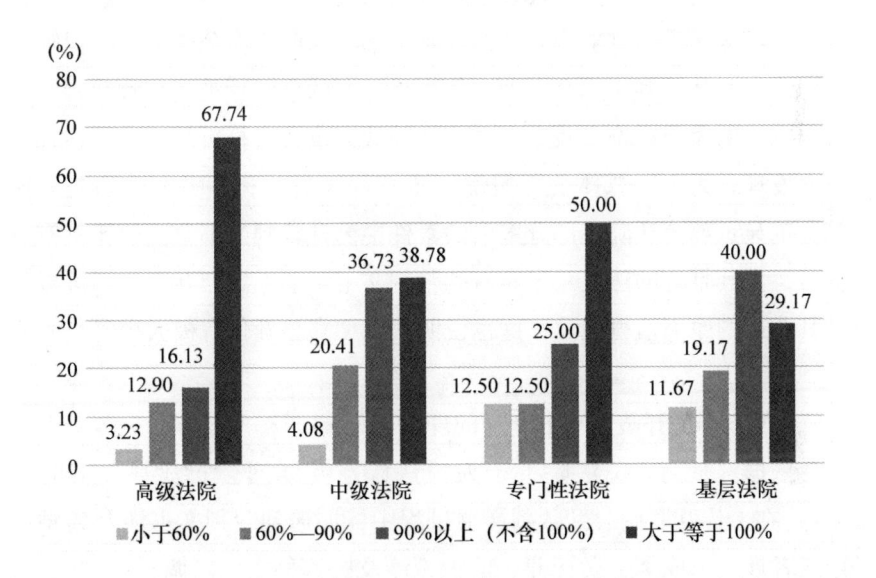

图6-36 各类法院执行案件裁判文书全文公开情况

从裁判文书全文公开的比例超过90%的法院占比看，专门性法院公开情况最好，其次是高级法院，基层法院最不理想。与大量执行案件集中于基层法院的现状来比，执行案件的裁判文书公开情况显然与实际需求不相符。除此之外，总体而言，执行案件裁判文书全文公开比率也进一步表明执行信息公开情况与其他领域的司法公开情况存在一定的差距。

5. 小结

从全部法院及各类案件和各类法院的统计视角来看，裁判文书公开过程中，公开文书全文的比例总体还有待提升。当然，应当看到最高人民法院2016年发布的新的《最高人民法院关于人民法院在互联网公布裁判文书的规定》确立了公开裁判文书信息项的制度，这直接导致了那些因各种原因无法公开的裁判文书不会被"雪藏"，也给各级法院摸清裁判文书公开的家底，切实落实裁判文书以公开为原则、不公开为例的提供了制度依据。这就决定了各级法院所公开的裁判文书信息中，必然有一部分属于不宜上网公开的裁判文书，因此不会公开全文。但问题在于，不公开裁判文书全文的比例如果过高的话，就难免导致裁判文书公开的目的大受影响、裁判文书公开的效果也会大打折扣。从前述统计可以发现，无论是总体公开情况，还是各级法院和各类案件的公开比例，都显示部分法院在部分案由的案件中公开裁判文书全文的比例有待提升，尤其是有的法院一半左右的裁判文书不能上网公开全文，该现象及其背后的原因值得关注，这也说明裁判文书公开仍有极大提升空间。

（四）不公开裁判文书全文的理由

依据《最高人民法院关于人民法院在互联网公布裁判文书的规定》，在上传互联网公开裁判文书过程中，如遇到裁判文书涉及离婚诉讼或者涉及未成年子女抚养、监护，涉及国家秘密，以调解方式结案，涉及未成年人犯罪的，人民法院确认人民调解协议效力的，则属于具备法定事由，可不予公开而只需公开裁判文书的案件号、案由等信息项。具有"人民法院认为不宜在互联网公布的其他情形"的，也可以仅公开不上网裁判文书信息项。相对于法定不公开的事由，"人民法院认为不宜在互联网公布的其他情形"则属于法院酌定事由，是其裁量范围。为了规范法院适用酌定事由，自最高人民法院确立裁判文书上网发布制度机制以来，一直由各级法院内部采取对拟不上网公开的裁判文书进行审批的做法。而不上网审批制度的适用也经历了逐步规范的过程。

根据浙江法院阳光司法指数评估的结果，2015年适用不上网审批制度过程中，主要存在的问题是不上网审批手续没有得到严格适用，部分不上网审批的理由过度宽泛。如根据当时的统计，不上网的理由除涉及国家秘密、个人隐私等法定事由外，还有一些牵强附会的理由，如案件敏感、当事人强烈要求不公开、发回重审、被改判、不公开开庭、判决结果与调解出入大、破产案件、文书无法上传、文书有瑕疵、系统操作失误导致无法观看，等等。①

修订后的《最高人民法院关于人民法院在互联网公布裁判文书的规定》不但明确了不上网裁判文书的事由类别，还简化了不上网审批的流程，即裁判文书涉及不公开的法定事由的，无须审批，只有涉及"人民法院认为不宜在互联网公布的其他情形"的才需要审批。但2018年司法公开第三方评估的结果显示，酌定事由的审批中仍然存在不少问题，包括审批不规范、审批理由宽泛或者不准确等。②

2020年的统计发现，以酌定事由不公开裁判文书全文的比例仍然较高。218家法院在2020年1月至9月公开的裁判文书信息中，未公开裁判文书全文而仅公开裁判文书信息项的涉及649963件，其中以"人民法院认为不宜在互联网公布的其他情形"作为理由的，有332892件，在不公开裁判文书全文的裁判文书中占51.22%，其比例相对较高。有8家法院所有不公开裁判文书全文的事由全部为"人民法院认为不宜在互联网公布的其他情形"，为天津市河西区人民法院、北京市丰台区人民法院、北京市海淀区人民法院、北京市朝阳区人民法院、天津市武清区人民法院、北京市西城区人民法院、天津市南开区人民法院、广州知识产权法院。而上述8家法院不公开裁判文书全文的数量占比也普遍较高，仅广州知识产权法院和天津市南开区人民法院占比较低，分别为0.08%和18.68%，其余法院的不公开全文占比均较高，最高的为天津市河西区人民法院，占比为42.09%。

---

① 参见田禾、吕艳滨著《司法公开：由朦胧到透明的中国法院——浙江法院阳光司法公开第三方评估》，中国社会科学出版社2017年版，第140—141页。
② 参见中国社会科学院国家法治指数研究中心、法学研究所法治指数创新工程项目组著《中国司法公开第三方评估报告》，中国社会科学出版社2019年版，第53—57页。

而此比例在90%以上的依次还有广东省珠海横琴新区人民法院、最高人民法院、上海市高级人民法院、湖北省高级人民法院、内蒙古自治区高级人民法院、上海市虹口区人民法院、上海市浦东新区人民法院、上海市静安区人民法院、辽宁省沈阳市中级人民法院、辽宁省抚顺市中级人民法院、黑龙江省高级人民法院、山东省青岛市黄岛区人民法院（见表11）。而上述法院中，不公开裁判文书比例最低的为最高人民法院，占比0.60%，占比最高的为青岛市黄岛区人民法院，占比60.35%。

这表明，一些法院以法定理由之外的原因不公开裁判文书全文的情况还比较突出，应当引起重视。

1. 酌定事由在民事案件中的适用情况

在民事案件不公开裁判文书全文方面，总体来看，酌定事由占比较高。本次提取的1868028件民事案件裁判文书信息中，不公开裁判文书全文的有514363件，这其中，以酌定事由不公开的有213664件，占41.54%。

有10家法院在该期间公开的裁判文书均为裁判文书全文，不存在以法定或者酌定事由不发布裁判文书全文的情况。在剩余的208家法院中，有44家法院未以酌定事由作为不公开裁判文书全文的理由，占21.15%；113家法院以酌定事由作为不公开理由的裁判文书占比小于等于30%，占54.33%；22家法院以酌定事由作为不公开理由的裁判文书占比为30%—60%，占10.58%；29家法院以酌定事由作为不公开理由的裁判文书占比超过60%，占13.94%（见图6-37），其中有10家法院以酌定事由作为不公开理由的裁判文书占比达100%，即其所有不公开全文的民事案件裁判文书均以酌定事由为依据。

高级法院中，有2家法院在该时间段所发布的裁判文书信息全部为相关裁判文书的全文，不涉及公开裁判文书信息项的问题。此外，有12家法院未以酌定事由作为不公开裁判文书全文的理由，在涉及不公开裁判文书全文的30家法院中，占40.00%；以酌定事由作为不公开裁判文书全文理由的占比小于等于30%的有7家法院，占23.33%；占比为30%—60%的有5家法院，占16.67%；占比超过60%的法院有6家，占20.00%。

续表

法院	公开的文书总量（件）	公开文书内容的数量（件）	占比（%）	公开不上网文书信息项的数量（件）	占比（%）	以"其他"理由仅公开信息项的数量（件）	占比（%）
黑龙江省哈尔滨市南岗区人民法院	8589	5588	65.06	3001	34.94	1955	65.14
北京市朝阳区人民法院	53212	34571	64.97	18641	35.03	18641	100.00
江西省高安市人民法院	8488	5513	64.95	2975	35.05	1325	44.54
北京市海淀区人民法院	42670	27682	64.87	14987	35.12	14987	100.00
江苏省昆山市人民法院	16580	10728	64.70	5852	35.30	0	0.00
湖北省恩施市人民法院	6657	4284	64.35	2373	35.65	416	17.53
北京市丰台区人民法院	28609	18337	64.10	10272	35.90	10272	100.00
江苏省江阴市人民法院	21583	13752	63.72	7831	36.28	0	0.00
甘肃省兰州市城关区人民法院	9876	6211	62.89	3665	37.11	1774	48.40
河北省石家庄市长安区人民法院	10811	6760	62.53	4051	37.47	2566	63.34
安徽省太和县人民法院	13000	8071	62.08	4929	37.92	2360	47.88
辽宁省绥中县人民法院	7991	4791	59.95	3200	40.05	1981	61.91

第六章 各领域司法透明度现状

续表

法院	公开的文书总量（件）	公开文书内容的数量（件）	占比（%）	公开不上网文书信息项的数量（件）	占比（%）	以"其他"理由仅公开信息项的数量（件）	占比（%）
天津市滨海新区人民法院	22167	15018	67.75	7149	32.25	2771	38.76
四川自由贸易试验区人民法院	5047	3418	67.72	1629	32.28	368	22.59
辽宁省沈阳市中级人民法院	30367	20558	67.70	9809	32.30	9020	91.96
上海市虹口区人民法院	36625	24787	67.68	11838	32.32	10944	92.45
陕西省定边县人民法院	8626	5784	67.05	2842	32.95	911	32.05
上海市闵行区人民法院	61721	41072	66.54	20649	33.46	17835	86.37
山西省太原市小店区人民法院	7271	4806	66.10	2465	33.90	1296	52.58
河北省秦皇岛市海港区人民法院	4593	3024	65.84	1569	34.16	19	1.21
天津市武清区人民法院	9755	6419	65.80	3336	34.20	3336	100.00
四川省成都市郫都区人民法院	9739	6384	65.55	3355	34.45	0	0.00
湖北省武汉市江岸区人民法院	7993	5211	65.19	2782	34.81	1351	48.56
青海省西宁市城东区人民法院	6571	4277	65.09	2294	34.91	547	23.84

2. 刑事案件中的酌定事由适用情况

在刑事案件不公开裁判文书全文方面，总体来看因酌定事由不公开裁判文书全文的占比较高。本次提取的196592件刑事案件裁判文书信息中，不公开裁判文书全文的有16780件裁判文书信息，这其中，以酌定事由不公开的有11408件裁判文书信息，占67.99%，高于民事案件的比例。也就是说，虽然刑事案件的裁判文书中不公开全文的比例低于民事案件，但不公开全文的裁判文书中更多的仍是依据的酌定事由。

有11家法院该期间未发布过刑事案件裁判文书。另有29家法院所发布的裁判文书全部为文书全文。在剩余178家法院中，有24家法院未以酌定事由作为不公开裁判文书全文的理由，占13.48%；20家法院以酌定事由作为不公开理由的裁判文书占比小于等于30%，占11.24%；28家法院以酌定事由作为不公开理由的裁判文书占比为30%—60%，占15.73%；106家法院以酌定事由作为不公开理由的裁判文书占比超过60%，占59.55%（见图6-39），其中有27家法院以

图6-39 刑事案件以酌定事由不公开裁判文书公开全文的法院占比

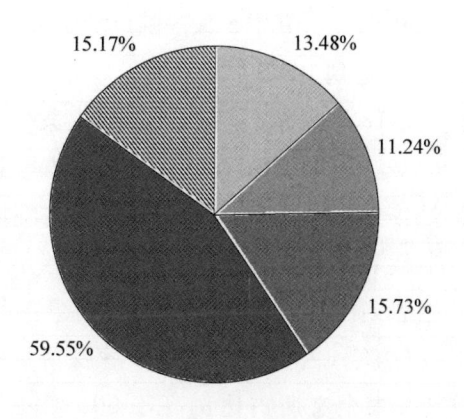

酌定事由作为不公开理由的文书占比达100%，即其所有不公开全文的刑事案件裁判文书均以酌定事由为依据，占15.17%。

高级法院中，有4家法院公开的所有刑事案件裁判文书均为文书全文。剩余28家法院中，有4家法院未以酌定事由为由不公开刑事案件裁判文书全文，占14.28%；8家法院以酌定事由为由不公开刑事案件裁判文书全文所占比例小于等于30%，占3.57%；2家法院以酌定事由为由不公开刑事案件裁判文书全文所占比例为30%—60%，占7.14%；19家法院以酌定事由为由不公开刑事案件裁判文书全文所占比例高于60%，占67.86%，其中5家法院以酌定事由不公开刑事案件裁判文书全文所占比例达到100%。

中级法院中，有5家法院公开的所有刑事案件裁判文书均为文书全文。剩余44家法院中，有1家法院未以酌定事由为由不公开刑事案件裁判文书全文，占2.27%；8家法院以酌定事由为由不公开刑事案件裁判文书全文所占比例小于等于30%，占比18.18%；9家法院以酌定事由为由不公开刑事案件裁判文书全文所占比例为30%—60%，占20.45%；26家法院以酌定事由为由不公开刑事案件裁判文书全文所占比例高于60%，占50.09%，其中5家法院以酌定事由不公开刑事案件裁判文书全文所占比例达到100%。

基层法院中，有18家法院公开的所有刑事案件裁判文书均为文书全文。剩余106家法院中，有19家法院未以酌定事由为由不公开刑事案件裁判文书全文，占17.92%；11家法院以酌定事由为由不公开刑事案件裁判文书全文所占比例小于等于30%，占10.38%；16家法院以酌定事由为由不公开刑事案件裁判文书全文所占比例为30%—60%，占15.09%；60家法院以酌定事由为由不公开刑事案件裁判文书全文所占比例高于60%，占56.60%，其中17家法院以酌定事由不公开刑事案件裁判文书全文所占比例达到100%（见图6-40）。

第六章 各领域司法透明度现状

[图表：各类法院刑事案件以酌定事由不公开裁判文书全文情况]

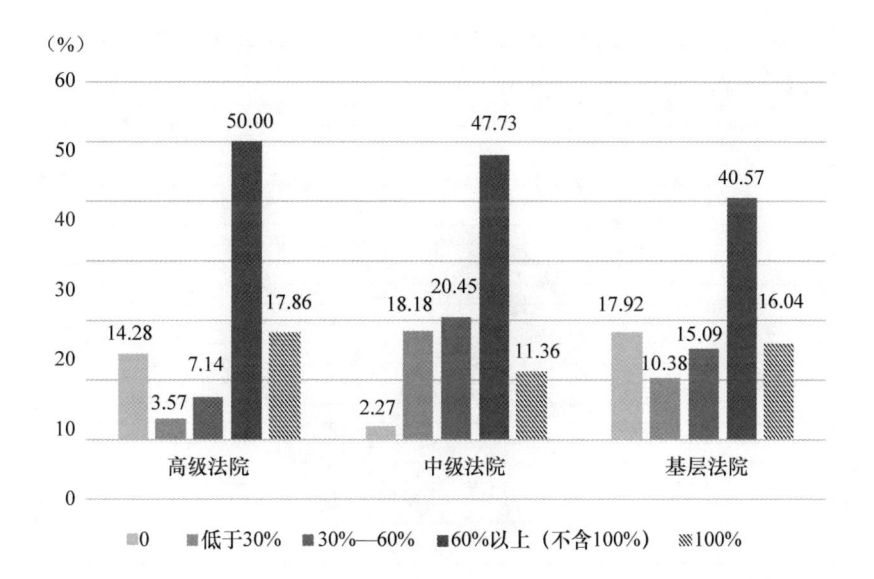

高级法院：0: 14.28；低于30%: 3.57；30%—60%: 7.14；60%以上（不含100%）: 50.00；100%: 17.86

中级法院：0: 2.27；低于30%: 18.18；30%—60%: 20.45；60%以上（不含100%）: 47.73；100%: 11.36

基层法院：0: 17.92；低于30%: 10.38；30%—60%: 15.09；60%以上（不含100%）: 40.57；100%: 16.04

图6-40 各类法院刑事案件以酌定事由不公开裁判文书全文情况

综上，以酌定事由不公开裁判文书全文的占比超过60%的法院数量接近60%，也就是意味着众多法院是在以酌定事由不公开刑事案件裁判文书的全文。三级法院中，以酌定事由不公开刑事案件裁判文书全文的情况比较普通，且比例较高，尤其是高级法院相对更高些。

3. 行政案件中的酌定事由适用情况

在行政案件不公开裁判文书全文方面，总体来看，酌定事由占也比较高。本次提取的104674件刑事案件裁判文书信息中，不公开裁判文书全文的有3206件裁判文书信息，这其中，以酌定事由不公开的有3001件裁判文书信息，占93.61%，高于其他类型案件的比例。

有14家法院该期间未发布过行政案件裁判文书。另有99家法院所发布的裁判文书全部为裁判文书全文。在剩余的105家法院中，有19家法院未以酌定事由作为不公开行政案件裁判文书全文的理由，占18.10%；8家法院以酌定事由作为不公开理由的裁判文书占比小于等于60%，占7.62%；78家法院以酌定事由作为不公开理由的裁判文书占比超过60%，占74.29%（见图6-41），其中有59家法院以酌定事

· 189 ·

由作为不公开理由的裁文书占比达100%,即其所有不公开全文的行政案件裁判文书均以酌定事由为依据。

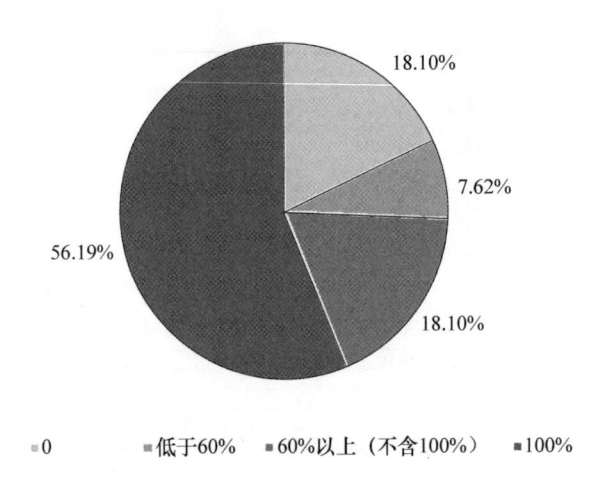

图6-41 行政案件以酌定事由不公开裁判文书公开全文的法院占比

高级法院中,有15家法院公开的所有行政案件裁判文书均为文书全文。剩余17家法院中,有5家法院未以酌定事由为由不公开行政案件裁判文书全文,占29.41%;1家法院以酌定事由为由不公开行政案件裁判文书全文所占比例小于等于60%,占5.88%;11家法院以酌定事由为由不公开行政案件裁判文书全文所占比例高于60%,占64.71%,其中9家法院以酌定事由不公开行政案件裁判文书全文所占比例达到100%。

中级法院中,有1家法院该期间未公开行政案件裁判文书。有19家法院公开的所有行政案件裁判文书均为文书全文。剩余29家法院中,有5家法院未以酌定事由为由不公开行政案件裁判文书全文,占17.24%;3家法院以酌定事由为由不公开行政案件裁判文书全文所占比例小于等于60%,占10.34%;21家法院以酌定事由为由不公开行政案件裁判文书全文所占比例高于60%,占72.41%,其中13家法院以酌定事由不公开行政案件裁判文书全文所占比例达到100%。

专门性法院中,有5家法院该期间未公开行政案件裁判文书。有5家法院公开的所有行政案件裁判文书均为文书全文,另外两家法院不公开行政案件裁判文书全文的法院所适用的理由均为酌定事由。

基层法院中,有8家法院该期间未公开行政案件裁判文书,有60家法院公开的所有行政案件裁判文书均为文书全文。剩余56家法院中,有9家法院未以酌定事由为由不公开行政案件裁判文书全文,占16.07%;4家法院以酌定事由为由不公开行政案件裁判文书全文所占比例小于等于60%,占7.14%;43家法院以酌定事由为由不公开行政案件裁判文书全文所占比例高于60%,占76.79%,其中35家法院以酌定事由不公开行政案件裁判文书全文所占比例达到100%(见图6-42)。

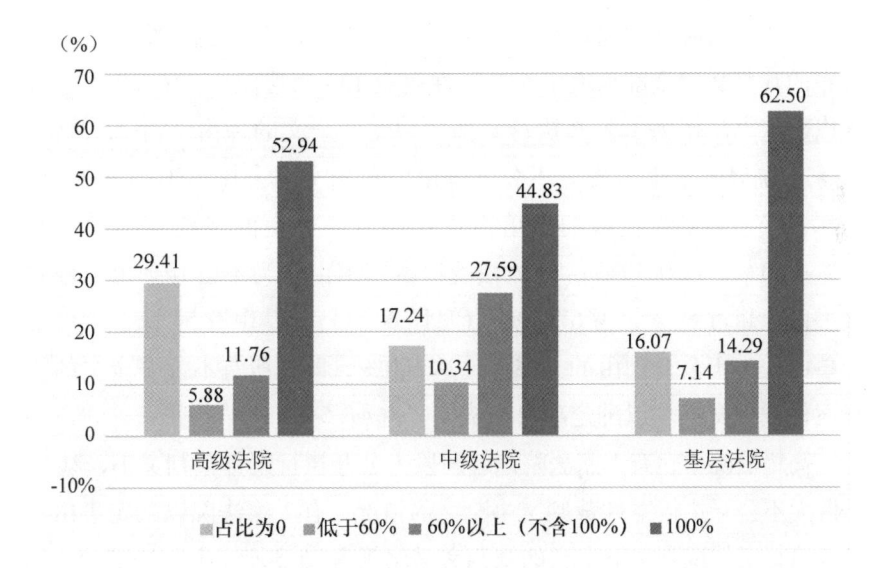

图6-42 各类法院行政案件以酌定事由不公开裁判文书全文情况

综上,行政案件裁判文书公开方面,虽然行政案件的全文公开比率总体上明显好于民事案件和刑事案件,但其以酌定事由不公开裁判文书全文的占比超过60%的法院数量超过了70%。凡是涉及公开行政案件裁判文书的，大多数法院都存在大量案件以酌定事由不公开行政案件裁判文书全文的情况。而三级法院中，以酌定事由不公开行政案件裁判文书全文的情况比较普遍，仅以全部不公开全文的裁判文书适用酌定事由为视角看，基层法院尤为突出，高级法院次之，中级法院紧随其后。这是否可以折射出行政案件审理过程中的一些问题，有必要进一步进行分析研究。

4. 执行案件中的酌定事由适用情况

在执行案件不公开裁判文书全文方面，总体来看酌定事由占比较高。本次提取的709196件执行案件裁判文书信息中，不公开裁判文书全文的有112041件裁判文书信息，这其中，以酌定事由不公开的有101691件裁判文书信息，在不公开全文的裁判文书中占90.76%，高于民事、刑事案件的比例。

有9家法院该期间未发布过执行案件裁判文书。另有79家法院所发布的裁判文书全部为文书全文。在剩余130家法院中，有29家法院未以酌定事由作为不公开执行案件裁判文书全文的理由，占22.31%；12家法院以酌定事由作为不公开理由的裁判文书占比小于等于30%，占9.23%；1家法院以酌定事由作为不公开理由的裁判文书占比为30%—60%，占0.77%；88家法院以酌定事由作为不公开理由的裁判文书占比超过60%，占67.69%（见图6-43），其中有54家法院以酌定事由作为不公开理由的文书占比达100%，即其所有不公开全文的执行案件裁判文书均以酌定事由为依据，占41.54%。

高级法院中，有1家法院该时间段未公开执行案件裁判文书，21家法院无不公开执行案件裁判文书全文的情况，有1家法院以酌定事由不公开执行案件裁判文书全文的裁判文书比例为36.36%，1家法院的比例为75%，其余8家法院以酌定事由不公开执行案件裁判文书全文的裁判文书比例为100%，在有执行案件裁判文书公开的法院中占80%。

第六章 各领域司法透明度现状

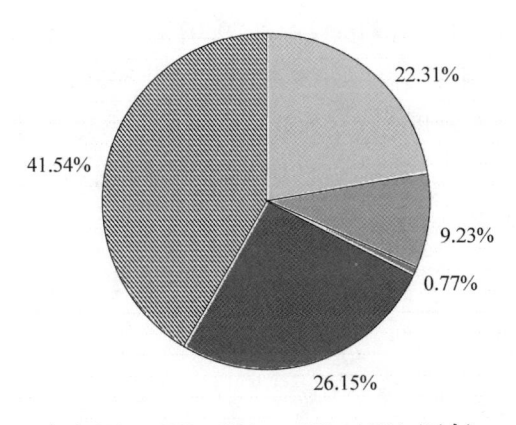

```
         22.31%
41.54%
         9.23%
         0.77%
   26.15%
```

■0 ■小于30% ■30%—60% ■60%—100%（不含） ▨大于等于100%

图6-43 执行案件以酌定事由不公开裁判文书公开全文的法院占比

中级法院中，有19家法院无不公开执行案件裁判文书全文的情况。其余30家法院中，有4家法院不存在以酌定事由不公开执行案件裁判文书全文的情况，在有执行案件裁判文书公开的法院中占13.33%；1家法院以酌定事由不公开执行案件裁判文书全文的裁判文书比例小于30%，占3.33%；25家法院以酌定事由不公开执行案件裁判文书的裁判文书比例在60%以上，占83.33%，其中，15家法院以酌定事由不公开执行案件裁判文书全文的裁判文书比例为100%。

专门性法院中，有14家法院无不公开执行案件裁判文书全文的情况。其余8家法院中，有4家法院不存在以酌定事由不公开执行案件裁判文书全文的情况，在有执行案件裁判文书公开的法院中占50%；1家法院以酌定事由不公开执行案件裁判文书全文的裁判文书比例为74.78%，占12.50%；3家法院以酌定事由不公开执行案件裁判文书全文的裁判文书比例为100%，占37.5%。

基层法院中，有4家法院在此期间未公开执行案件裁判文书，有34家法院无不公开执行案件裁判文书全文的情况。其余86家法院中，有25家法院不存在以酌定事由不公开执行案件裁判文书全文的情况，

· 193 ·

在有执行案件裁判文书公开的法院中占 29.07%；11 家法院以酌定事由不公开执行案件裁判文书全文的文书比例低于 30%，占 12.79%；50 家法院以酌定事由不公开执行案件裁判文书的文书比例高于在 60% 以上，占 58.14%，其中，28 家法院以酌定事由不公开执行案件裁判文书全文的文书比例为 100%（见图 6-44）。

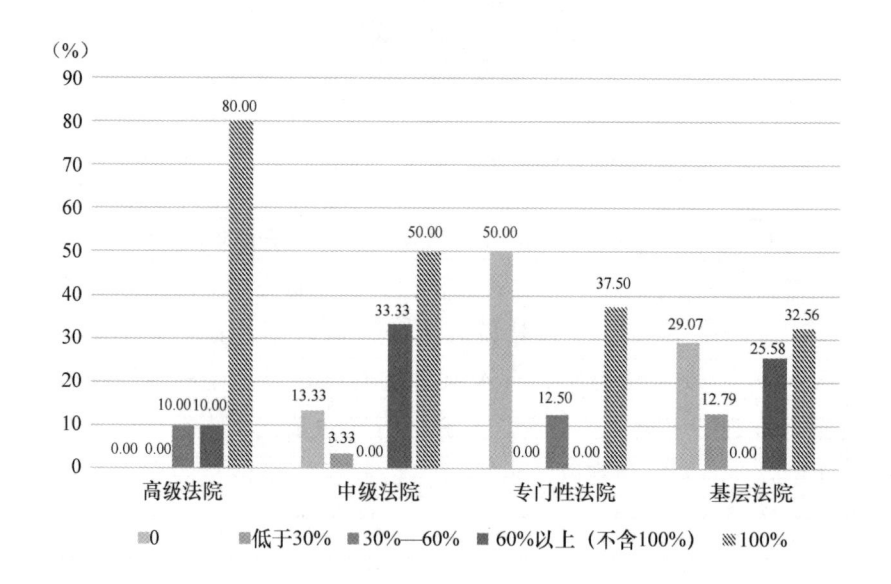

图 6-44　各类法院执行案件以酌定事由不公开裁判文书全文情况

综合分析上列数据可以发现，以酌定事由不公开执行案件裁判文书全文的占比超过 60% 的法院数量显著超过 60%，也就是意味着众多法院是在以酌定事由不公开执行案件裁判文书的全文。而且，在不同级别的法院中反映的也较为明显。如果按照"以酌定事由不公开执行案件裁判文书全文的占比超过 60%"这一标准来区分，高级法院、中级法院、专门性法院和基层法院中，分别涉及 90.00%、83.33%、50.00%、58.14% 的法院。以酌定事由不公开执行案件裁判文书全文，这是司法解释赋予各级法院的权限，也是为了防止法定不公开事由的规定不周延，但在执行案件中呈现如此高的适用比例，无论是从推进执行案件信息公开角度，还是从规范裁判文书在互联网发布的角度而言，都是值得关注的问题。

5. 小结

从只是要求各级法院向中国裁判文书网上传可以公开的裁判文书，到即便裁判文书不宜公开也要上传其案号、审理法院、裁判日期、不公开理由等裁判文书信息项，这是裁判文书公开的一大进步，也使以公开为原则、不公开为例外得到更好的落实。而对于不公开裁判文书全文，司法解释根据司法实践和裁判文书公开的实际情况，明确列举了法定事由，并授权各级法院依据酌定事由进行判断，应该说，这样的规定方式和制度设计也是可行的。但实际运行下来，酌定事由在司法公开实践中的运用确实值得关注。从2020年评估抽取的评估对象的裁判文书数据来看，不少法院的大量不公开全文的裁判文书都是依据酌定事由确定只公开信息项的。如前所述，218家被评估法院2020年1月至9月底发布的不公开全文的裁判文书中，有在51.22%的裁判文书的不公开理由是酌定事由，即"人民法院认为不宜在互联网公布的其他情形"。

其中，行政案件和执行案件中适用酌定事由不公开裁判文书全文的情况尤其突出。统计显示，民事案件、刑事案件、行政案件、执行案件中依据酌定事由不公开裁判文书全文的文书占比依次为41.54%、67.99%、93.61%、90.76%（见图6-45）。如果说刑事案件较为敏感、行政案件较为棘手、民事案件部分案由当事人顾虑较多，那么执行案件为何保持如此高的比例着实值得关注。

不仅是裁判文书数量，适用酌定事由不公开裁判文书全文的占比较高的法院比例也较高。以适用酌定事由不公开裁判文书全文的占比超过60%的情况，民事案件、刑事案件、行政案件和执行案件中，分别涉及13.94%、59.55%、74.29%、67.69%的法院，同样是行政案件和执行案件较为突出（见图6-46）。

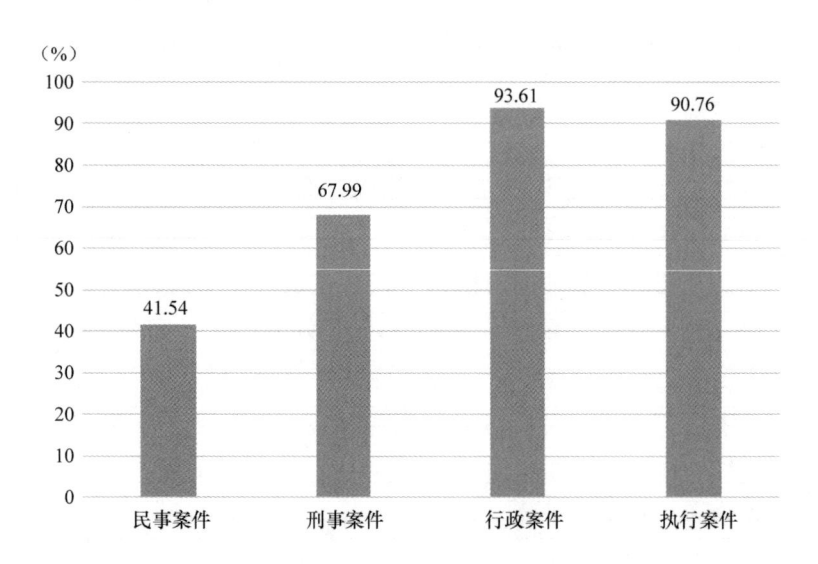

图6-45 四类案件中以酌定事由不公开全文的裁判文书占比

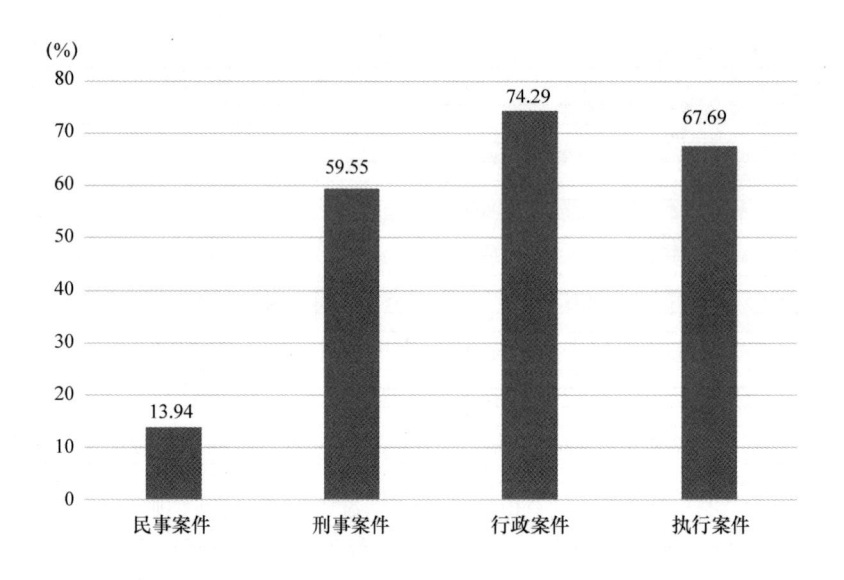

民事案件 41.54%
刑事案件 67.99%
行政案件 93.61%
执行案件 90.76%

图6-46 以酌定事由不公开全文的裁判文书占比超过60%的法院占比

民事案件 13.94%
刑事案件 59.55%
行政案件 74.29%
执行案件 67.69%

而且，有部分法院所有不公开全文的裁判文书所依据的都是酌定事由。其中，民事案件涉及10家法院，在208家有不公开民事案件裁判文书全文的法院中占 4.81%；刑事案件涉及 27 家法院，在 178 家有不公开刑事案件裁判文书全文的法院中占 15.17%；行政案件涉及 59 家法院，在 105 家有行政案件不公开裁判文书全文的法院中占 56.19%；执行案件涉及 54 家法院，在 130 家有不公开执行案件裁判文书的法院中占 41.54%（见图 6-47）。同样是民事案件较好，行政案件和执行案件问题最为突出。那么，这些法院的此类情况就更值得关注了。

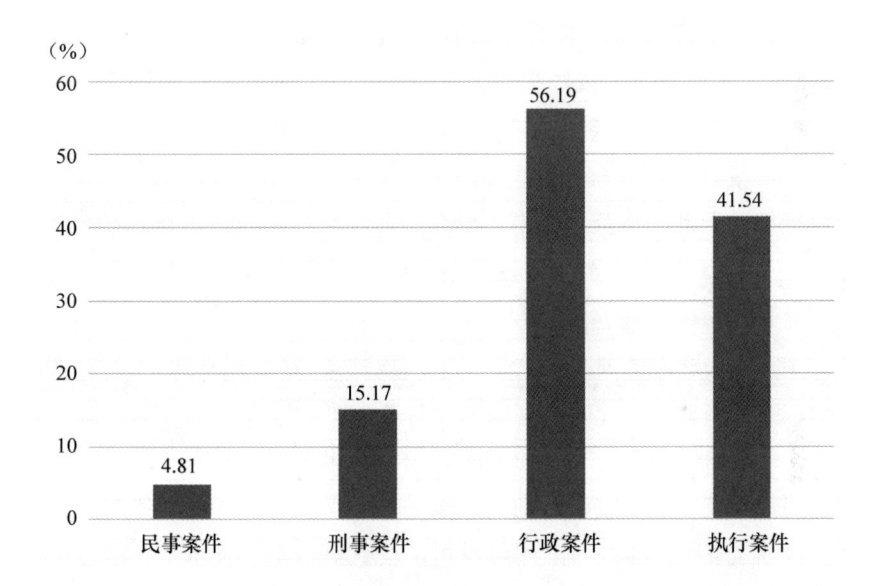

图 6-47 全部不公开全文的裁判文书均依据酌定事由的法院占比

"人民法院认为不宜在互联网公布的其他情形"这一酌定事由在实践中得到如此广泛的应用，结合以往的调研情况看，不排除该规定被滥用的可能。事实上，早在中国社会科学院法学研究所课题组受委托开展 2013—2015 年浙江法院阳光司法指数评估、2014—2015 年北京法院阳光司法指数评估以及 2018 年全国司法公开第三方评估时，就已经多次呈现了裁判文书不上网审批，特别是在适用"人民法院认为不宜在互联网公布的其他情形"

这一酌定事由时的不规范情况。[①] 2020 年的统计结果进一步表明，酌定事由在裁判文书上网公开过程中被滥用或者适用不规范的情况仍然比较突出。从另一方面看，如果涉及的裁判文书不公开全文的案件确有不公开的理由的话，那么，就需要反思最高人民法院关于公开裁判文书的司法解释中对法定事由的列举是否周延，是否需要根据实际情况增列新的事由，以回应司法实践需求，防止各法院灵活掌握中可能出现的偏差。

（五）裁判文书上网公开的时间

依据《最高人民法院关于人民法院在互联网公布裁判文书的规定》，发生法律效力的裁判文书，应当在裁判文书生效之日起七个工作日内在互联网公布；依法提起抗诉或者上诉的一审判决书、裁定书，应当在二审裁判生效后七个工作日内在互联网公布。但裁判文书生效时间难以把控，因此，从裁判文书作出到实际上网之间的时间间隔可能会比较长。从 2020 年 1 月至 9 月被评估法院的裁判文书数据看，裁判文书上网公开的时间间隔差距较大。

本书以各法院裁判文书上传至中国裁判文书网的平均间隔这个维度来对裁判文书上网公开的效率做简要分析。平均间隔是每个法院同一时间段内上网的所有裁判文书的上网时间与作出时间的时间差除以该时间段上网裁判文书总件数所得的商。该平均值受到很多因素的影响，一个法院裁判文书平均上网时间间隔既可能受到其内部管理水平、信息化保障水平的影响，也可能和同期办理的案件类型、做出的裁判文书类型有关系。因此，该平均值未必可以准确反应特定法院的裁判文书公开效率，甚至可能不能完全反映其裁判文书公开的内部管理水平，但是，该平均值及其分布情况对于观察裁判文书总体公开效率是有一定的参考意义的。

[①] 参见田禾、吕艳滨著《司法公开：由朦胧到透明的中国法院——浙江法院阳光司法公开第三方评估》，中国社会科学出版社 2017 年版，第 140—141 页；中国社会科学院法学研究所法治指数创新工程项目组：《北京法院阳光司法指数报告（2015）》，载李林、田禾主编《法治蓝皮书·中国法治发展报告 No. 14（2016）》，社会科学文献出版社 2016 年版，第 303—304 页；中国社会科学院国家法治指数研究中心、法学研究所法治指数创新工程项目组著：《中国司法公开第三方评估报告》，中国社会科学出版社 2019 年版，第 53—57 页。

2020年评估显示，218家法院中，裁判文书上传至中国裁判文书网的平均时间间隔最短的法院为21天，最长的为766天（见表6-2）。其中，平均时间间隔为50天以内（不含50天）的有30家法院，占13.76%；平均时间间隔在50—99天的有61家法院，占27.98%；平均时间间隔在100—149天的有60家法院，占27.52%；平均时间间隔在150—199天的有28家法院，占12.84%；平均时间间隔在200天（含200天）以上的有39家法院，占17.89%（见图6-48）。

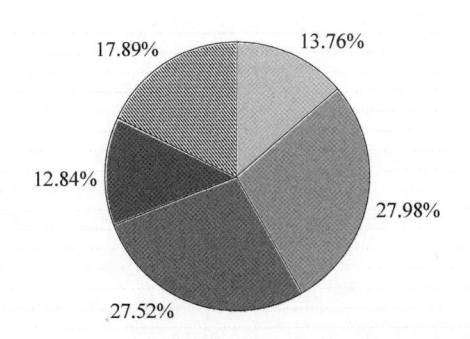

图6-48　裁判文书上网公开平均时间间隔的法院分布

表6-2　　　　　　　裁判文书上网公开时间间隔

法院类型	法院	平均文书裁判上传间隔（天）	最短文书裁判上传间隔（天）	最长文书裁判上传间隔（天）
最高法院	最高人民法院	115	2	1720
高级法院	北京市高级人民法院	26	1	1899
	天津市高级人民法院	99	1	1769
	河北省高级人民法院	102	1	898
	山西省高级人民法院	189	1	1522
	内蒙古自治区高级人民法院	156	2	3591
	辽宁省高级人民法院	131	1	1725
	吉林省高级人民法院	67	2	645
	黑龙江省高级人民法院	155	1	2389

续表

法院类型	法院	平均文书裁判上传间隔（天）	最短文书裁判上传间隔（天）	最长文书裁判上传间隔（天）
	上海市高级人民法院	172	2	3202
	江苏省高级人民法院	129	1	3725
	浙江省高级人民法院	96	4	4365
	安徽省高级人民法院	73	2	1294
	福建省高级人民法院	234	2	1857
	江西省高级人民法院	168	0	3920
	山东省高级人民法院	197	1	1892
	河南省高级人民法院	149	2	1534
	湖北省高级人民法院	129	2	2838
	湖南省高级人民法院	90	1	1022
	广东省高级人民法院	141	0	2208
	广西壮族自治区高级人民法院	241	3	2998
	海南省高级人民法院	46	1	1465
	重庆市高级人民法院	143	9	2194
	四川省高级人民法院	80	2	884
	贵州省高级人民法院	178	2	1530
	云南省高级人民法院	160	1	1562
	西藏自治区高级人民法院	160	13	1024
	陕西省高级人民法院	126	0	1686
	甘肃省高级人民法院	96	2	770
	青海省高级人民法院	41	2	1788
	宁夏回族自治区高级人民法院	122	3	1369
	新疆维吾尔自治区高级人民法院	22	0	1198
	新疆维吾尔自治区高级人民法院生产建设兵团分院	121	9	448

第六章 各领域司法透明度现状

续表

法院类型	法院	平均文书裁判上传间隔（天）	最短文书裁判上传间隔（天）	最长文书裁判上传间隔（天）
专门性法院	广东省珠海横琴新区人民法院	270	1	1349
	北京知识产权法院	110	1	1083
	广州知识产权法院	178	0	1748
	广东省深圳前海合作区人民法院	200	1	1867
	上海知识产权法院	325	1	1958
	广东省广东自由贸易区南沙片区人民法院	125	1	774
	杭州互联网法院	217	5	916
	上海金融院法院	111	2	757
	北京互联网法院	47	1	588
	四川自由贸易试验区人民法院	70	1	595
	广州互联网法院	219	1	673
	重庆自由贸易试验区人民法院	145	0	3797
中级法院	河北省石家庄市中级人民法院	111	1	3512
	河北省唐山市中级人民法院	159	1	3214
	河北省邯郸市中级人民法院	221	2	1848
	山西省太原市中级人民法院	94	4	5713
	山西省大同市中级人民法院	148	3	2107
	内蒙古自治区呼和浩特市中级人民法院	122	1	3472
	内蒙古自治区包头市中级人民法院	175	6	5169
	辽宁省沈阳市中级人民法院	71	0	2275
	辽宁省大连市中级人民法院	43	0	1343
	辽宁省鞍山市中级人民法院	38	0	966
	辽宁省抚顺市中级人民法院	36	0	835

续表

法院类型	法院	平均文书裁判上传间隔（天）	最短文书裁判上传间隔（天）	最长文书裁判上传间隔（天）
	辽宁省本溪市中级人民法院	62	0	1685
	吉林省长春市中级人民法院	64	1	1481
	吉林省吉林市中级人民法院	35	0	1256
	黑龙江省哈尔滨市中级人民法院	122	0	2539
	黑龙江省齐齐哈尔市中级人民法院	169	1	1190
	江苏省南京市中级人民法院	108	0	1172
	江苏省徐州市中级人民法院	76	0	2426
	江苏省无锡市中级人民法院	102	0	3089
	江苏省苏州市中级人民法院	227	0	6475
	浙江省杭州市中级人民法院	106	1	1454
	浙江省宁波市中级人民法院	148	2	2344
	安徽省合肥市中级人民法院	89	0	2612
	安徽省淮南市中级人民法院	38	1	1260
	福建省福州市中级人民法院	160	2	3170
	福建省厦门市中级人民法院	124	2	1171
	江西省南昌市中级人民法院	77	0	3035
	山东省济南市中级人民法院	119	0	1972
	山东省青岛市中级人民法院	52	0	1271
	山东省淄博市中级人民法院	48	1	988
	河南省郑州市中级人民法院	42	0	1901
	河南省洛阳市中级人民法院	130	1	2593
	湖北省武汉市中级人民法院	53	1	1805
	湖南省长沙市中级人民法院	59	0	2191
	广东省广州市中级人民法院	59	1	2472
	广东省深圳市中级人民法院	107	0	2236

第六章 各领域司法透明度现状

续表

法院类型	法院	平均文书裁判上传间隔（天）	最短文书裁判上传间隔（天）	最长文书裁判上传间隔（天）
	广东省珠海市中级人民法院	125	1	1885
	广东省汕头市中级人民法院	214	1	1751
	广西壮族自治区南宁市中级人民法院	254	6	1878
	海南省海口市中级人民法院	100	1	1582
	四川省成都市中级人民法院	122	2	1499
	贵州省贵阳市中级人民法院	131	1	1780
	云南省昆明市中级人民法院	211	1	2487
	西藏自治区拉萨市中级人民法院	118	4	1583
	陕西省西安市中级人民法院	93	0	2416
	甘肃省兰州市中级人民法院	59	4	840
	青海省西宁市中级人民法院	256	1	1832
	宁夏回族自治区银川市中级人民法院	109	7	1191
	新疆维吾尔自治区乌鲁木齐市中级人民法院	21	1	1476
基层法院	北京市海淀区人民法院	72	0	2317
	北京市西城区人民法院	86	1	2016
	北京市丰台区人民法院	65	0	4204
	北京市朝阳区人民法院	75	1	1791
	天津市南开区人民法院	53	0	1368
	天津市武清区人民法院	81	0	1777
	天津市河西区人民法院	117	0	5081
	天津市滨海新区人民法院	109	0	1205
	河北省石家庄市长安区人民法院	175	1	2872

续表

法院类型	法院	平均文书裁判上传间隔（天）	最短文书裁判上传间隔（天）	最长文书裁判上传间隔（天）
	河北省围场满族蒙古族自治县人民法院	87	1	1545
	河北省秦皇岛市海港区人民法院	297	1	2110
	河北省三河市人民法院	281	1	3152
	山西省太原市小店区人民法院	146	1	2652
	山西省运城市盐湖区人民法院	161	10	1733
	山西省河津市人民法院	103	0	1551
	山西省临猗县人民法院	130	0	1916
	内蒙古自治区呼和浩特市赛罕区人民法院	148	3	1667
	内蒙古自治区乌兰浩特市人民法院	73	0	2125
	内蒙古自治区赤峰市松山区人民法院	392	7	2353
	内蒙古自治区阿鲁科尔沁旗人民法院	146	1	1025
	辽宁省沈阳市沈河区人民法院	71	0	2306
	辽宁省沈阳市和平区人民法院	96	0	3042
	辽宁省海城市人民法院	56	1	2611
	辽宁省绥中县人民法院	44	1	445
	吉林省长春市朝阳区人民法院	31	0	488
	吉林省松原市宁江区人民法院	88	0	860
	吉林省前郭尔罗斯蒙古族自治县人民法院	49	0	2735
	吉林省延吉市人民法院	48	0	1039

续表

法院类型	法院	平均文书裁判上传间隔（天）	最短文书裁判上传间隔（天）	最长文书裁判上传间隔（天）
	黑龙江省哈尔滨市道里区人民法院	254	1	2303
	黑龙江省哈尔滨市南岗区人民法院	200	1	2259
	黑龙江省宾县人民法院	89	1	1077
	黑龙江省讷河市人民法院	119	0	1633
	上海市闵行区人民法院	369	0	5772
	上海市浦东新区人民法院	341	0	2742
	上海市静安区人民法院	174	0	3430
	上海市虹口区人民法院	257	1	2391
	江苏省沭阳县人民法院	187	0	2224
	江苏省江阴市人民法院	162	0	2018
	江苏省苏州市吴江区人民法院	99	0	2135
	江苏省昆山市人民法院	163	4	2911
	浙江省杭州市余杭区人民法院	100	1	1766
	浙江省苍南县人民法院	118	2	1381
	浙江省诸暨市人民法院	85	1	948
	浙江省义乌市人民法院	162	1	1313
	安徽省合肥市瑶海区人民法院	179	1	3610
	安徽省合肥市包河区人民法院	160	1	1711
	安徽省太和县人民法院	114	1	2567
	安徽省巢湖市人民法院	97	1	1573
	福建省厦门市思明区人民法院	118	2	3440
	福建省厦门市湖里区人民法院	163	1	3162
	福建省晋江市人民法院	200	1	3250
	福建省惠安县人民法院	120	2	1014
	江西省南昌市东湖区人民法院	118	1	2066

续表

法院类型	法院	平均文书裁判上传间隔（天）	最短文书裁判上传间隔（天）	最长文书裁判上传间隔（天）
	江西省南昌市西湖区人民法院	124	1	2406
	江西省南昌县人民法院	58	1	1980
	江西省高安市人民法院	27	1	1546
	山东省青岛市黄岛区人民法院	776	0	2414
	山东省胶州市人民法院	88	1	4166
	山东省临沂市兰山区人民法院	170	2	2473
	山东省费县人民法院	102	1	1532
	河南省郑州市金水区人民法院	88	1	2316
	河南省新郑市人民法院	46	1	1360
	河南省郑州高新技术产业开发区人民法院	27	0	1911
	河南省滑县人民法院	52	1	2089
	湖北省武汉市江岸区人民法院	55	1	1246
	湖北省武汉市武昌区人民法院	143	1	3885
	湖北省阳新县人民法院	66	1	2538
	湖北省恩施市人民法院	50	1	1357
	湖南省长沙市岳麓区人民法院	41	1	2014
	湖南省长沙市芙蓉区人民法院	29	0	2239
	湖南省浏阳市人民法院	31	0	1551
	湖南省攸县人民法院	40	1	1167
	广东省广州市越秀区人民法院	341	1	3520
	广东省深圳市福田区人民法院	253	0	3053
	广东省惠东县人民法院	339	0	2629
	广东省英德市人民法院	223	1	3413
	广西壮族自治区南宁市青秀区人民法院	453	1	3324

第六章 各领域司法透明度现状

续表

法院类型	法院	平均文书裁判上传间隔（天）	最短文书裁判上传间隔（天）	最长文书裁判上传间隔（天）
	广西壮族自治区南宁市西乡塘区人民法院	347	2	1956
	广西壮族自治区宾阳县人民法院	377	2	2755
	广西壮族自治区桂平市人民法院	326	3	3180
	海南省海口市龙华区人民法院	276	1	2144
	海南省海口市美兰区人民法院	205	1	1461
	海南省澄迈县人民法院	130	1	798
	海南省儋州市人民法院	147	1	889
	重庆市江北区人民法院	78	0	1674
	重庆市渝北区人民法院	75	1	1059
	重庆市云阳县人民法院	51	0	1037
	重庆市渝中区人民法院	82	1	1615
	四川省成都市青羊区人民法院	84	2	2317
	四川省成都市郫都区人民法院	84	1	1144
	四川省成都高新技术产业开发区人民法院	111	1	1839
	四川省阆中市人民法院	86	2	1898
	贵州省贵阳市云岩区人民法院	161	1	1476
	贵州省贵阳市南明区人民法院	99	1	1998
	贵州省习水县人民法院	334	1	1956
	贵州省兴义市人民法院	106	0	1412
	云南省昆明市五华区人民法院	179	1	2114
	云南省昆明市西山区人民法院	81	1	2215
	云南省宣威市人民法院	345	0	2259
	云南省镇雄县人民法院	116	0	2203

续表

法院类型	法院	平均文书裁判上传间隔（天）	最短文书裁判上传间隔（天）	最长文书裁判上传间隔（天）
	西藏自治区拉萨市城关区人民法院	104	3	1413
	西藏自治区林周县人民法院	86	10	663
	西藏自治区堆龙德庆县人民法院	216	2	996
	西藏自治区噶尔县人民法院	111	9	516
	陕西省西安市未央区人民法院	66	0	1474
	陕西省西安市雁塔区人民法院	76	1	1774
	陕西省定边县人民法院	35	0	624
	陕西省神木市人民法院	177	0	2374
	甘肃省兰州市城关区人民法院	69	3	943
	甘肃省玉门市人民法院	248	10	2636
	甘肃省张掖市甘州区人民法院	85	1	1951
	甘肃省陇西县人民法院	47	1	705
	青海省西宁市城东区人民法院	224	1	1858
	青海省西宁市城北区人民法院	84	1	2110
	青海省西宁市湟中区人民法院	30	1	917
	青海省格尔木市人民法院	322	0	2442
	宁夏回族自治区银川市兴庆区人民法院	71	1	2201
	宁夏回族自治区银川市金凤区人民法院	148	2	2226
	宁夏回族自治区灵武市人民法院	109	3	1565
	宁夏回族自治区贺兰县人民法院	117	1	2120

第六章 各领域司法透明度现状

续表

法院类型	法院	平均文书裁判上传间隔（天）	最短文书裁判上传间隔（天）	最长文书裁判上传间隔（天）
	新疆乌鲁木齐市沙依巴克区人民法院	53	1	1436
	新疆乌鲁木齐市新市区人民法院	44	2	1064
	新疆维吾尔自治区阿克苏地区库车市人民法院	23	1	305
	新疆维吾尔自治区昌吉州昌吉市人民法院	40	1	813

根据2018年的中国司法公开第三方评估报告，160家被评估法院总平均上网时间间隔少于50天（不含50天）的有8家法院，占5%；平均时间间隔在50—99天的有43家法院，占26.88%；平均时间间隔在100—149天的有53家法院，占33.13%；平均时间间隔在150—199天的有36家法院，占22.5%；平均时间间隔在200天（含200天）以上的有20家法院，占12.5%。[①] 对比两次的评估数据，可以发现排除掉平均上网时间间隔在200天以上的法院数量，2020年平均时间间隔在200天以内的法院比例并不比2018年时高，甚至还略低（见图6-49）。

同时，每个法院都存在在极短时间内上传裁判文书的情况。统计显示，某些裁判文书在作出当天即上传到中国裁判文书网的有62家法院，占28.44%；上传裁判文书最短间隔1天的有102家法院，占46.79%；上传裁判文书最短间隔2天的有29家法院，占13.30%；上传裁判文书最

---

① 中国社会科学院国家法治指数研究中心、法学研究所法治指数创新工程项目组著：《中国司法公开第三方评估报告》，中国社会科学出版社2019年版，第57—58页。

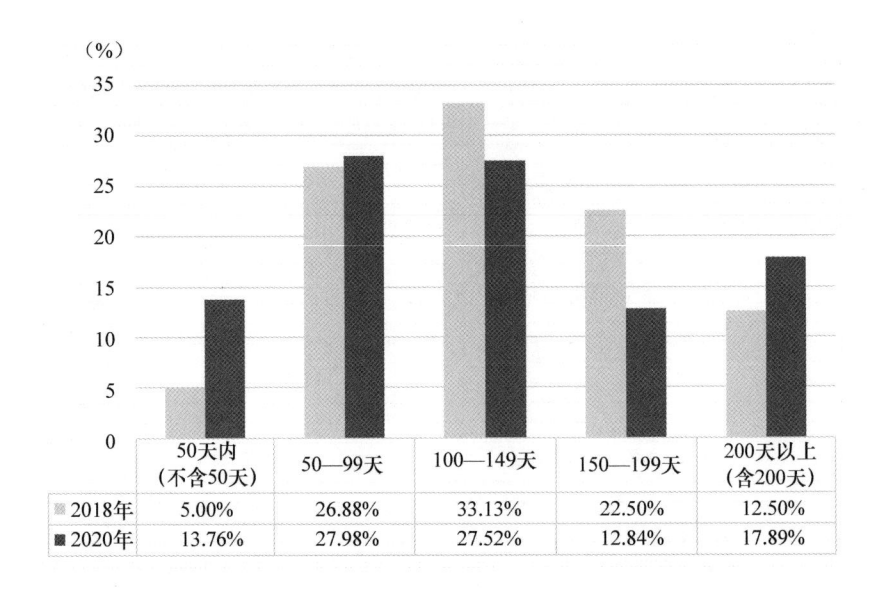

	50天内(不含50天)	50—99天	100—149天	150—199天	200天以上(含200天)
2018年	5.00%	26.88%	33.13%	22.50%	12.50%
2020年	13.76%	27.98%	27.52%	12.84%	17.89%

图6-49 2018年与2020年上网平均时间间隔对比

短间隔3天的有8家法院，占3.67%；上传裁判文书最短间隔4天的有5家法院，占2.29%；上传裁判文书最短间隔5天的有1家法院，占0.46%；上传裁判文书最短间隔6天、7天的分别有2家法院，分别占0.92%；上传裁判文书最短间隔9天、10天的分别有3家法院，分别占1.38%；上传裁判文书最短间隔13天的有1家法院，占0.46%（见图6-50）。2018年评估时，160家评估对象中，做出当天就上传至中国裁判文书网的裁判文书涉及41家法院，占25.63%；上传最短间隔为1天的裁判文书涉及67家法院，41.88%。[1] 相比两次评估数据，法院裁判文书上传效率有小幅提升。

此外，每个被评估法院均有上传时间间隔较长的裁判文书。汇总从每个法院提取的上传时间间隔最长的裁判文书后可以发现，这些文书中最短的耗时305天，最长的耗时6475天，长达17年之久。这其中，时

---

[1] 中国社会科学院国家法治指数研究中心、法学研究所法治指数创新工程项目组著：《中国司法公开第三方评估报告》，中国社会科学出版社2019年版，第60页。

第六章 各领域司法透明度现状

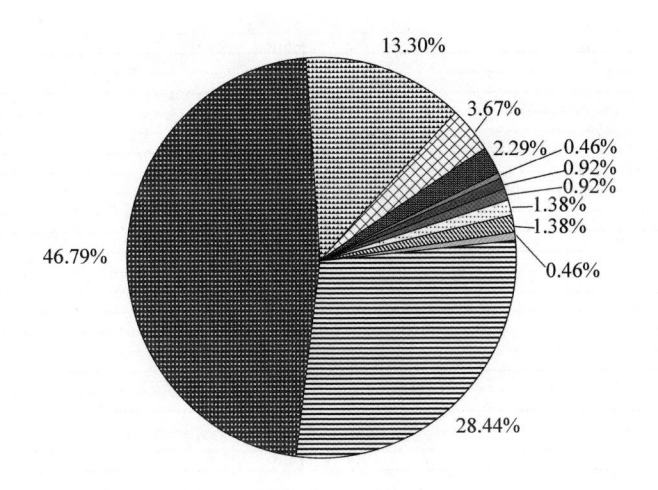

13.30%
3.67%
2.29% 0.46%
0.92%
0.92%
1.38%
1.38%
46.79%
0.46%
28.44%

▤ 0天 ▰ 1天 ▦ 2天 ◇ 3天 ▪ 4天 ▨ 5天 ■ 6天 ▥ 7天 ⋯ 9天 ▨ 10天 ▦ 13天

图 6-50 裁判文书上网公开最短时间间隔的法院分布

间间隔在 730 天以内的有 12 家法院，占 5.50%；731 天至 1095 天的有 28 家法院，占 12.84%；1096—1460 天的有 25 家法院，占 11.47%；1461 天至 1825 天的有 40 家法院，占 18.35%；1826—2190 天的有 34 家法院，占 15.60%；2191—2555 天的有 33 家法院，占 15.14%；2556—2920 天的有 13 家法院，占 5.96%；2921 天以上的有 33 家法院，占 15.14%（见图 6-51）。由于本次评估没有精确地抓取特定时期结案的裁判文书，而只是抓取了 2020 年 1 月至 9 月上网公开的裁判文书，因此，其中很可能混杂了一部分多年前做出的裁判文书。但由于法院后台对这些文书缺乏有效的管理手段，因此无从判断这些文书是属于 2019 年底到 2020 年 9 月份之间生效的裁判文书、属于早已生效但公开较迟缓的裁判文书，还是属于因其他原因重新上传的裁判文书。

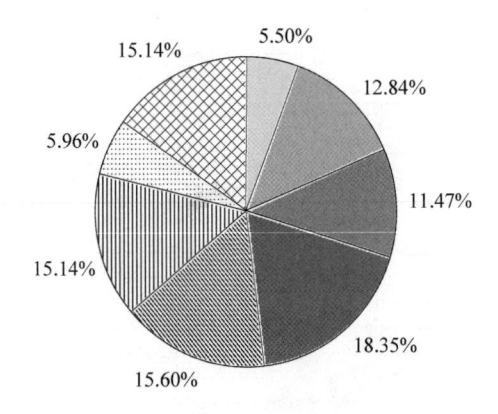

图6-51 裁判文书上网公开最长时间间隔的法院分布

七 执行信息公开

法院执行工作是兑现司法裁判的关键环节,公开执行信息,既是满足执行案件当事人知悉案件进展的需要,也是社会监督执行工作的需要,更有助于凝聚社会共识、实现全社会综合治理执行难。评估显示,部分法院执行信息公开有亮点,如在本院网站设置专栏并设置子栏目分类公开执行信息,方便查询。例如山东省青岛市中级人民法院对执行公开信息分类清晰且公开相对完善;广东省汕头市中级人民法院在执行惩戒方面针对罚款、拘留、拒执进行分类,公布清晰、醒目。但总体上,执行信息公开不理想。通过本院网站,公开执行罚款信息的,仅1家高级法院、5家中级法院,占比分别为3.13%、10.20%;公开执行程序中适用拘留案件信息的,仅1家高级法院、3家中级法院、1家基层法院,占比分别为3.13%、6.12%、0.84%;公开限制出境信息的仅5家高级法院、4家中级法院、2家基层法院,占比分别为15.63%、8.16%、1.68%;仅1家中级法院公开了打击拒不执行判决裁定罪案件信息,占比2.04%;分别有9家高级法院、

21家中级法院、4家专门性法院和51家基层法院公开了失信被执行人信息，占比分别为28.13%、42.86%、30.33%、42.86%；公开特殊主体失信信息的分别有4家高级法院、12家中级法院、3家专门性法院和10家基层法院占比分别为12.50%、24.49%、25.00%、8.40%；公开终结本次执行程序案件清单且持续更新的仅有2家高级法院、6家中级法院、2家专门性法院和4家基层法院占比分别为6.25%、12.24%、16.67%、3.36%；而通过本院网站公开近3个月终结本次执行程序案件裁定书的仅有2家高级法院、1家中级法院、1家专门性法院和1家基层法院，占比分别为6.25%、2.04%、8.33%、0.84%。

总体来看，4类法院的执行信息公开情况均不理想，而且，部分法院网站执行相关信息未能及时更新。许多法院虽然设有有关信息栏目也发布了部分信息，但有关栏目内长期处于未更新状态，最新的信息定格于2018年。2020年评估的各级法院中，大部分法院的网站内均设置了执行信息公开专栏，但是，有的法院存在未公开任何相关信息、执行信息更新不及时、发布不规律的情况，例如，有的法院网站首页中设置了执行公开一栏，并对执行公开栏目划分了多个子栏目，但是没有公开任何信息；有的法院的拍卖公告未公开在本院网站上，在诉讼资产网上发布的信息仅更新至2018年。

八　司法改革信息公开

司法体制改革是全面深化改革的有机组成部分，公开有关的政策、改革措施和改革进展，让各界有序参与改革进程，有助于确保改革措施的科学性。习近平总书记2015年3月在中共中央政治局第二十一次集体学习时就强调，深化司法体制改革，要广泛听取人民群众意见，深入了解一线司法实际情况、了解人民群众到底在期待什么，把解决了多少问题、人民群众对问题解决的满意度作为评判改革成效的标准。① 为此，向社会公开司法改革信息必不可少，只有知情方可参与、才能评判与监督。《最高人民法院关于进一步深化司法公开的意见》（法发〔2018〕20号）明确要求，人民法院应当主动公开人民法院司法改革文件、人民法院重大司法改革任务进展情况、人民法院司法改革典型案例、其他需要社会广泛知晓的司法改革信息。

但评估显示，虽然公开司法改革信息的原有三类法院的数量比2019年评估时略有增加，但总体而言，司法改革信息公开情况仍然较差。仅15家高级法院、18家中级法院、6家专门性法院和17家基层法院在本院门户网站设置了司法改革的专门栏目，占比分别为46.88%、36.73%、50.00%、14.29%。

8家高级法院、10家中级法院、1家专门性法院和5家基层法院公布了司法改革总体方案，占比分别为25.00%、20.41%、8.33%、4.20%。2家高级法院、7家中级法院和5家基层法院公布了入额遴选方案，占比分别为6.25%、12.24%、4.20%；1家高级法院、7家中级法院和4家基层法院公布了员额退出方案，占比分别为3.13%、14.29%、3.36%。1家高级法院、7家中级法院和4家基层法院公布了职业保障方案，占比分别为3.13%、14.29%、3.36%。

12家高级法院、18家中级法院、2家专门性法院和27家基层法院公布了改革任务进展动态，占比分别为37.50%、36.73%、16.67%、22.69%。

3家中级法院和1家基层法院公布了员额法官个人办案数量，占比分别为6.12%、0.84%；2家高级法院、4家中级法院、1家专门性法院和2家基层法院公布了员额法官办案汇总数据，占比分别为6.25%、8.16%、8.33%、1.68%。2家高级法院、4家中级法院和1家基层法院公布了院庭长个人办案数量，占比分别为6.25%、8.16%、0.84%；3家高级法院、6家中级法院、2家专门性法院和1

---

① 《习近平在中共中央政治局第二十一次集体学习时强调：以提高司法公信力为根本尺度 坚定不移深化司法体制改革》，《人民日报》2015年3月26日第一版。

家基层法院公布了院庭长汇总办案数据,占比分别为 9.38%、12.24%、16.67%、0.84%。

26 家高级法院、35 家中级法院、7 家专门性法院和 27 家基层法院公开了立案登记的配套制度,占比分别为 81.25%、71.43%、58.33%、21.69%。有 1 家高级法院和 9 家中级法院公布了立案登记动态数据,分别占比为 3.13%、18.37%。

在新型审判监督机制改革中,有 1 家高级法院、6 家中级法院和 4 家基层法院公布了权责清单,占比分别为 3.13%、12.24%、3.36%;有 1 家高级法院、8 家中级法院、1 家专门性法院和 4 家基层法院公布了审判管理监督权力配套规定,分别占 3.13%、16.33%、8.33%、3.36%。

律师权益保障指标方面,有 6 家高级法院、7 家中级法院、1 家专门性法院和 5 家基层法院公布了实施机制,18.75%、14.29%、8.33%、4.20%;有 4 家高级法院、7 家中级法院和 2 家基层法院公布了反馈渠道,分别占 12.50%、14.29%、1.68%。

有 1 家高级法院、5 家中级法院和 1 家专门性法院公布了案外人干预记录,分别占 3.13%、10.20%、8.33%。

上述数据表明,司法改革信息的公开仍没有得到各级法院的应有关注,总体公开情况不理想。而且,数据显示,法院层级越低,其公开情况越不佳,这固然与下级法院主要是司法体制改革的对象和任务落实者有关,但在最高人民法院已经明确公开要求的背景下,各级法院仍然公开不佳,足见有关政策落实情况极不理想。

九 司法数据公开

加强司法数据的归集和利用是精细化做好法院内部管理的基础,公开有关数据则有助于公众了解法院、监督法院,增强公众的对法院信任感,也有助于利用有关的数据引导公众客观公正地看待法院工作。评估发现,有部分法院网站设置了司法统计(数据公开)栏目,并按照相应信息划分为财务数据、诉讼费收退情况、收结案、分析报告等多个子栏目进行公开。例如山东省青岛市中级人民法院网站设置数据公开栏目，相关业务数据、财务信息、诉讼费收退情况等信息均公开，全面且具体；广东省汕头市中级法院、广东省高级法院网站均设置司法统计栏目进行公开相关信息。宁波市中级人民法院每天实时公开收结案动态数据，历史可查询，同时公开了2001—2020年（2004年除外）的工作报告。总体来看，2020年公开法院财政数据的情况依然是最好的，而法院办案数据、数据分析报告则略差，至于涉案款物方面的数据和诉讼费收退费数据则是最不理想的。

财政预决算信息属于法院司法行政事务信息的重要组成部分。公开财政资金的来源和使用去向，是各级各类公权力机关应尽的职责，是其依法履职的基本要求，是接受群众监督，打击腐败的有效措施，也是全面深化改革，推进阳光财政的关键举措。多年来，国家一直不遗余力地推进各类部门财政信息公开，不仅各级政府的财政预决算信息和"三公"经费使用情况信息公开的越来越规范、越来越细化，而且也推动了法院等机关的财政信息公开工作。2020年评估显示，公开本院本年度财政预算、上一年度决算、"三公"经费决算情况的，高级法院分别有32家（3家发布在政府网站）、30家（4家发布在政府网站）、30家（4家发布在政府网站），占比分别为100.00%、93.75%、93.75%；中级法院分别有47家（3家发布在政府网站）、41家和42家，占比分别为95.92%、83.67%、85.71%；专门性法院分别有10家、7家、8家，占比分别为83.33%、58.33%、66.67%；基层法院分别有83家（15家发布在政府网站）、65家（9家发布在政府网站）、65家（9家发布在政府网站），占比分别为69.75%、54.62%、54.62%（见图6-52）。总体而言，预算公开情况好于"三公"经费决算公开情况，也好于决算公开情况，且法院层级越高公开得越好，越到基层法院，上述三方面财政数据的公开情况越不够理想。

第六章 各领域司法透明度现状

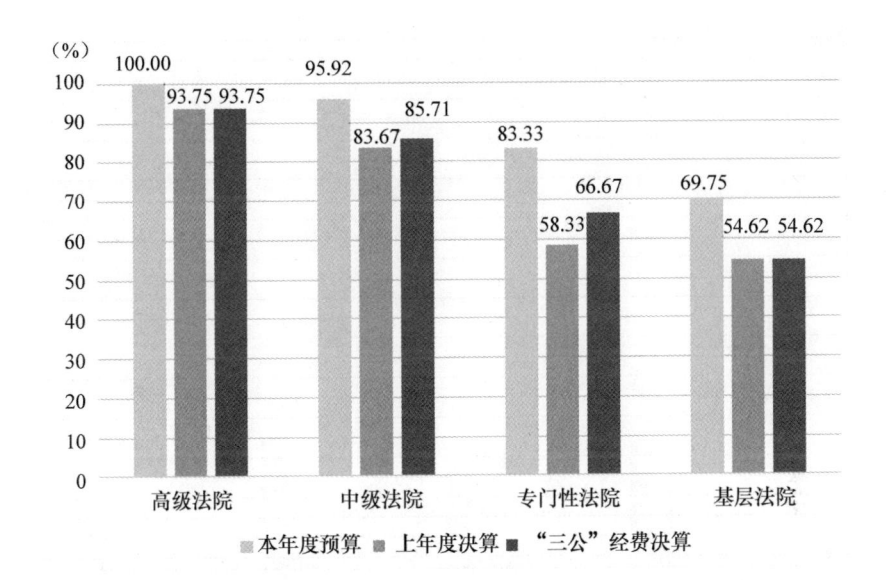

图 6-52 各类法院财政数据公开情况

人民法院要向同级人民代表大会报告工作。其工作报告的内容不仅要交由人大代表审议，也有必要向社会公开，让社会公众了解法院工作取得的成效、未来工作的规划等。2020 年评估显示，法院工作报告的发布情况方面，高级法院通过本院网站、政府网站、本院微信公众号等平台、其他媒体发布的分别有 16 家、1 家、3 家、5 家，占比分别为 50.00%、3.13%、9.38%、15.63%；中级法院有 23 家、0 家、7 家、6 家，占比分别为 46.94%、0.00%、14.29%、12.24%；专门性法院有 1 家发布在自身网站、2 家发布在其他媒体，占比分别为 8.33%、16.67%；基层法院则分别有 18 家、4 家、14 家、9 家，占比分别为 15.13%、3.36%、11.76%、7.89%（见图 6-53）。其中，专门性法院虽然不需要单独向人民代表大会报告工作，但也有必要对社会情况其上一年度工作报告，评估情况看其公开情况不够理想。上述数据反映的是各级各类法院通过各类渠道公开工作报告的情况，总体来看基层政府未发布工作报告的比例较高，有 74 家基层法院未公开上一年度的工作

·217·

报告，比例高达 62.18%。

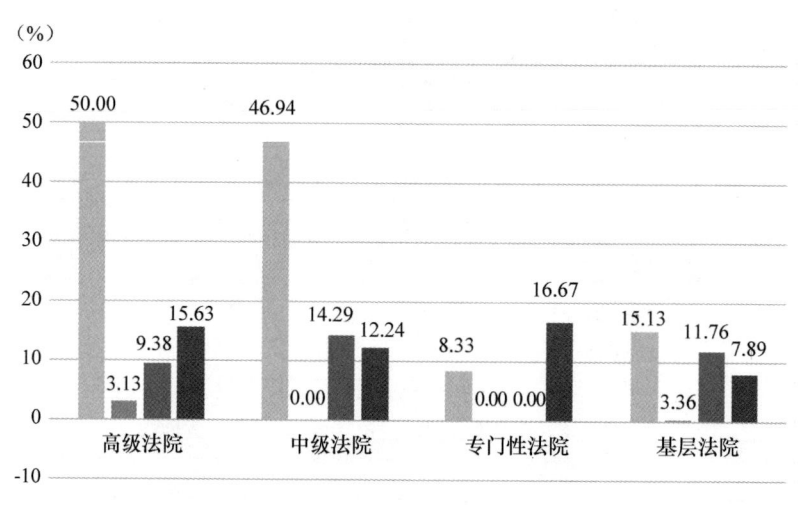

图 6-53　各类法院工作报告公开情况示意图

人民法院审理的各类案件情况，是国家经济发展和社会生产生活的"晴雨表""风向标"。基于各平台汇聚的案件信息和裁判文书信息，最高人民法院信息中心已经累计完成了 850 项专题研究工作，面向社会公开发布 40 余份，内容涉及离婚纠纷、公交车司乘冲突引发刑事案件、网络犯罪等党和政府直至社会公众皆关心的热点问题。这些司法大数据分析报告起到了期辅助支撑中央决策参考，服务于法院现代化管理，提升人民群众法治意识的作用。

公开法院的各类统计数据，一则有助于客观展示法院审判执行工作态势和成效，另一方面，通过向社会分享数据，也有助于服务社会，特别是一些司法数据的分析整理，有助于实现普法宣传、引导公众行为等。2020 年评估发现，各级各类法院公开本院司法数据的情况并不理想。其中，按月公开司法统计数据的分别有 6 家高级法院、10 家中级法院、1 家专门性法院和 5 家基层法院，占比分别为 18.75%、

20.41%、8.33%、4.20%。而公开大数据分析报告的分别仅有1家高级法院、10家中级法院、1家专门性法院和1家基层法院，占比分别为3.13%、20.41%、8.33%、0.84%；公开司法调研分析报告的分别有1家高级法院、12家中级法院、1家专门性法院和9家基层法院，占比分别为3.13%、24.49%、8.33%、7.56%。

公开涉案款物数据和诉讼法收退费情况的分别仅有1家高级法院和3家中级法院，占比分别为3.13%、6.12%。这表明，这类相对较为敏感的数据的公开还没有得到法院的普遍认同和响应。

从总体上看，法院级别越低，司法数据的公开情况越不理想。尤其是广大基层法院在公开司法数据以及司法相关的数据分析报告方面，普遍较为薄弱。

同时，司法数据的公开内容不统一。部分人民法院针对司法业务数据中收结案情况只公开整体数据，未公开法官个人办案数据、统计时间，如长春市中级人民法院笼统公布了总数据，未公布数据统计时间；多家法院只公布法院收结案的整体数据。

此外，公开方式公开渠道不统一。如财政预、决算等信息公布在本院网站、政府网站、微信公众号、其他网站等多个地方，不利于社会公众查阅相关信息。收结案数据则有的发布在上级法院网站，有的发布在本院网站。而且，部分法院网站上未设置司法数据公开专栏，司法数据公开的位置相对混乱，查找相关数据困难。例如有的法院的财政预决算报告散乱公开在不同栏目中，有的法院的工作报告、预决算报告与其他新闻杂糅在一起，查找相关信息比较困难。

十　公开平台建设

司法公开同政务公开一样，可以依靠多种方式，如传统的新闻媒体、公告栏、印刷材料等，但在信息化时代，网站以及微平台无疑是司法公开最为重要的平台。因此，法院司法公开的水平和效果如何，很大程度上要通过其门户网站建设情况、微平台运营情况来做出判断。为此,《最高人民法院关于进一步深化司法公开的意见》明确提出,要加强人民法院政务网站建设管理,具体包括主动适应信息技术发展、传播方式变革趋势,提高人民法院政务网站服务司法公开、回应社会关切、弘扬法治精神的能力,努力将人民法院政务网站建设成为及时、准确、规范、高效的司法公开平台、互动交流平台和公共服务平台;加强政务网站内容建设和规范管理,强化信息发布更新,及时归并或关闭内容更新没有保障的栏目版块,避免因内容更新不及时、信息发布不准确、意见建议不回应影响司法公开效果。此外,意见还要求,加强全国法院政务网站建设统筹,编制完善全国法院政务网站发展指引,明确四级法院政务网站功能定位和内容建设要求,分级统一相关技术标准。

2020年评估中,项目组重点验证了法院网站配置检索功能的情况。评估发现,32家高级法院的网站均配备了有效的检索功能;49家较大的市的中级法院中,有41家法院的网站配备了有效的检索功能,占83.67%;12家专门性法院中,有9家法院的网站配备了有效的检索功能,占75%;119家基层法院中,有99家法院的网站配备了有效的检索功能,占83.19%。专门性法院配置网站检索功能的情况较差,显然与其作为专门性法院的地位不太相符。

而在微平台建设运营方面,评估主要关注了各级各类法院通过微信、微博平台发布信息的情况。评估发现,32家高级法院中,有28家法院通过门户网站展示了微信平台的入口信息,有2家未作展示,1家未开通微信平台,分别占87.5%、6.25%、3.13%。49家较大的市的中级法院中,42家法院在门户网站展示了微信平台的入口信息,7家未做展示,分别占85.71%、14.29%。专门性法院中,有9家法院通过门户网站展示了微信平台的入口信息,3家未作展示,分别占75%、25%。119家基层法院中,有69家法院通过门户网站展示了微信平台的入口信息,46家法院未做展示,4家法院无微信平台,分别占57.98%、38.66%、3.36%。微信平台的更新情况方面,高级法院中,31家法院均可以做到每周皆有更新;中级法院中,有

47家法院每周有更新，2家法院的更新时间长于一周，分别占95.92%、4.08%；专门性法院中，有10家法院每周皆有更新，1家法院更新时间长于一周，1家法院长期未更新，分别占83.33%、8.33%和8.33%；119家基层法院中，98家法院可以做到每周皆可更新，17家法院更新时间长于一周，4家法院无微信平台，分别占82.35%、14.29%、3.36%。总体来看，越是法院级别高，其微平台的活跃度越高，表面上看，似乎级别越高的法院越有更多的内容可供进行微信推送，但实际上，基层法院由于接触公众更多，公众更希望通过微平台及时了解其公开本院工作情况、办案方面的一些可供推送给公众的信息，而实际情况却不够理想。

不仅如此，评估还发现，部分法院微信、微博缺失、信息错误。长沙市芙蓉区人民法院的微信二维码及微博二维码经扫描后，所跳转的微信、微博均为云南省普洱市下辖的镇沅彝族哈尼族拉祜族自治县人民法院的账号页面。四川自由贸易试验区人民法院的微博链接到的是内蒙古自治区呼伦贝尔莫力达瓦达斡尔族自治旗人民法院官方微博页面。四川省成都市郫都区人民法院网站提供的微信公众号二维码经扫描关注，发现公众号已迁移，但是网站没有更新二维码。广州知识产权法院微信公众号信息更新缓慢，2017年7月20日后没有更新信息。

同时，司法公开还需要满足不同人群的需要，这就要在语言上兼顾非汉语语言人群的需求，兼顾一些不方便同正常人员一样浏览网站内容的人群。首先，随着对外开放的不断扩大，越来越多的境外人士可能需要同中国的法院打交道，需要通过法院网站了解有关的法院信息。而评估发现，网站提供中外文多语言版本的法院极少，仅有1家高级法院、3家中级法院、8家专门性法院的网站提供了多语言版本的内容，分别为上海高院、广州中院、海口中院、厦门中院、北京互联网法院、上海知识产权法院、深圳前海合作区人民法院、广东自由贸易试验区南沙片区人民法院、珠海横琴新区人民法院、四川自由贸易试验区人民法院、上海金融法院、重庆自由贸易试验区人民法院。显然，自贸区等专门性法院网站的多语言版本配置情况要远远好于其他法院。其中,珠海横琴新区人民法院网站的界面有中、英、葡萄牙三语,可自由切换语言。

加强网站无障碍建设是消除"数字鸿沟"、体现"信息平等"、方便残疾人等特殊群体获取信息、享受公共文化服务的重要途径,有助于使互联网更好地惠及民生、促进特殊群体充分参与社会生活、共享社会物质文化成果、建设包容性社会,更是社会文明进步的标志。中国残联、中央网信办联合印发的《关于加强网站无障碍服务能力建设的指导意见》提出,围绕残疾人、老年人等特殊群体获取网站信息的需求,不断提升信息无障碍水平。本次评估发现,仅1家高级法院、3家中级法院和1家基层法院的网站配备了无障碍功能。这说明,信息无障碍在司法公开和法院网站建设方面还没有受到足够的重视和关注。

此外,评估还发现,有的法院网站所公开的信息中,业务方面的内容较少、无关的信息较多。如湖南省攸县人民法院、安徽省巢湖市人民法院网站很多栏目赘余、过时、出现很多与司法无关的信息,如巢湖人文、巢湖风光、巢湖特产。

事实上,除了本次评估重点关注的检索功能、多语言版本、信息无障碍以及微平台外,前文分析相关信息的公开情况时也可以发现,各地法院普遍存在网站平台建设水平不高的问题。其主要表现为,多个司法公开平台同时运行,同类信息在不同平台之间发布,且信息内容不一致;网站各类栏目规划不科学不严谨,所有出现了有的诉讼指南发布在普法栏目下的情况;未按照便民需求展示好所发布的信息,导致很多信息堆积在一个栏目下,没有子栏目做区分,也没有配置有效的检索功能,导致查询不便,影响公开效果。

第七章

推动司法更加透明

一 司法公开存在问题的原因分析

综合前文对司法透明度评估结果的分析，可以发现，司法公开虽然取得了巨大进步，但在众多方面还存在公开不细化、持续性不理想、公开内容有待拓展、公开标准不统一、基层法院司法公开较为滞后等问题。总的来说，出现上述问题的原因是多方面的。

（一）对司法公开仍然重视不够

不少法院司法公开不规范、原地踏步甚至后退明显的现象说明，有关法院对司法公开工作重视不够。如果可以认识到司法公开的重要性并重视司法公开工作，那么，哪怕是经济不够发达的地区，也可以把公开工作做得十分规范，相反地，即便是处于经济发达地区，也可能在司法公开方面无所作为。因此，在全面深化司法体制改革、提升司法公信力的背景下，不断提升各级法院对司法公开的重视程度仍然十分必要。

（二）司法公开的理念认识有差距

个别法院用户导向出现偏差，仍然存在以领导关注点为导向的错误认识，公开什么、在哪里公开都以能否满足领导需求为准，而不是以满足公众和当事人需求为出发点和落脚点。个别法院对于自身的公开责任理解有误，认为信息发在上级法院或者其他机关平台上就算完成了公开任务，但忽视了本单位网站平台才是司法公开的第一平台，给公众查询信息带来了诸多不便。此外，也需要认真对待和澄清涉及司法公开的一些观点和认识，如民事案件主要涉及原被告之间的私权，不应当向无关公众公开庭审过程、裁判文书；个别案件中，当事人因为涉诉而在就业等方面受到一定的不当对待，因而责难司法公开工作，认为法院不该公开其案件信息；个别裁判文书公开后引发舆情进而归责于裁判文书公开过度、不当等。这些观点和认识无疑给本来就动力不足的司法公开泄了劲头、加了阻力。

（三）司法公开仍缺乏常态化机制

信息公开最大的价值在于其时效性，及时全面、准确、有效地公开司法信息，是阳光司法的必然要求不断提升司法透明度，也是提升司法公信力的关键。不少法院司法公开评估结果上下波动较大，这受其领导重视、机构设置、人员配置、经费保障等多重因素影响。一般的规律是，领导重视则公开成效可大幅提升，而一旦松懈则不仅停步不前，甚至会过山车式下滑。这表明，多年来司法公开仍主要受制于人的因素，没有进入制度化轨道，制度化水平仍不高，规范化程度仍待提升。应公开的未公开、该公开的公开不及时，并没有做到伴随信息产生同步公开，甚至出现了不少突击公开的现象。

（四）司法公开规定位阶低且分散

首先，司法公开的法律位阶较低，权威性不足。目前，司法公开的各项规定主要是最高人民法院出台的司法解释及其他司法文件，三大诉讼法中仅有个别原则性规定，对于司法公开应当遵循的原则、适用的范围、公开的方式、问责监督等都没有明确的法律依据。其次，关于司法公开的规定要求也较为分散。目前虽然最高人民法院出台了关于司法公开的文件以及涉及裁判文书公开、审判流程信息公开的司法解释，但相关规定并不集中，甚至相互之间缺乏衔接和协调，不少司法解释往往受制于草拟部门的职责权限，缺乏司法公开的统筹考虑。而且，司法公开的规定分散于不同的司法文件中,也不利于贯彻执行。

(五)司法公开标准化程度较低

虽然最高人民法院出台了多个司法解释规范各领域的公开工作,但评估结果说明,司法公开总体上缺乏标准。各个评估指标项的信息总体上是有关司法解释要求公开的,但规定均较为原则笼统,公开什么、以怎样的时间频率公开、公开在哪个平台哪个栏目,均无标准可供参考。最为典型的当属诉讼指南。全国3000多家法院向公众和当事人提供的诉讼服务事项无非就是依据三大诉讼法而细分的若干诉讼业务,四级法院主要的差异在于审级不同,管辖不同,以及每个法院所在的地址不同。因此,相对于各级政府的政务服务事项,法院的诉讼指南可谓简单明了,但几乎没有一家法院的诉讼指南能够做到完整、准确。这进一步印证了司法公开标准化程度低的问题。

(六)司法公开工作的刚性较弱

人民法院在各领域的司法公开工作均有相应的法律、司法解释的依据,尤其是来自最高人民法院各类文件的规定,但对下级法院是否严格执行上述规定并没有硬性要求,以至于众多领域虽有制度要求,但不予执行落实的情况居多,上级法院并无任何问责机制和手段。

(七)司法公开内外部压力不足

回顾21世纪以来全国法院司法公开的进展,其主要是法院内部从规范审判执行权运行、维护司法公正、提升司法公信力角度自我加压的结果。但上级法院的监督指导不足、考核问责缺失,外部则缺乏类似于政府信息公开那样有效的干预机制,以至于各级法院推进公开全凭自觉和兴趣,当遇到更为重要的工作任务时,容易增加自身工作难度的司法公开必然会被搁置一旁。

(八)司法公开信息化保障不到位

现代的司法公开必须依托不断发展的法院信息化。但实践证明,很多法院不但存在网站平台建设水平滞后、网站栏目设置不合理、网站不好用等问题,更严重的是,大量信息仍然依靠人工上传,既增加了工作量、增加了信息数据出错的概率,也导致不同平台的相同信息来源不一、内容不同,公开效果大打折扣。

二 司法公开的完善路径

《中共中央关于坚持和完善中国特色社会主义制度 推进国家治理体系和治理能力现代化若干重大问题的决定》提出,坚持权责透明,推动用权公开,完善党务、政务、司法和各领域办事公开制度,建立权力运行可查询、可追溯的反馈机制。习近平总书记在2020年中央全面依法治国工作会议上指出,要推进严格规范公正文明执法,提高司法公信力,要深化司法责任制综合配套改革,加强司法制约监督[①]。司法公开有助于规范司法权运行、维护司法公正,是全面依法治国不可或缺的制度机制。结合2019年尤其是2020年评估发现的问题,今后司法公开应着力形成制度、完善标准,确保司法公开稳步推进。完善司法公开是落实司法为民要求、规范司法权力运行、提升司法公信力的必然要求,也是实现国家治理体系和治理能力现代化的重要路径。未来,深化司法公开工作还需要着力从如下方面推进。

(一)统一对司法公开的认识

应当通过宣传、讨论,进一步统一学术界、实务界关于司法公开的认识。对案件当事人公开审判流程信息等,是保护其诉权的重要体现,公开越细致越及时越有助于保护当事人行使诉权、提升当事人对审判执行活动的认可度。对社会公众公开庭审信息、裁判文书信息等是落实宪

[①] 《中共中央关于坚持和完善中国特色社会主义制度 推进国家治理体系和治理能力现代化若干重大问题的决定》,人民出版社2019年版。

法确定的审判公开原则,加强对人民法院监督制约,保障其依法履行审判职能的有效途径。在国家提供了仲裁、调解等诉讼外纠纷化解机制的前提下,任何选择通过司法途径化解纠纷的案件都意味着要动用国家司法资源为解决其矛盾纠纷提供支持,其案件本身就不再仅仅具有私权的性质,而是已经进入到公共领域,由此产生的信息都具有了公共属性,必然要让渡一定的私人空间。因此,除了涉及国家秘密、商业秘密、个人隐私、婚姻家庭、未成年人等的案件外,人民法院审理案件所产生的各类各个环节的信息都理应接受公开的检验。而对于广大的法院干警而言,其依法行使审判权、执行权,理应接受监督,而且,公开其行为、过程、结果看似对其构成了约束和限制,增加了工作量,但实则是对其最好的保护。只有全社会统一了司法公开的认识,才能确保司法公开工作始终向前,不存疑虑、不走弯路。

(二)细化司法公开公开标准

2018年11月发布的《最高人民法院关于进一步深化司法公开的意见》在原有司法公开有关文件基础上,系统规定了应当公开的事项,在此基础上,还需要进一步明确和细化各类信息的公开标准。例如,需要明确法院领导、审判人员、行政人员等司法审判相关人员的信息应公开到何种程度。建议借鉴全国基层政务公开标准化规范化建设经验,自上而下地推进编制各领域司法公开的标准目录模板,配合案件办理、内部管理、公众服务等,对接办案、办公系统,形成从办案、办公、服务到对外公开的一体化机制。同时,参考政务公开清单管理模式,编制司法公开清单,明确公开要素、公开方式、公开主体、公开时限等。对于诉讼指南等信息,建议由上级法院编制统一的模板,避免各级法院各自编写导致内容样式不一。

(三)重视司法公开的供给侧改革

司法公开应当充分体现用户导向,公开什么、如何公开必须站在广大社会公众和案件当事人角度,充分满足其获取司法信息的需求。因此，各级法院既要做好司法公开的"规定动作"，把法律及司法解释、司法文件要求公开的信息公开出来、公开到位，更要加大对用户需求的调研，及时根据需求扩展公开内容、优化公开方式。

（四）强化司法公开的常态化机制

应探索建立健全司法公开常态化机制。通过司法公开向社会展示最新、最准、最权威的信息，因此，司法公开不是突击完成任务，也不是为了应付检查与评估。随着智慧法院建设的快速推进，可公开的信息应当实时推送至互联网向社会公众和案件当事人展示。唯有建立常态化机制，才能切实满足公众和当事人的信息需求，也才能及时回应社会对人民法院工作的关切。

（五）加大对司法公开的考核督导

实践证明，如若只发布文件、提出要求，不跟踪落实情况，无问责追责，则文件迟早会被束之高阁。上级法院应加大对司法公开的考核督导力度，对各级各类法院各领域司法公开的成效、问题进行定期不定期的考核、评估，及时发现问题，及时督促整改，并通过对外披露评估结果、对内加大问责表彰的方式，形成一定的内外部压力和动力。应以正向激励和追责问责相结合的方式，加大各项要求的落实力度，确保司法公开工作稳步推进，不因法院领导注意力的变化而受影响。

（六）加强司法公开平台建设

信息化时代，法院网站仍然是司法公开的主阵地，即便各领域建设了统一公开平台的情况下，法院自身网站仍然是公众查询其信息的首选渠道，因此，应当确保所有法院建好本院网站。以法院网站为主渠道，在配合其他网站平台以及各类新媒体平台，方可形成司法公开的全方位公开矩阵，切实满足公众的信息需求。信息化时代的司法公开必须依托互联网，建好网站平台和新媒体平台。为此，一方面，要确保法院网站的整合，确保一个网站统一对外承担公开和办事功能；另一方面，要加强和规范网站栏目设置和各项功能配置。建议参照国务院出台的《政府网站发展指引》，由最高人民法院出台全国法院网站建设规范或者指引，明确基本栏目的名称及配置要求、加强网站智能检索功能配置，配置多语言、无障碍功能。例如，执行信息公开方面，所有法院网站均应设置执行信息专栏，栏目中应当包含案件查询、执行惩戒、执行曝光、终本案件、司法拍卖、执行举报，且子栏目也应细化到公开终本裁定书、公开举报渠道这样的程度。法院微平台建设方面，应参考政务新媒体管理规范，强化内容管理和功能配置，加强内容更新及与门户网站信息发布的实时联动。

（七）提升信息化助力司法公开的应用成效

配合智慧法院建设，不仅要推进法院内部办案办公智能化水平，更要提升法院门户网站建设以及与司法公开对接的各类应用系统的建设和数据对接工作，让人民群众和案件当事人通过司法公开平台体会到智慧法院建设成效。同时，将加大信息技术对司法公开的监督督导力度，借助智慧法院建设成果，提升对司法公开的精准管理。

（八）推动司法公开立法进程

应当吸纳多年以来开展司法公开工作的经验教训，推动司法公开上升为法律。鉴于当前司法公开的依据法律位阶较低、规定较为分散且刚性不足的问题，建议逐步推动司法公开立法工作。可以结合政务公开、检务公开等领域，制定统一的政务公开法，在确立整体的公开原则和要求的同时，明确司法公开的义务主体、公开内容与范围、公开时限与方式、当事人及公众的权利义务、司法公开的监督问责机制等。也可以采取分别立法的模式，在政府信息公开有专门立法情况下，单独制定司法公开的法律，统一各领域的司法公开要求。

参考文献

《左传·昭公六年》。

（东汉）王充：《论衡·是应》。

《尚书·吕刑》。

《尚书·大诰》。

《诗经·大雅·文王》。

《左传·僖公五年》。

《尚书·康诰》。

《后汉书·陈宠传》。

《孟子·梁惠王下》。

《韩非子·难三》。

《周礼·秋官·小司寇》。

伏胜撰，郑玄注，陈寿祺辑校：《尚书大传》卷二（丛书集成初编本），商务印书馆1937年版。

朱维铮主编，（清）王引之：《中国经学史基本丛书·第6册·经义述闻·下》，上海书店出版社2012年版。

徐忠明：《包公故事：一个考察中国法律文化的视角》，中国政法大学出版社2002年版。

瞿同祖：《清代地方政府》，范忠信、晏锋译，法律出版社2003年版。

陆昕、徐世虹：《中外法律文化大典 中外法律比较编年》，中国政法大学出版社1994年版。

徐爱国：《西方刑法思想史》，中国民主法制出版社2016年版。

参考文献

刘砺：《法律职业共同体视角下的中西法律文化要览》，四川大学出版社2018年版。

李贵连：《沈家本传》，北京大学出版社2000年版。

《大清法规大全·法律部》第4册，考正出版社1972年版。

怀效锋主编：《清末法制变革史料》（上卷），中国政法大学出版社2010年版。

赖骏楠：《宪制道路与中国命运：中国近代宪法文献选编（1840－1949）》（上），中央编译出版社2017年版。

郑保华释义：《法院组织法释义》，上海法学编译社1937年版。

信春鹰主编、中国社会科学院法学研究所法律辞典编委会编：《法律辞典》，法律出版社2003年版，第452页。

全国人大常委会办公厅、中共中央文献研究室编：《人民代表大会制度重要文献选编1》，中国民主法制出版社2015年版。

董必武：《董必武法学文集》编辑组编：《董必武法学文集》，法律出版社2001年版。

毕玉谦：《民事诉讼架构下的司法公开》，中国政法大学出版社2020年版。

［法］卢梭：《社会契约论》，施新州编译，北京出版社2012年版。

韩德培总主编：《人权的理论与实践》，武汉大学出版社1995年版。

［英］洛克：《政府论》（下篇），瞿菊农、叶启芳译，商务印书馆2017年版。

［意］贝卡里亚：《论犯罪与刑罚》，黄风译，中国大百科全书出版社1993年版。

［德］黑格尔：《法哲学原理》，范扬、张企泰译，商务印书馆2017年版。

谢材、方晓编：《外国政府机构设置和职能》，中国经济出版社1986年版。

［德］米夏埃尔·施蒂尔纳编：《德国民事诉讼法学文萃》，赵秀举译，中国政法大学出版社2005年版。

毕玉谦等：《民事诉讼架构下的司法公开》，中国政法大学出版社2020年版。

后 记

  我们的团队从 2006 年就开始响应中国社会科学院的号召，集中精力开展法治国情调研，2009 年开始研发法治指数评估指标体系，首先推出了政府透明度指数，之后就扩展到对法院司法公开进行评估的司法透明度指数。秉持着依法设定评估指标、依托客观数据进行评估、反映现状与引导发展等理念，我们的法治指数评估已经走过了十余年，在政务公开、司法公开乃至法治建设等方面，以学术研究成果尝试推动着法治的进步。

  以学术研究者的身份、站在公众的角度上去评价行使公权力的机关，这在过去、在很多人的思想观念里，是有点不太敢想的。但我们做了，而且一做就是十余年。评估结果发布之初，确有极个别的质疑声，"你们是谁？""你们怎么能评价我们？"，但这都是太极个别的了，而更多的是关于"你们怎么评的？""我们的问题在哪里？""我们该怎么做得更好？"。这本身不就是中国法治进步的表现吗？！而且，越来越多的法院愿意敞开大门让我们去评估，先是 2013 年至 2015 年浙江法院开放内部数据让我们评价全省法院的阳光司法，后有最高人民法院放手让我们对全国法院司法公开、"基本解决执行难"进行评估。2020 年我们的司法透明度评估更是得到最高人民法院的支持，协助调取了大量的裁判文书公开方面的数据。这些支持使我们的评估不仅仅是站在外部看法院，还可以以一个外人的身份站在法院内部看法院，使评估更加客观准确全面。

  近年来，司法公开进展迅猛，审判流程信息公开、裁判文书公开、执行信息公开、庭审公开等公开平台建设成效显著，法院司法公开不断

后 记

推陈出新，推动了中国司法制度建设。但近年来司法公开也面临一些困难和问题，如何进一步适应新时代司法体制改革的新要求，满足人民群众对司法公开不断增长的新需求，这值得我们认真对待和思考。出版这本书，用2019年和2020年两年的评估结果较为详细展示司法公开各主要方面的进展和问题，是希望进一步引发对是否有必要进一步推进司法公开、如何有效突破司法公开瓶颈的关注。因此，本书尝试从历史和现实角度观察司法公开的前世今生，并对未来司法公开的走向提出了建议。

评估和实证研究是最需要集体协作开展的。同其他法治指数评估一样，司法透明度评估从开始之初至今，一直是法学研究所法治国情调研室集体攻关的项目之一。多年来，吕艳滨研究员、王小梅副研究员、栗燕杰副研究员、胡昌明助理研究员、王袆茗助理研究员、刘雁鹏助理研究员不同程度地参与了司法透明度、地方法院阳光司法指数评估、最高人民法院司法公开第三方评估等。2019年以来，王袆茗助理研究员接棒负责司法透明度指数评估工作。

具体开展评估也是最为耗费精力的，每个数据的获取都需要在法院网站里查询确认，每组数据的分析都需要反复确认。在2019年、2020年评估过程中，中国社会科学院大学2019级和2020级的部分法律硕士研究生同学协助做了大量的基础性工作，他们是王雅凤、牛婉云、史青平、刘智群、齐仪、李士局、来雅娜、肖丽萍、张蕾、陆麒元、陈文、苑鹏飞、袁紫涵、顾晨瀚、侯素枝、郭楚滢、唐菱、陶奋鹏、梁洁、梁钰斐（按照姓氏笔画排序）。

这本书的出版也得到了中国社会科学出版社赵剑英社长，中国社会科学出版社副总编、重大项目出版中心主任王茵，编辑李沫老师的大力支持。

对于支持本研究的单位、领导和朋友致以诚挚的谢意！也衷心希望各界继续关注和支持我们的法治评估研究！

田禾

2021年4月于北京